Kluth/Maor/Kurzidem
Einführung in das reformierte
Gemeinsame Europäische Asylrecht

Einführung in das reformierte Gemeinsame Europäische Asylrecht

von

Prof. Dr. Winfried Kluth
Universitätsprofessor an der
Martin-Luther-Universität Halle-Wittenberg

Dr. Oliver Maor, LL.M.
Regierungsdirektor, Bundesministerium des Inneren

Clemens Kurzidem
Richter am Bayerischen Verwaltungsgerichtshof

2026

C.H.BECK

Zitierweise: KMK Einführung GEAS Rn.
Kluth/Maor/Kurzidem Einführung GEAS Rn.

beck.de

ISBN PRINT 978 3 406 85235 0

Wilhelmstraße 9, 80801 München
info@beck.de
Druck und Bindung: Beltz Grafische Betriebe GmbH
Am Fliegerhorst 8, 99947 Bad Langensalza

Satz und Umschlag: Druckerei C.H.Beck Nördlingen

chbeck.de/nachhaltig
produktsicherheit.beck.de

Gedruckt auf säurefreiem, alterungsbeständigem Papier
(hergestellt aus chlorfrei gebleichtem Zellstoff)

Vorwort

Mit der im Frühjahr 2024 beschlossenen umfangreichen Reform des Gemeinsamen Europäischen Asylsystems hat der Europäische Gesetzgeber auf die vor allem nach der sog. Flüchtlingskrise der Jahre 2015 und 2016 geäußerten Kritik an der Dysfunktionalität des bestehenden Rechtsrahmens reagiert. Diese hatte unter anderem dazu geführt, dass die Zuständigkeitsregeln durch die überlasteten Mittelmeerstaaten nicht oder nur teilweise beachtet wurden und es vor allem in Deutschland zu einer extrem hohen Zahl von sog. Selbsteintrittsfällen kam. Auf das damit verbundene Phänomen der Sekundärmigration, aber auch auf die unzureichende Solidarität und Zusammenarbeit zwischen den Mitgliedstaaten wurde durch die Weiterentwicklung der Dublin-III-Verordnung zu einer Asyl- und Migrationsmanagement-Verordnung reagiert. Hinzu kommen die neuen Grenzverfahren und zahlreiche Elemente der Verfahrensbeschleunigung sowie ein neues Screeningverfahren, das in den ersten Tagen nach Ankunft eine bestmögliche Entscheidungsgrundlage für das weitere Verfahren liefern soll.

Das von Skepsis und Kritik einerseits und der Hoffnung auf einen Neubeginn in Richtung einer wirksameren Zusammenarbeit und Migrationssteuerung andererseits begleitete Inkrafttreten des reformierten Rechtsrahmens am 12. Juni 2026 hat einen großen Informationsbedarf zu den Rechtsänderungen bei vielen Akteuren erzeugt, der durch die vorliegende Kurzdarstellung befriedigt werden soll. Dabei geht es vor allem darum, die wesentlichen Neuerungen im jeweiligen Kontext aufzuzeigen und eine sichere Handlungsorientierung zu vermitteln. Eine vertiefende Analyse von Detailfragen ist dagegen nicht das Ziel der Darstellung und muss in den kommenden Monaten durch Rechtsprechung und Wissenschaft erfolgen.

Hinweise auf Unzulänglichkeiten und Kritik sind willkommen und können an sekretariat.lskluth@jura.uni-halle.de übermittelt werden.

Winfried Kluth — Halle (Saale)

Oliver Maor — Berlin

Clemens Kurzidem — Ansbach

Inhaltsverzeichnis

Allgemeines Abkürzungsverzeichnis

AEUV	Vertrag über die Arbeitsweise der Europäischen Union
AMM-DVO	Asyl- und Migrationsmanagement-Durchführungsverordnung
AMMVO	Asyl- und Migrationsmanagement-Verordnung
AsylagenturVO	Asylagenturverordnung
AsylbLG	Asylbewerberleistungsgesetz
AsylG	Asylgesetz
AsylVfVO; AsylVf-VO	Asylverfahrensverordnung
AufnahmeRL; AufnRL	Aufnahmerichtlinie
BAMF	Bundesamt für Migration und Flüchtlinge
BVerfG	Bundesverfassungsgericht
DSGVO	Datenschutzgrundverordnung
EASO	European Asylum Support Office; Europäisches Unterstützungsbüro für Asylfragen
ECRIS-TCN	European Criminal Records Information System – Third Country Nationals; Europäisches Strafregisterinformationssystem – Drittstaatsangehörige
EES	Entry/Exit System; Einreise-/Ausreisesystem
EGMR	Europäischer Gerichtshof für Menschenrechte
EGV	Vertrag zur Gründung der Europäischen Gemeinschaft
EMRK	Europäische Menschenrechtskonvention
ETIAS	European Travel Information and Authorization System; Europäisches Reiseinformations- und -genehmigungssystem
EU GRCh	Charta der Grundrechte der Europäischen Union
EUAA	European Union Agency for Asylum; Europäische Asylagentur
EuGH	Europäischer Gerichtshof
EurodacVO	Eurodacverordnung
EUV	Vertrag über die Europäische Union
GEAS	Gemeinsames Europäisches Asylsystem
GFK	Genfer Flüchtlingskonvention
GG	Grundgesetz

GrenzRVO .... Grenzrückführungsverordnung

KrisenVO .... Kriesenbewältigungsverordnung

ResettlementVO .. Resettlementverordnung

Screen-VO; Screeing VO .... Screeningverordnung
ScreenKonsVO ... Verordnung zur Einführung der Überprüfung von Drittstaatsangehörigen an den Außengrenzen
SGB .... Sozialgesetzbuch
SGK .... Schengener Grenzkodex
SIS .... Schengener Informationssystem
StatusVO .... Statusverordnung

UN .... United Nations; Vereinte Nationen
UN-KRK .... UN-Kinderrechtskonvention
UNHCR .... United Nations High Commissioner for Refugees; Hoher Flüchtlingskommissar der Vereinten Nationen

VIS .... Visa-Informationssystem
VK .... Visakodex
VwGO .... Verwaltungsgerichtsordnung

Verzeichnis der abgekürzt zitierten Literatur

Beck-OK	Beck'scher Online-Kommentar
BeckRS	Beck-Rechtsprechung
EnzEur	Enzyklopädie Europarecht
InfAuslR	Informationsbrief Ausländerrecht
JAmt	Das Jugendamt
JuWissBlog	Junge Wissenschaft im Öffentlichen Recht
K/B/J/K	Kluth/Breidenbach/Junghans/Kolb: Das neue Migrationsrecht, 2024
K/H/K	Kluth/Hömig/Koch, Handbuch Zuwanderungsrecht, 4. Aufl., 2025
NJW	Neue Juristische Wochenschrift
NK	Nommoskommentar
NVwZ	Neue Zeitschrift für Verwaltungsrecht
VerfBlog	Verfassungsblog
ZAR	Zeitschrift für Ausländerrecht und Ausländerpolitik
ZevKR	Zeitschrift für evangelisches Kirchenrecht

Literaturverzeichnis

Achterfeld, Susanne, Rechtsprechungsübersicht zu unbegleiteten minderjährigen Ausländern, JAmt 2025, 218–222;

Atanisev, Kaan/Johnson, Lisa Die Aufnahme von Resettlement-Flüchtlingen: Lokale Strategien für ein gelingendes Ankommen, ZAR 2025, 443–448;

Angst, Doris/Lantschner, Emma, ICERD Kommentar, 2020;

Arden, Anna/Züllig, Leon, Intelligente Grenzen? Potenziale und Risiken von Smart Borders, ZAR 2023, 405–411;

Bank, Roland, Das Elgafaji-Urteil des EuGH und seine Bedeutung für den Schutz von Personen, die vor bewaffneten Konflikten fliehen, NVwZ 2009, 695–699;

Bast, Jürgen, Vom subsidiären Schutz zum europäischen Flüchtlingsbegriff, ZAR 2018, 41–46;

Behrens, Falko, Asylverfahrensberatung im GEAS, Asylmagazin 2026, 150–157;

Bergmann, Jan/Dienelt, Klaus, Ausländerrecht, 15. Aufl. 2025;

Berlit, Uwe, Externalisierung des Asylrechtsschutzes – Das Konzept der „sicheren Drittstaaten“, InfAuslR 2025, 441–446, 2026, 1–6;

Berlit, Uwe/Dörig, Harald/Storey, Hugo, Glaubhaftigkeitsprüfung bei Asylklagen aufgrund religiöser Konversion oder Homosexualität: Ein Ansatz von Praktikern (Teil 1), ZAR 2016, 281–288;

Burgi, Martin, Funktionale Privatisierung und Verwaltungshilfe, 1999;

Burgi, Martin, Verwaltungsprozess und Europarecht, 1996;

Calliess, Christian/Ruffert, Matthias, EUV/AEUV, 6. Aufl. 2022;

Decker, Andreas/Bader, Johan/Kothe, Peter, BeckOK Migrationsrecht, 25. Ed. 1.3.2026;

Dietlein, Johannes, Rechtsfragen des Zugangs zu kommunalen Einrichtungen, JURA 2002, 445–453;

Dietz, Andress, Reformvorschläge zum Asylprozessrecht im Kontext der Flüchtlingskrise, NVwZ 2018, 1108 – 1109;

Dietz, Andreas, Ausländer- und Asylrecht, 7. Aufl. 2025;

Dörig, Harald/Hocks, Stephan, Münchener Anwaltsbuch Migrations- und Integrationsrecht, 3. Aufl. 2024;

Eichenhofer, Johannes, Die GEAS-Reform – ein Überblick, NVwZ 2026, 785–790;

Eichenhofer, Johannes/Priebe, Die Reform des Gemeinsamen Europäischen Asylsystems (GEAS), GSZ 2026, 1–7;

Endres de Oliveira, „Drittstaatenlösungen“ – eine rechtliche Einordnung, Asylmagazin 2024, 326–332;

Eyermann, Erich, VwGO, 17. Aufl. 2026;

Epping, Volker/Hillgruber, Christian, BeckOK Grundgesetz, 65. Ed., 1.3.2026;

Erbs, Georg/Kohlhaas, Max (Hrsg.), Strafrechtliche Nebengesetze, Stand Januar 2026;
Föcking, Charlotte, GEAS Reloaded, Asylmagazin 2026, 135–143;
Föcking, Charlotte/Nestler, Robert, (Neue) Möglichkeiten des Grundrechtsschutzes im neuen GEAS; InfAuslR 2026, 205–210;
Funke, Andreas, Der Anwendungsvorrang des Gemeinschaftsrechts – Einige Problemfälle und ein Präzisierungsvorschlag, DÖV 2007, 733–739;
Froese, Judith/Thym, Daniel (Hrsg.), Grundgesetz und Rassismus, 2022;
Gerdsmeier, Katrin, Schutz vor Verfolgung wegen der Religion – Anmerkungen zur Umsetzung der jüngsten Rechtsprechung des Europäischen Gerichtshofs durch das Bundesverwaltungsgericht, ZAR 2016, 8–17;
González Méndez de Vigo/Pichl, Unbegleitete Minderjährige und die GEAS-Reform, JAmt 2026, 298–307;
Grabitz, Eberhard/Hilf, Meinhard/Nettesheim, Martin, Das Recht der Europäischen Union, 87. EL Januar, 2026;
von der Groeben, Hans/Schwarze, Jürgen/Hatje, Armin/Terhechte, Jörg Philipp, Europäisches Unionsrecht, 8. Aufl. 2025;
Groß, Thomas, Gerichtliche Überprüfung und Legitimation der Einstufung als sicherer Herkunftsstaat, ZAR 2026, 147–154;
Heuser, Helene, Zwei Jahre EU-Umsiedlungsprogramm: Erfolgreiches Pilotprojekt oder gescheiterter Notfallmechanismus?, NVwZ 2018, 364–368;
Hofmann, Rainer (Hrsg.), NK-Ausländerrecht, 3. Aufl. 2023;
Hofmann, Rainer/Schmidt, Adela, Die Erklärung EU-Türkei vom 18.3.2016 aus rechtlicher Perspektive, NVwZ 2016, 743–744;
Hömig, Dieter/Wolff, Heinrich Amadeus/Kluth, Winfried, Grundgesetz Kommentar, 14. Aufl. 2025;
Hoppe, Michael, Die neue Asylverfahrensverordnung – ein erster Überblick, ZAR 2025, 59 – 64;
Hruschka, Constantin, GFK, 2022;
Hruschka, Constantin, Fristen in Dublin-Verfahren, ZAR 2018, 281–287;
Hruschka Constantin/Löhr, Tillmann, Der Prognosemaßstab für die Prüfung der Flüchtlingseigenschaft nach der Qualifikationsrichtlinie, ZAR 2007, 180–185;
Hruschka Constantin/Löhr, Tillmann, Das Konventionsmerkmal „Zugehörigkeit zu einer bestimmten sozialen Gruppe“ und seine Anwendung in Deutschland, NVwZ 2009, 205–211;
Huber, Bertold, Der novellierte Schengener Grenzkodex vom 13.6.2024, NVwZ 2024, 1881–1886;
Huber, Bertold/Mantel, Johanna, Aufenthaltsgesetz/Asylgesetz mit Freizügigkeitsgesetz/EU und ARB 1/80, 4. Aufl. 2025;

Huster, Stefan/Kingreen, Thorsten, Infektionsschutz-HdB, 2. Aufl. 2022;
Jaber, Layla Kristina, Die Bedeutung des Sprachmittlers im Asylverfahren, ZAR 2017, 318–323;
Janda, Constanze, Die Reform des Gemeinsamen Europäischen Asylsystems und ihre Auswirkungen auf das Sozialrecht, SGb 2025, 689–700;
Jarass, Hans, Charta der Grundrechte der Europäischen Union: GRCh, 4. Aufl. 2021;
Judith, Weibke/Scheytt, Sophie, Die größte Asylrechtsverschärfung seit 1993, Asylmagazin 2024, 315–325;
Junghans, Jakob, Die Auswirkungen der Europäischen Asylreform auf den Rechtsschutz, ZAR 2025, 65–74;
Kischel, Uwe, Rasse, Rassismus und Grundgesetz, AöR 2020, 227–263;
Kluth, Winfried, Reichweite und Folgen der Europäisierung des Ausländer- und Asylrechts, ZAR 2006, 1–8;
Kluth, Winfried, Die besonderen Bedürfnisse von schutzbedürftigen Personen im System des europäischen und deutschen Migrationsrechts, ZAR 2020, 119–127;
Kluth, Winfried, Die Wahrnehmung von strukturellem Rassismus durch das deutsche Verfassungsrecht, NVwZ 2022, 1847–1853;
Kluth, Winfried, Die besonderen Bedürfnisse von schutzbedürftigen Personen im System des europäischen und deutschen Migrationsrechts, ZAR 2020, 119–127;
Kluth, Winfried, Glaubensprüfung durch Verwaltungsgerichte im Asylverfahren, ZevKR 2021, 1 ff;
Kluth, Winfried, Solidarität im Flüchtlingsrecht: von den Erwartungen der GFK zum komplexen Solidaritätsmanagement im Entwurf der Asyl-Management-Verordnung, ZAR 2023, 328–333;
Kluth, Winfried, Öffentliches Wirtschaftsrecht, 2. Aufl. 2026;
Kluth, Winfired/Breidenbach, Wolfgang/Junghans, Jakob/Kolb, Holger, Das neue Migrationsrecht, 2024;
Kluth, Winfried/Heusch, Andreas, BeckOK Ausländerrecht, 47. Ed., 1.4.2025;
Kluth, Winfried/Hornung, Ulrike/Koch, Andreas, Handbuch Zuwanderungsrecht, 4. Aufl. 2025;
Liebscher, Doris, Rasse im Recht – Recht gegen Rassismus, 2021;
Lübbe, Anna, Flüchtlingsanerkennung in Verhaltenslenkungsfällen nach den Ahmadi-Entschiedungen des BVerwG, ZAR 2013, 272–278;
Ludwigs, Markus, Die Verfahrensautonomie der Mitgliedstaaten. Euphemismus oder Identitätsfaktor, NVwZ 2018, 1417–1422;
Mader, Oliver, Erleichterter Rechtsschutz bei Grundrechtsverletzungen? Zur Entwicklung einer prozessualen Grundrechtssystematik anhand des zulässigen Gegenstands einer Nichtigkeitsklage nach Art. 263 AEUV, EuR 2018, 339–360;
Mast, Jakob, Neuansiedlung und humanitäre Aufnahme im reformierten GEAS, Asylmagazin 2026, 144–149;

Mau, Steffen, Sortiermaschinen. Die Neuerfindung der Grenze im 21. Jahrhundert, 2021;

Marx, Reinhard, Diskriminierung als Fluchtgrund, Asylmagazin, 2013, 233–240;

Marx, Reinhard, Interner Schutz von Flüchtlingen nach Art. 1 A Nr. 2 GFK (Art. 2 Buchst. d) RL 2011/95/EU), ZAR 2017, 304–312;

Marx, Reinhard, Dauerschlaf der immer Gerechten: Verschärfungen des Asylprozessrechts, InfAuslR 2023, 45–48;

Mayr, Annalena, Zwischen Sparpolitik und Rechtsstaat: Die Zukunft der behördenunabhängigen Asylverfahrensberatung, JuWissBlog Nr. 37/2026 v. 17.4.2026, https://www.juwiss.de/37–2026/ (letzter Zugriff: 17.7.2026);

Münch, Berthold/Wittmann, Philipp, Einige Beobachtungen zu Rechtsbehelfen nach der Asylverfahrensverordnung (VO[EU] 2024/1348), InfAuslR 2025, 150–158;

Münch, Berthold/Wittmann, Philipp, Einige Beobachtungen zu den Rechtsbehelfen nach der Asyl- und Migrations-Management-VO (VO [EU] 2024/1351) und zur Screening-VO (VO[EU] 2024/1356), InfAuslR 2025, 347–358;

Neidhardt, Stephan, Amtsermittlung im Asylverfahren – Eine Vergewisserung, InfAuslR 2026, 107–124;

Neumann, Felix, Der Fall des desertierten US-Soldaten Shepherd, ZAR 2016, 17–22;

Pechstein, Matthias/Nowak, Carsten/Häde, Ulrich, Frankfurter Kommentar, EUV/GRC/AUEV, 2. Aufl. 2023;

Pelzer, Marei, Anm. zu EuGH, Urt. v. 25.10.2017 – C-201/16, NVwZ 2018, 43–46;

Pfersich, Andreas, Anm. zu EuGH, Urt. v. 21.9.2023 – C-568/21, ZAR 2023, 387–389;

Pichl, Maximilian, Die Reform des Europäischen Asylsystems, Asylmagazin 2024, 141–147;

Priebe, Anna-Lena, Die neue EU-Screening-Verordnung: Mehr Kontrolle, weniger Rechte?, ZAR 2025, 112–126;

Reimann, Ronald, Aufgaben und Rolle der rechtlichen Vertretung unbegleiteter minderjähriger Geflüchteter im reformierten Gemeinsamen Europäischen Asylsystem (GEAS), JAmt 2026, 307–315;

Schloss, Camilla/Schneider, Friedrich Benjamin, Die Bestimmung des zuständigen Mitgliedstaats nach der Verordnung(EU) 2024/1351 über Asyl- und Migrationsmanagement und ihre Bedeutung für die Rechtsanwendung, ZAR 2025, 3–11;

Schmalz, Dana, Die Fiktion der Nichteinreise ist ein Instrument der Entrechtung, VerfBlog, v. 4.7.2018, https://verfassungsblog.de/die-fiktion-der-nichteinreise-ist-ein-instrument-der-entrechtung/ (letzter Zugriff: 17.7.2026);

Schoch, Friedrich, Rechtsprechungsentwicklung, NVwZ 2016, 257–265;
Schoch, Friedrich/Schneider, Jens-Peter, VwGO, EL August 2024;
Schulz-Bredemeier, Barbara, Das Recht der sicheren Herkunftsstaaten – vor und nach der GEAS-Reform, ZAR 2026, 210–218;
Stern, Klaus/Becker, Florian, Grundrechte Kommentar, 4. Aufl. 2024;
Streinz, Rudolf, EUV/AEUV, 3 Aufl. 2018;
Thym, Daniel, Sekundärmigration: Was bringt die GEAS-Reform?, ZAR 2025, 168–174;
Thym, Daniel, Scheitert die Ausweitung sicherer Herkunftsländer am Europarecht, NVwZ 2025, 1377–1382;
Thym, Daniel, Eine stille Revolution: rechtliche und praktische Fallstricke der Ausweitung sicherer Herkunftsländer auf EU-Ebene, NVwZ 2026, 873–879;
Träbert, Alva/Melior, Marie, Vulnerabilität und besondere Schutzbedarfe im Spiegel der GEAS-Reform, Asylmagazin 2025, 387–393;
Waldvogel, Marvin, Die Ansprüche auf internationalen Schutz im neuen GEAS, NVwZ 2026, 535–539;
Weber, Anna/Reimann, Ronald/Wiesinger, Irmela/Franke, Hannah/Giuliani, Livia, Das SGB VIII und die GEAS-Reform, JAmt 2026, 315–320;
Weber, Ferdinand, Staatsangehörigkeit als Status, 2018;
Wolff, Hans J./Bachof, Otto/Stober, Rolf/Kluth, Winfried, Verwaltungsrecht I, 13. Aufl. 2017;
Wolff, Hans J./Bachof, Otto/Stober, Rolf/Kluth, Winfried, Verwaltungsrecht II, 8. Aufl. 2023;
Wollenschläger, Ferdinand, Enzyklopädie Europarecht, Band 10: Europäischer Freizügigkeitsraum – Unionsbürgerschaft und Migrationsrecht, 2021.

A. Einführung – Entstehungsgeschichte, Zielsetzungen und Umsetzung der GEAS Reform

I. Ausgangspunkt und normative Grundlage des Gemeinsamen Europäischen Asylsystems (GEAS)

Eingang in das Flüchtlingsrecht fand der Begriff des **Gemeinsamen Europäischen Asylsystems – GEAS** – erstmals in den Schlussfolgerungen des Sondergipfels des Europäischen Rates in Tampere vom 15. und 16. Oktober 1999[1], der ein Grundlagenprogramm zur Schaffung eines Raums der Freiheit, der Sicherheit und des Rechts in Europa aufstellte[2]. Mit dem Ziel der Etablierung einer gemeinsamen Asyl- und Migrationspolitik kamen die damaligen EU-Mitgliedstaaten überein, „auf ein Gemeinsames Europäisches Asylsystem hinzuwirken, das sich auf die uneingeschränkte und allumfassende Anwendung der Genfer Flüchtlingskonvention stützt, wodurch sichergestellt wird, dass niemand dorthin zurückgeschickt wird, wo er Verfolgung ausgesetzt ist, d. h. der Grundsatz der Nichtzurückweisung gewahrt bleibt." Als kurzfristige Maßnahmen sollten hierbei „eine klare und praktikable Formel für die Bestimmung des für die Prüfung eines Asylantrags zuständigen Staates, gemeinsame Standards für ein gerechtes und wirksames Asylverfahren, gemeinsame Mindestbedingungen für die Aufnahme von Asylbewerbern" erarbeitet, „die Bestimmungen über die Zuerkennung und die Merkmale der Flüchtlingseigenschaft" einander angenähert und ein subsidiärer Schutzstatus geschaffen werden. Auf längere Sicht soll das Gemeinsame Europäische Asylsystem „zu einem gemeinsamen Asylverfahren und einem unionsweit geltenden einheitlichen Schutz für diejenigen, denen Asyl gewährt wird", führen. 1

Vorangegangen war der angestrebten Errichtung eines Gemeinsamen Europäischen Asylsystems im Vertrag von Maastricht[3] zunächst die Festschreibung der Asylpolitik als „Angelegenheit von gemeinsamem Interesse" im Rahmen der sog. dritten Säule, der Zusammenarbeit in den Bereichen Justiz und Inneres, ehe durch den Vertrag von Amsterdam[4] ein entsprechendes Arbeitsprogramm unter dem Titel „Visa, Asyl und Einwanderung" als Art. 73i ff. in den EGV (insb. Art. 73k Nr. 1 EGV) 2

---

[1] Europäischer Rat (1999), Schlussfolgerungen des Vorsitzes. Sondertagung des Europäischen Rates in Tampere am 15. und 16. Oktober 1999, SN 200/1/99; dazu Progin-Theuerkauf in von der Groeben/Schwarze/Hatje/Terhechte, Europäisches Unionsrecht, 8. Aufl. 2025, Art. 78 AEUV Rn. 9 ff.

[2] Zur Entwicklung des GEAS vgl. EASO, Einführung in das gemeinsame europäische Asylsystem für Gerichte, 2016, S. 13 ff.; Junghans in Kluth/Breidenbach/Junghans/Kolb, Das neue Migrationsrecht, 2024, S. 177 ff.; Mantel in Huber/Mantel, AufenthG, AsylG, 4. Aufl. 2025, Vorb. z. AsylG Rn. 16 ff.

[3] ABl. C 191 v. 29.7.1991, 1 ff.

[4] ABl. C 340 v. 10.11.1997, 1 ff.

eingefügt wurde. Seine gegenwärtige kompetenzielle Verortung findet das Gemeinsame Europäische Asylsystem nach dem Vertrag von Lissabon[5] in Art. 67 Abs. 2 und Art. 78 des AEUV. Nach Art. 78 Abs. 2 AEUV erlassen das Europäische Parlament und der Rat im ordentlichen Gesetzgebungsverfahren „Maßnahmen in Bezug auf ein gemeinsames europäisches Asylsystem" mit folgenden Elementen:

- einem in der ganzen Union gültigen einheitlichen Asylstatus für Drittstaatsangehörige;
- einem einheitlichen subsidiären Schutzstatus für Drittstaatsangehörige, die keinen europäischen Asylstatus erhalten, aber internationalen Schutz benötigen;
- eine gemeinsame Regelung für den vorübergehenden Schutz von Vertriebenen im Falle eines Massenzustroms;
- gemeinsame Verfahren für die Gewährung und den Entzug des einheitlichen Asylstatus beziehungsweise des subsidiären Schutzstatus;
- Kriterien und Verfahren zur Bestimmung des Mitgliedstaats, der für die Prüfung eines Antrags auf Asyl oder subsidiären Schutz zuständig ist;
- Normen über die Aufnahmebedingungen von Personen, die Asyl oder subsidiären Schutz beantragen;
- Partnerschaft und Zusammenarbeit mit Drittländern zur Steuerung des Zustroms von Personen, die Asyl oder subsidiären vorübergehenden Schutz beantragen.

3 Die genannten Kompetenznormen gelten gemeinhin auch als Rechtsgrundlage für die Einrichtung der **Europäischen Asylagentur** (European Asylum Agency – **EUAA**), die ihrerseits aus dem Europäischen Asylunterstützungsbüro (European Asylum Support Office – **EASO**) hervorgegangen ist[6]. Als wichtiger Impulsgeber für den gesamten Bereich der GEAS-Gesetzgebung fungiert zudem der in Art. 80 AEUV niedergelegte **Grundsatz der Solidarität** und der gerechten Aufteilung der Verantwortlichkeiten unter den Mitgliedstaaten, auch und gerade in finanzieller Hinsicht. Das asylrechtliche Kompetenzportfolio der Europäischen Union umreißt damit zugleich den Rahmen des aktuellen GEAS-Reformprozesses.

II. Erste und zweite Phase eines Gemeinsamen Europäischen Asylsystems

4 Ausgehend vom Vertrag von Amsterdam legte der europäische Gesetzgeber mit der Aufnahmerichtlinie RL 2003/9/EG[7], der Anerken-

[5] ABl. C 306 v. 17.12.2007, 1 ff.

[6] Vgl. Mader in von der Groeben/Schwarze/Hatje/Terhechte, Europäisches Unionsrecht, 8. Aufl. 2025, Art. 298 Rn. 20 ff.

[7] Richtlinie 2003/9/EG des Rates vom 27.1.2003 zur Festlegung von Mindestnormen für die Aufnahme von Asylbewerbern in den Mitgliedstaaten, ABl L 31, 18 ff.

nungs- oder Qualifikationsrichtlinie RL 2004/83 EG[8] und der Asylverfahrensrichtlinie RL 2005/85/EG[9] in einer ersten Entwicklungsphase des Gemeinsamen Europäischen Asylsystems materielle und verfahrensleitende **Mindestnormen** für ein „harmonisiertes" Asylverfahren in den Mitgliedstaaten vor. Dabei verdient vor allem der ergänzend zum Flüchtlingsschutz nach der Genfer Flüchtlingskonvention in der Qualifikationsrichtlinie neu etablierte subsidiäre Schutz besondere Erwähnung. Mit der Ausgestaltung des Schengenraums als Raum ohne Binnengrenzkontrollen ergab sich zugleich die Notwendigkeit der Errichtung eines verbindlichen europäischen Zuständigkeitsregimes für die Durchführung von Asylverfahren, das mit der Dublin-II-Verordnung (VO EG Nr. 343/2003)[10] als Nachfolgereglung des ursprünglichen Dublin-Übereinkommens eingerichtet wurde, flankiert von der Eurodac-Verordnung (VO EG Nr. 2725/2000)[11], die mittels Erfassung und Speicherung biometrischer Daten – in der Regel Fingerabdrücken – die Verfolgung des Einreisewegs eines Asylbewerbers ermöglicht und damit grundsätzlich die erforderlichen Daten für die Bestimmung des zuständigen Mitgliedstaats bereitstellt. Die genannten Rechtsakte wurden in einer zweiten Phase der Etablierung des gemeinsamen Europäischen Asylsystems bis 2013 überarbeitet und reformiert. Mit der sich zuspitzenden Flüchtlingskrise der Jahre 2015 und 2016 erwies sich dabei in erster Linie das Zuständigkeitsbestimmungsverfahren nach der Dublin-III-Verordnung (VO EU Nr. 604/2013)[12] als problembehaftet, das von einer Vielzahl von Mitgliedstaaten angesichts des Fokus auf das Land der Ersteinreise eines Asylbewerbers als unsolidarisch und dysfunktional angesehen wurde.

---

[8] Richtlinie 2004/83/EG des Rates vom 29.4.2004 über Mindestnormen für die Anerkennung und den Status von Drittstaatsangehörigen oder Staatenlosen als Flüchtlinge oder als Personen, die anderweitig internationalen Schutz benötigen, und über den Inhalt des zu gewährenden Schutzes, ABl. L 304, 12 ff.

[9] Richtlinie 2005/85/EG des Rates vom 1.12.2005 über Mindestnormen für Verfahren in den Mitgliedstaaten zur Zuerkennung und Aberkennung der Flüchtlingseigenschaft, ABl. L 326, 13 ff.

[10] Verordnung(EG) Nr. 343/2003 des Rates vom 18.2.2003 zur Festlegung der Kriterien und Verfahren zur Bestimmung des Mitgliedstaats, der für die Prüfung eines von einem Drittstaatsangehörigen in einem Mitgliedstaat gestellten Asylantrags zuständig ist, ABl. L 50, 1 ff.

[11] Verordnung(EG) Nr. 2725/2000 des Rates vom 11.12.2000 über die Einrichtung von „Eurodac" für den Vergleich von Fingerabdrücken zum Zwecke der effektiven Anwendung des Dubliner Übereinkommens, ABl. L 316, S. 1 ff.

[12] Verordnung(EU) Nr. 604/2013 des Europäischen Parlaments und des Rats vom 26.6.2013 zur Festlegung der Kriterien und Verfahren zur Bestimmung des Mitgliedstaats, der für die Prüfung eines von einem Drittstaatsangehörigen oder Staatenlosen in einem Mitgliedstaat gestellten Antrags auf internationalen Schutz zuständig ist, ABl. L 180, 31 ff – Dublin-III-Verordnung.

III. Die Flüchtlingskrise als Reformimpuls

5 Rund 1,82 Millionen illegaler Grenzübertritte in die Europäische Union und ca. 1,28 Millionen Asylanträge auf dem Höhepunkt der Flüchtlingskrise 2015[13] belegten eindrucksvoll die Notwendigkeit der Fortentwicklung des Gemeinsamen Europäischen Asylsystems in einer neuen, dritten Phase. Hiervon ausgehend brachte die Europäische Kommission im Jahr 2016 zunächst Vorschläge für insgesamt sieben Rechtsakte ein, darunter sechs Verordnungen. Zur Anerkennungsverordnung, Verfahrensverordnung, einer neuen Dublin-IV-Verordnung und einer geänderten Eurodac-Verordnung kamen Vorschläge für eine Verordnung zur EU-Asylagentur und für eine Rahmenverordnung zum Resettlement. Zugleich sollte die Aufnahmerichtlinie überarbeitet werden. In der Folgezeit legte die Kommission 2018 einen ergänzenden Vorschlag für eine Änderung der Rückführungsrichtlinie vor. Im zäh laufenden Verhandlungsprozess konnte zwischen den Mitgliedstaaten jedoch keine Einigung erzielt werden, wobei sich im Kern die Dublin-IV-Verordnung, d. h. eine neue Zuständigkeitsregelung gepaart mit möglichen Kompensationsregelungen für besonders belastete Mitgliedstaaten, als besonders umstritten erwies.

6 Um dem festgefahren Reformprozess neuen Schwung zu verleihen, proklamierte die Kommissionspräsidentin Ursula von der Leyen schließlich am 23. September 2020 einen neuen Migrations- und Asylpakt (**„New Pact on Asylum and Migration“**)[14], der nunmehr Vorschläge für insgesamt neun Rechtsakte enthielt und der die bisherigen Reformvorhaben in den Bereichen Asyl und Rückführung aus den Jahren 2016 und 2018 fortführen sollte. Verbunden mit den genannten Vorschlägen war zudem eine sog. **Roadmap**[15], die unter Vorgabe eines straffen Zeitplans eine Verabschiedung des Verordnungspakets bis spätestens 2024 vorsah. An die Stelle der umstrittenen Dublin-IV-Verordnung trat der Vorschlag einer Verordnung über das Asyl- und Migrationsmanagement, die neben einer Neufassung des Zuständigkeitsregimes als weiteren Schwerpunkt einen neuen „Solidaritätsmechanismus“ beinhaltete. Als Reaktion auf eine zugespitzten Krisensituation im Spätherbst und Winter 2021/2022 an der Grenze zwischen Belarus und den Mitgliedstaaten Polen, Lettland und Litauen – die belarussische Regierung hatte gezielt Menschen aus Krisengebieten über Minsk an die Grenze zur EU gebracht, um durch die Erzeugung eines „Migrationsdrucks“ die EU zur

[13] Vgl. hierzu Mitteilung der Kommission vom 23.9.2020, Ein neues Migrations- und Asylpaket, COM(2020) 609 final, S. 3.

[14] Mitteilung der Kommission vom 23.9.2020, Ein neues Migrations- und Asylpaket, COM(2020) 609 final.

[15] Vgl. Annex zur Mitteilung der Kommission vom 23.9.2020, Ein neues Migrations- und Asylpaket, COM(2020) 609 final.

Rücknahme von Sanktionen zu bewegen – brachte die Kommission weitere Reformvorschläge zum Asyl- und Migrationspakt ein, darunter den Vorschlag für eine Verordnung zur Bewältigung von Situationen der Instrumentalisierung im Bereich Migration und Asyl[16].

IV. Die Umwandlung des Asylunterstützungsbüros (EASO) in die Europäischen Asylagentur (EUAA)

Als erster Schritt im Zuge der GEAS-Reform wurde im Dezember 2021 die VO(EU) 2021/2303 über die Asylagentur der Europäischen Union verabschiedet[17], mit der das bisherige, in Malta angesiedelte Europäische Asylunterstützungsbüro (European Asylum Support Office – EASO) in die **Europäische Asylagentur** (European Asylum Agency – **EUAA**) umgewandelt und zugleich in ihrem Aufgabenspektrum erheblich vergrößert wurde. Zu diesem rechnen in erster Linie die Sammlung von Informationen und die Fertigung gemeinsamer Analysen und Leitfäden sowohl über Drittstaaten wie auch über die Entscheidungspraxis der Mitgliedstaaten, daneben die Erstellung von Leitlinien zu Drittstaaten mit Blick auf deren Qualifizierung als sichere Dritt- bzw. Herkunftsstaaten. Neben diese informationelle Tätigkeit tritt die Organisation operativer und technischer Unterstützung von Mitgliedstaaten bei der Abwicklung von Asylverfahren, sofern diese von dem jeweiligen Mitgliedstaat angefordert wird, sowie der Bereich der Schulung und Fortbildung. Schließlich obliegt der Europäischen Asylagentur auch die Überwachung der operativen und technischen Anwendung der Regelungen des GEAS. Mit Blick auf die mitgliedstaatliche Ausgestaltung der Asylverfahren kommt – was die vielfältigen Bezugnahmen auf die informationelle Tätigkeit der Asylagentur in anderen GEAS-Rechtsakten zeigen – gerade der Informationssammlung, Datenanalyse und der Erstellung von Leitfäden wesentliche Bedeutung zu. Deren Berücksichtigung soll im Ergebnis eine einheitlichere Anwendung der Kriterien für die Gewährung internationalen Schutzes bewirken. **7**

[16] COM(2021) 890, Vorschlag für eine Verordnung des Europäischen Parlaments und des Rates zur Bewältigung von Situationen der Instrumentalisierung im Bereich Migration und Asyl.

[17] Verordnung(EU) 2021/2303 des Europäischen Parlaments und des Rates vom 15.12.2021 über die Asylagentur der Europäischen Union und zur Aufhebung der Verordnung(EU) Nr. 439/2010, ABl L 468, 1 ff.

V. Der weitere Weg zur Verabschiedung der GEAS-Rechtsakte

8 Nachdem für die Verabschiedung der verschiedenen GEAS-Rechtsakte das ordentliche Gesetzgebungsverfahren nach Art. 294 AEUV Anwendung fand – was insbesondere Mehrheitsentscheidungen erlaubte –, richtete sich das weitere Normgebungsverfahren angesichts der zeitlichen Vorgabe der Roadmap, vor der Europawahl im Juni 2024 zu einer Billigung der Gesetzestexte zu kommen, nach dem sog. Trilog-Verfahren[18]. Hierzu formulierte zunächst das Europäische Parlament am 20. April 2023 seinen Standpunkt zu den Verordnungs- und Richtlinienvorschlägen. Nachdem daraufhin im Juni und Oktober 2023 auch im Rat Kompromisse bei den besonders umstrittenen Vorschlägen zur Asylmanagementverordnung, zur Asylverfahrensverordnung und zur sog. Krisenverordnung erzielt wurden, begann der Trilog, in dem schließlich am 20. Dezember 2023 eine Übereinkunft zu den Normtexten erzielt wurde. Im weiteren Verlauf stimmten am 10. April 2024 das Europäische Parlament und am 14. Mai 2024 der Rat den nunmehr insgesamt 10 Rechtssetzungsakten zu, die am 22. Mai 2024 im Amtsblatt veröffentlicht wurden und am 12. Juni 2024 in Kraft traten. Materielle Geltung kommt den insgesamt 9 Verordnungen ab dem 12. Juni 2026 zu. Bis zu diesem Zeitpunkt muss auch die novellierte Aufnahmerichtlinie in nationales Recht umgesetzt werden, sodass das gesamte reformierte GEAS einheitlich ab diesem Zeitpunkt startet.

VI. Überblick über Zielsetzung und Inhalt der einzelnen Rechtsakte

1. Die Aufnahmerichtlinie RL(EU) 2024/1346

9 Die novellierte Aufnahmerichtlinie[19] verfolgt dabei das Ziel, in der gesamten EU möglichst einheitliche und zugleich menschenwürdige Aufnahmebedingungen für Schutzsuchende zu gewährleisten, auch um der Sekundärmigration vorzubeugen[20]. Sie beinhaltet Möglichkeiten, den Aufenthaltsort und die Bewegungsfreiheit des Schutzsuchenden einzuschränken, und sieht dabei ggf. auch seine Inhaftnahme vor. Dem

---

[18] Vgl. hierzu Kluth in Calliess/Ruffert, EUV/AEUV, 6. Aufl. 2022, Art. 294 AEUV Rn. 26.

[19] Richtlinie(EU) des Europäischen Parlaments und des Rates vom 14.5.2024 zur Festlegung von Normen für die Aufnahme von Personen, die internationalen Schutz beantragen, ABl. L 2024/1346.

[20] Vgl. hierzu Janda, Die Reform des Gemeinsamen Europäischen Asylsystems und ihre Auswirkungen auf das Sozialrecht, SGb 2025, 689 ff.

Schutzsuchenden können Wohnsitz- und Meldeauflagen erteilt werden, um seine Erreichbarkeit zu gewährleisten und ein Untertauchen zu verhindern. Als wesentlicher Grundsatz gilt, dass ein Schutzsuchender Anspruch auf angemessene Aufnahmebedingungen nur im zuständigen Mitgliedstaat besitzt. Der Aufenthalt in einem für das Verfahren unzuständigen Staat führt regelmäßig zu entsprechenden Leistungseinschränkungen. Spätestens 6 Monate nach Antragstellung besteht ein Anspruch auf Zugang zum Arbeitsmarkt. Für Schutzsuchende mit besonderen Bedürfnissen und für unbegleitete Minderjährige gelten besondere Schutzvorkehrungen.

2. Die Statusverordnung VO(EU) 2024/1347

Wesentliche Zielsetzung der Statusverordnung[21] – auch als Anerkennungsverordnung bezeichnet – bildet die Harmonisierung der Schutznormen in der EU und damit zugleich die Eindämmung der Sekundärmigration und des Asylshopping. Die bisweilen sehr unterschiedlichen Anerkennungsquoten in den einzelnen Mitgliedstaaten sollen im Ergebnis durch die Berücksichtigung der einschlägigen Analysen und Leitlinien der Europäischen Asylagentur einander angenähert werden. Zugleich erfolgt eine Vereinheitlichung der Ausgestaltung des Schutzstatus und der sich daraus ergebenden aufenthaltsrechtlichen Rechtsfolgen. An letztere anknüpfend enthält die StatusVO eine sehr praxisrelevante Regelung zur Ahndung von Sekundärbewegungen, die die fünfjährige Frist für die Erlangung einer Aufenthaltserlaubnis für langfristig Aufenthaltsberechtigte, die eine europaweite Freizügigkeit beinhaltet, neu beginnen lässt, wenn der Schutzberechtigte außerhalb des zuständigen Mitgliedsstaates angetroffen wurde. **10**

3. Die Asylverfahrensverordnung VO(EU) 2024/1348

Die Asylverfahrensverordnung[22] strebt die Einführung eines auf alle Schutzanträge anwendbaren gemeinsamen Asylverfahrens und die Ersetzung bisher unterschiedlicher Verfahren in den einzelnen Mitglied- **11**

[21] Verordnung(EU) 2024/1347 des Europäischen Parlaments und des Rates vom 14.5.2024 über Normen für die Anerkennung von Drittstaatsangehörigen oder Staatenlosen als Person, denen internationale Schutz gewährt wurde, für einen einheitlichen Status für Flüchtlinge oder für Personen mit Anspruch auf subsidiären Schutz und für den Inhalt des gewährten Schutzes, zur Änderung sder Richtlinie 2003/109/EG des Rates und zur Aufhebung der Richtlinie 2011/95/EU des Europäischen Parlaments und des Rates, ABl. L 2024/1347.

[22] Verordnung(EU) des Europäischen Parlaments und des Rates vom 14.5.2024 zur Einführung eines gemeinsamen Verfahrens für internationalen Schutz in der Union und zur Aufhebung der Richtlinie 2013/32/EU, ABl. L 2024/1348.

staaten an[23]. Sie erfasst alle Phasen des Verfahrens der Schutzgewähr von der Antragstellung bis zur Entscheidung über das Bestehen internationalen Schutzes. Durch klar festgelegte Fristen, die Etablierung beschleunigter Verfahrensarten und die Sanktionierung von Pflichtverstößen des Antragstellers sollen die Verfahren gestrafft, vereinfacht und die Verfahrensdauern verkürzt werden. Mit der Einrichtung des sog. Grenzverfahrens wird zudem ein spezifisches Instrument etabliert, um über Anträge von Antragstellern mit geringen Erfolgsaussichten bereits vor der Einreise zu entscheiden. Daneben soll die Ausweitung und nähere Ausgestaltung des Konzepts der sicheren Drittstaaten und der sicheren Herkunftsstaaten zur Verfahrensbeschleunigung beitragen. Schließlich enthält die AsylVfVO grundlegende Vorgaben zum Rechtsschutz[24] gegen Entscheidungen der Asylbehörde.

4. Die Grenzrückführungsverordnung VO(EU) 2024/1349

12 Die Grenzrückführungsverordnung[25] knüpft ihrerseits an die Entscheidung über ein Schutzgesuch im sog. Grenzverfahren an und bezweckt im Falle der Antragsablehnung die schnelle Rückführung des Antragstellers. Dabei ist das Rückführungsverfahren an der Grenze auf eine Höchstdauer von 12 Wochen begrenzt. Zur Vermeidung einer Flucht des abgelehnten Antragstellers erlaubt sie dessen Inhaftierung. Daneben sieht sie jedoch zugleich eine Frist zur freiwilligen Ausreise des Antragstellers vor. In bestimmten Krisensituationen besteht die Möglichkeit, die 12-Wochen-Frist zu verlängern. Gelingt es der zuständigen Behörde nicht, die Rückführung des abgelehnten Antragstellers innerhalb der Frist zu bewirken, geht das Grenzrückführungsverfahren in ein normales Rückführungsverfahren nach der Rückführungsrichtlinie (bzw. nach der neuen Rückführungsverordnung) über.

5. Die Resettlementverordnung VO(EU) 2024/1350

13 Als „Resettlement" wird ein Instrument des Flüchtlingsrechts bezeichnet, bei dem Schutzsuchende, die bereits Aufnahme in einem Drittstaat gefunden haben, zu dessen Entlastung, aber auch aus humanitären Gründen, beispielsweise zur Familienzusammenführung, auf freiwilliger Basis legal in einen Mitgliedstaat der Europäischen Union umsiedeln, der

---

[23] Vgl. hierzu Hoppe, Die neue Asylverfahrensverordnung – ein erster Überblick, ZAR 2025, 59 ff.

[24] Vgl. Münch/Wittmann, Einige Beobachtungen zu Rechtsbehelfen nach der Asylverfahrensverordnung (VO[EU] 2024/1348), InfAuslR 2025, 150 ff.

[25] Verordnung(EU) des Europäischen Parlaments und des Rates vom 14. Mai 2024 zur Festlegung des Rückführungsverfahrens an der Grenze und zur Änderung der Verordnung(EU) 2021/1148, ABl. L 2024/1349.

ihnen, solange ein entsprechender Anspruch besteht, internationalen Schutz gewährt[26]. Diese humanitäre Aufnahme – oder im Sprachgebrauch der Verordnung „Neuansiedlung" – kann auch im Zuge eines Abkommens mit dem jeweiligen Drittstaat mit einer Gegenleistung verknüpft werden, wie dies beispielsweise im Abkommen zwischen der EU und der Türkei aus dem Jahr 2016 der Fall war[27]. Ziel der Resettlement-VO[28] ist es, entsprechenden Aufnahmeprogrammen in der Europäischen Union einen verbindlichen Rechtsrahmen zu geben und damit zugleich Schutzsuchenden, die bereits in einem Drittstaat Schutz gefunden haben, die legale Einreise in die Europäische Union zu ermöglichen und auf dieser Weise illegaler Sekundärmigration entgegenzuwirken. Die ResettlementVO stellt zugleich auch finanzielle Mittel für den Neuansiedlungsrahmen bereit. Eine besondere Funktion bei der Auswahl der Personen, die für Resettlement-Programme in Betracht kommen, besitzt dabei der UNHCR, der das entsprechende Auswahlverfahren vor Ort im jeweiligen Drittstaat durchführt.

6. Die Asyl- und Migrationsmanagement-Verordnung VO(EU) 2024/1351

Die AMMVO[29] bildet ein weiteres Kernstück der GEAS-Reform. Sie **14**
ersetzt zunächst die Dublin-III-Verordnung, gestaltet aber das Zuständigkeitsregime für Anträge auf internationalen Schutz im Wesentlichen in Anlehnung an die Vorgängerregelung aus[30]. Darüber hinaus etabliert sie nunmehr einen Solidaritätsmechanismus, um ungleiche Belastungen der einzelnen Mitgliedstaaten durch die Aufnahme von Flüchtlingen zu kompensieren. Hierfür wird ein jährlicher Solidaritätspool eingerichtet, in den die einzelnen Mitgliedstaaten „Solidaritätsbeiträge" einbringen,

---

[26] Vgl. allgemein zum Resettlement Atanisev/Johnson, Die Aufnahme von Resettlement-Flüchtlingen: Lokale Strategien für ein gelingendes Ankommen, ZAR 2025, 443 ff.; zur deutschen Umsetzung im Aufenthaltsrecht Röcker in Bergmann/Dienelt, Ausländerrecht, 15. Aufl. 2025, § 23 AufenthG Rn. 30 ff.

[27] Vgl. hierzu Hofmann/Schmidt, Die Erklärung EU-Türkei vom 18.3.2016 aus rechtlicher Perspektive, NVwZ 2016, 743 ff.; Heuser, Zwei Jahre EU-Umsiedlungsprogramm: Erfolgreiches Pilotprojekt oder gescheiterter Notfallmechanismus?, NVwZ 2018, 364 ff.

[28] Verordnung(EU) 2024/1350 des Europäischen Parlaments und des Rates vom 14.5.2024 zur Schaffung eines Unionsrahmens für Neuansiedlung und Aufnahme aus humanitären Gründen sowie zur Änderung der Verordnung(EU) 2021/1147, ABl. L 2024/1350.

[29] Verordnung(EU) des Europäischen Parlaments und des Rates vom 14.5.2024 über Asyl- und Migrationsmanagement, zur Änderung der Verordnung(EU) 2021/1147 und (EU)2021/1060 und zur Aufhebung der Verordnung(EU) Nr. 604/2013, ABl. L 2024/1351.

[30] Vgl. speziell zum Rechtsschutz Münch/Wittmann, Einige Beobachtungen zu den Rechtsbehelfen nach der Asyl- und Migrations-Management-VO (VO[EU] 2024/1351) und zur ScreenVO (VO[EU] 2024/1356), InfAuslR 2025, 347 ff.

die dann wiederum an Mitgliedstaaten ausgereicht werden können, die unter besonderem Migrationsdruck stehen. Eingebettet wird dieser Solidaritätsmechanismus in ein System des Asyl- und Migrationsmanagements, das mit Berichtspflichten der Mitgliedstaaten und der Erstellung eines jährlichen Europäischen Asyl- und Migrationsberichts einhergeht, der die Migrationslage unionsweit bewertet.

7. Die Screening-Verordnung VO(EU) 2024/1356 und die Screeningfolge-Verordnung VO(EU) 2024/1352

15 Mit der ScreeningVO[31] verfolgt der europäische Normgeber die Absicht, Verfahren zur Gewährung internationalen Schutzes dadurch zu beschleunigen, dass bereits im Falle einer Antragstellung an der Grenze bzw. des Aufgriffs eines Antragstellers nach einer illegalen Einreise in speziellen Einrichtungen in Grenznähe ein erstes obligatorisches „Screening" stattfindet, bei dem elementare Daten des Antragstellers erhoben und an Eurodac weitergeleitet, ein erster Gesundheits- und Sicherheitscheck durchgeführt, eventuelle Vulnerabilitäten identifiziert und der Antragsteller möglichst nahtlos in das weitere Verfahren übergeleitet wird[32]. Haben sich Antragsteller bei ihrer Flucht Grenzkontrollen an den Außengrenzen der Europäischen Union entzogen, kann das Screening auch im Hoheitsgebiet eines Mitgliedstaates stattfinden. Im Zuge des Screenings an der Außengrenze bzw. in grenznahen Einrichtungen wird dem Antragsteller die Einreise in den jeweiligen Mitgliedstaat nicht gestattet. Das Screening soll regelmäßig innerhalb eines Zeitraums von 7 Tagen abgeschlossen sein. Anschließend wird der Antragsteller an die für sein Schutzgesuch zuständige Behörde weiterverwiesen oder – falls er keinen Antrag auf internationalen Schutz gestellt hat – ein Rückkehrverfahren eingeleitet.

16 Bei der ScreeningfolgeVO[33] handelt es sich um eine die ScreeningVO ergänzende Begleitnorm, durch die sichergestellt werden soll, dass die für das Screening zuständigen Behörden rechtlich und technisch Zugriff auf die für eine Sicherheitsprüfung eines Antragstellers erforderlichen Datenbanken erhalten, in erster Linie auf das Europäische Strafregistersystem für Drittstaatsangehörige (ECRIS-TCN). Zugleich

---

[31] Verordnung(EU) 2024/1356 der Europäischen Parlaments und des Rates vom 14.5.2024 zur Einführung der Überprüfung von Drittstaatsangehörigen an den Außengrenzen und zur Änderung der Verordnung(EG) Nr. 767/2008, (EU) 2017, 2226, (EU) 2018/1240 und (EU) 2019/817, ABl. L 2024/1356.

[32] Vgl. Priebe, Die neue EU-Screening-Verordnung: Mehr Kontrolle, weniger Rechte?, ZAR 2025, 112 ff.

[33] Verordnung(EU) 2024/1352 des Europäischen Parlaments und des Rates vom 14.5.2024 zur Änderung der Verordnung(EU) 2019/816 und (EU) 2019/818 zur Einführung der Überprüfung von Drittstaatsangehörigen an den Außengrenzen, ABl. L 2024/1352.

soll auch die Interoperabilität der entsprechenden Datenbanken gewährleistet werden.

8. Die Eurodac-Verordnung VO(EU) 2024/1358

Mit der EurodacVO[34] soll das bestehende Eurodac-System erheblich ausgeweitet und zu einer umfassenden europäischen Datenbank in den Bereichen Asyl, Neuansiedlung und irregulärer Migration ausgebaut werden. Verpflichtend erfasst werden in Eurodac zukünftig nicht nur die biometrischen Daten von Personen, die internationalen Schutz beantragt haben, die im Zuge des Resettlement in einem Mitgliedstaat aufgenommen worden sind, die bei illegalem Überschreiten einer Außengrenze aufgegriffen oder nach einem Rettungseinsatz ausgeschifft worden sind, sondern auch diejenigen sonstiger, illegal aufhältiger Drittstaatsangehöriger. Darüber hinaus soll Eurodac zukünftig auch Auskunft über die Zuerkennung internationalen Schutzes in einem Mitgliedstaat geben. Die Altersgrenze für die verpflichtende Erfassung biometrischer Daten wird für Minderjährige auf sechs Jahre abgesenkt und zugleich die Speicherdauer der erfassten Daten verlängert. Eurodac soll danach eine verbesserte Datenbasis zur Kontrolle irregulärer Migration und unerlaubter Migrationsbewegungen liefern. **17**

9. Die Krisenbewältigungsverordnung VO(EU) 2024/1359

Die KrisenVO[35] ergänzt die AMMVO mit dem Ziel, Krisensituationen und Situationen höherer Gewalt in den Bereichen Migration und Asyl besser als bislang zu bewältigen. Eine Krisensituation liegt danach entweder im Fall eines Massenzustroms von Asylsuchenden oder im Fall der „Instrumentalisierung" des Systems internationalen Schutzes durch einen Drittstaat oder einen feindseligen nichtstaatlichen Akteur vor. Auf Ersuchen des betroffenen Mitgliedstaats kann in diesem Fall der Solidaritätsmechanismus nach der AMMVO in einem vereinfachten Verfahren und bei verkürzten Fristen aktiviert werden. Möglich ist auch eine Ausweitung des Anwendungsbereichs der Grenzverfahren sowie eine Verlängerung der Bearbeitungsfristen. Hinzu tritt ggf. personelle und technische Unterstützung des betroffenen Mitgliedstaats durch die Europäische Asylagentur (EUAA). **18**

---

[34] Verordnung(EU) 2024/1358 des Europäischen Parlaments und des Rates vom 14.5.2024 über die Einrichtung von Eurodac, ABl. L 2024/1358.

[35] Verordnung(EU) 2024/1359 des Europäischen Parlaments und des Rates vom 14.5.2024 zur Bewältigung von Krisensituationen und Situationen höherer Gewalt im Bereich Migration und Asyl und zur Änderung der Verordnung (EU) 2021/1147, ABl. L 2024/1359.

VII. Die Umsetzung der GEAS-Rechtsakte im nationalen Recht

19 Trotz des Umstands, dass es sich bei neun der zehn GEAS-Rechtsakte um Verordnungen und damit um unmittelbar in den Mitgliedstaaten geltendes Recht handelt, bestand auf nationaler Ebene zusätzlich zur Umsetzung der Aufnahmerichtlinie ein erheblicher Anpassungsbedarf an das bestehende Recht, das bis zum maßgeblichen Stichtag 12. Juni 2026 einer umfassenden Novellierung unterzogen werden musste. Über die Anpassung des Rechtsrahmens hinaus generierte die GEAS-Reform auch einen praktischen und technischen Umsetzungsbedarf, in erster Linie auf Seiten des Bundesamtes für Migration und Flüchtlinge, das sich gezwungen sah, seine gesamten Prozesse und Verfahren an die neue Rechtslage anzupassen. Eine zusätzliche Erschwernis trat durch die Auflösung des Bundestags und die anschließenden Neuwahlen Anfang 2025 ein, da nach dem Grundsatz der Diskontinuität erste Gesetzentwürfe zur Umsetzung der GEAS-Reform nicht mehr weiterverfolgt, sie stattdessen neu in den Bundestag eingebracht werden mussten. Ausgehend von einem Kabinettsbeschluss am 3. September 2025 verabschiedete der Bundestag am 27. Februar 2026 mit dem GEAS-Anpassungsgesetz und dem GEAS-Anpassungsfolgegesetz zwei Artikelgesetze, die schwerpunktmäßig das Asylgesetz und das Aufenthaltsgesetz, darüber hinaus auch eine Reihe weiterer Normen ändern und an die europäische Rechtslage anpassen[36]. Nach Zustimmung des Bundesrats am 27. März 2026 wurden beide Gesetze am 23. April 2026 im Bundesgesetzblatt veröffentlicht[37]. Angesichts von Unklarheiten bezüglich des Geltungsbeginns der StatusVO, die das GEAS-Anpassungsgesetz im neuen § 87e Abs. 2, 3 AsylG n. F. parallel zur AsylVfVO an den Zeitpunkt der Antragstellung knüpfen wollte, beabsichtigt der Bundesgesetzgeber im Zuge des Gesetzentwurfes zu missbräuchlichen Vaterschaftsanerkennungen durch Streichung von § 87e Abs. 2 und 3 AsylG n. F. nunmehr bereits eine erste Korrektur der GEAS-Reformgesetzgebung[38]. Ungeachtet dessen gelten die materiellen Regeln der StatusVO als unmittelbar anwendbares Verordnungsrecht nach Art. 42 StatusVO ohnehin ab dem 12. Juni 2026, sodass insoweit eine Differenzierung nach dem Zeitpunkt der Antragstellung ausscheidet.

---

[36] Vgl. hierzu die Darstellung des Gesetzgebungsverfahrens unter https://www.bmi.bund.de/SharedDocs/gesetzgebungsverfahren/DE/MI4/GEAS_01.html.

[37] Gesetz zur Anpassung des nationalen Rechts an die Reform des Gemeinsamen Europäischen Asylsystems (GEAS-Anpassungsgesetz) vom 23.4.2026, BGBl. I Nr. 111; Gesetz zur Änderung des AZR-Gesetzes und weiterer Gesetze infolge der Anpassung des nationalen Rechts an das Gemeinsame Europäische Asylsystem (GEAS-Anpassungsfolgegesetz), BGBl. I Nr. 112.

[38] Vgl. BT-Drucks. 21/6393, S. 12, 21.

VIII. Die europarechtliche Zukunftsperspektive

Auch der europäische Verordnungsgeber hat zwei durchaus signifikante Änderungen der AsylVfVO im Februar 2026 die Entwicklung des GEAS weiter vorangetrieben. Die jedenfalls partielle Aufgabe des Verbindungskriteriums im Konzept der sicheren Drittstaaten[39] eröffnet nunmehr die Möglichkeit, Asylverfahren und Schutzgewähr analog dem sog. „Ruanda-Modell" des Vereinigten Königreichs durch vertragliche Vereinbarungen in Drittstaaten außerhalb der Europäischen Union auszulagern, sofern diese nach den entsprechenden materiellen Kriterien als „sicher" eingestuft werden können. Gleichzeitig hat der europäische Verordnungsgeber eine Liste sicherer Herkunftsländer[40] erstellt und zudem diejenigen Drittstaaten, denen der Status als Beitrittskandidat zur Europäischen Union zuerkannt worden ist, grundsätzlich zu sicheren Herkunftsländern deklariert, sofern sie nicht ausnahmsweise als „nicht sicher" angesehen werden müssen, was sich etwa in einer Anerkennungsquote von mehr als 20 % widerspiegelt. Damit hat sich die Anzahl sicherer Herkunftsländer gegenüber den bislang in Anlage II zum AsylG bezeichneten Staaten erheblich vergrößert. 20

Als letzten, gewichtigen Baustein eines gestrafften Asylverfahrens hat die Europäische Kommission im März 2025 einen Vorschlag für eine Rückführungsverordnung[41] vorgelegt, der mittlerweile nach erfolgreicher Durchführung des Trilogverfahrens zur Abstimmung im Europäischen Parlament und im Rat ansteht und der insbesondere die Einrichtung sog. „return-hubs" in Drittsaaten außerhalb der Europäischen Union vorsieht. Welche tatsächlichen Auswirkungen die Reform des GEAS auf das Migrationsgeschehen in der Europäischen Union zeitigt, wird sich aus den von der Europäischen Kommission nach der AMMVO jährlich zu erstellenden Migrationsberichten[42] ergeben. 21

[39] ABl. L 2026/463 v. 26.2.2026, 1 ff.

[40] ABl. L 2026/464 v. 26.2.2026, 1 ff.

[41] COM(2025) 101 final, Vorschlag für eine Verordnung des Europäischen Parlaments und des Rates zur Einrichtung eines gemeinsamen Systems für die Rückkehr von illegal in der Union aufhältigen Drittstaatsangehörigen und zur Aufhebung der Richtlinie 2008/115/EG des Europäischen Parlaments und des Rates, der Richtlinie 2001/40/EG des Rates und der Entscheidung 2004/191/EG des Rates.

[42] Vgl. hierzu für 2025 Mitteilung der Kommission an das Europäische Parlament und den Rat, Jährlicher Europäischer Asyl- und Migrationsbericht (2025), COM(2025) 795 final.

B. Die einzelnen Rechtsakte

I. Das Screening-Verfahren beim Grenzübertritt und erstmaligem Kontakt im Inland

1. Gegenstand und Zielsetzungen der Screening-Verordnung

Mit dem Screening, das eine Überprüfung von Identität und etwaigen Sicherheitsrisiken sowie eine vorläufige Gesundheits- und Vulnerabilitätskontrolle vorsieht, soll vor allem die Kontrolle an den Außengrenzen verbessert und vereinheitlicht werden, indem bereits vorhandene Kontrollmechanismen ausgebaut und vereinheitlicht werden. Dabei wird an Regelungen des SGK[1] sowie in der (bisherigen) Asylverfahrens- und Aufnahme-Richtlinie angeknüpft. Durch die ScreenVO werden somit keine grundsätzlich neuen Kontrollmechanismen etabliert, sondern die vorhandenen systematisch zusammengeführt, inhaltlich erweitert und in ein einheitliches Verfahrensregime eingebunden.[2] Teilweise wurde die Verordnung mit Tendenzen zur Verschärfung von Grenzkontrollen und des Ausbaus der „Festung Europa" in Verbindung gebracht.[3] Diese rechtspolitische Debatte soll hier aber nicht aufgegriffen werden.[4] **22**

Das Ziel der Überprüfung besteht nach Art. 1 II ScreenVO darin, alle von der Überprüfung betroffenen Drittstaatsangehörigen frühzeitig zu identifizieren und anhand der einschlägigen Datenbanken zu kontrollieren, ob die der Überprüfung unterzogenen Personen möglicherweise eine Bedrohung für die innere Sicherheit darstellen könnten. Die Überprüfung umfasst auch eine vorläufige Gesundheitsprüfung und eine vorläufige Prüfung der Vulnerabilität, um Personen, die einer besonderen medizinischen Versorgung oder sonstiger Unterstützung bedürfen, zu ermitteln. Diese Prüfungen sollen die Verweisung der betreffenden Personen an das geeignete Verfahren erleichtern. In beiden Fällen handelt es sich um vorläufige Maßnahmen, die in weiteren Aufnahme- und Verwaltungsverfahren fortgeführt und vertieft werden. **23**

---

[1] Dazu *Kluth,* in: K/H/K, Handbuch Zuwanderungsrecht, § 3, Rn. 33 ff.

[2] *Priebe,* ZAR 2025, 112; *Junghans,* in: K/B/J/K, Das neue Migrationsrecht, Rn. 489 ff.

[3] Siehe *Priebe,* ZAR 2025, 112 (113).

[4] Dazu auch *Mau,* Sortiermaschinen. Die Neuerfindung der Grenze m 21. Jahrhundert, 2021.

2. Anwendungsbereich

24 Die Verordnung gilt nach Art. 1 I a) (nur) für Drittstaatsangehörige und Staatenlose, unabhängig davon, ob sie einen Antrag auf internationalen Schutz gestellt haben, die beim unbefugten Überschreiten der Außengrenze eines Mitgliedstaats auf dem Land-, See- oder Luftweg aufgegriffen werden, ausgenommen Drittstaatsangehörige, die nicht die Einreisevoraussetzungen nach Art. 6 SGK erfüllen und bei denen der betreffende Mitgliedstaat gemäß der EurodacVO aus anderen Gründen als ihrem Alter nicht verpflichtet ist, biometrische Daten zu erfassen, oder die nach Such- und Rettungseinsätzen ausgeschifft oder die nach Such- und Rettungseinsätzen ausgeschifft wurden, bevor sie an das geeignete Verfahren verwiesen werden.

25 Nach Art. 6 SGK müssen Drittstaatsangehörige insbesondere im Besitz eines gültigen Reisedokuments sowie – wenn erforderlich – eines Visums sein[5] und ihre biometrischen Daten preisgeben, um ein persönliches Dossier im zukünftigen Entry-Exit-System (EES) anzulegen.[6] Sofern sich ein Drittstaatsangehöriger im Hoheitsgebiet eines Mitgliedstaats aufhält, für den kein Eintrag im EES oder kein Ausreisedatum nach Ablauf der zulässigen Aufenthaltsdauer vermerkt ist, können die zuständigen Behörden nach Art. 12 I SGK annehmen, dass die betroffene Person die Voraussetzungen hinsichtlich der Dauer des zulässigen Aufenthalts im Hoheitsgebiet der Mitgliedstaaten nicht (mehr) erfüllt.

26 Die Verordnung gilt zudem für Personen, die sich illegal im Hoheitsgebiet des Mitgliedstaats aufhalten und bei denen es keine Anhaltspunkte dafür gibt, dass sie an den Außengrenzen kontrolliert wurden, bevor sie an das geeignete Verfahren verwiesen werden.

27 Unanwendbar ist die ScreenVO, sobald sich herausstellt, dass die betroffene Person die Einreisevoraussetzungen erfüllt (Art. 5 III UAbs. 3). Außerdem können die Mitgliedstaaten von der Durchführung des Screenings absehen, wenn die betroffene Person das Hoheitsgebiet der Mitgliedstaaten freiwillig verlässt oder wenn sie einem nationalen Strafverfahren bzw. Auslieferungsverfahren unterliegt (Art. 18 IV).

3. Zweck, Ort und Ablauf der Überprüfung

28 **a) Zweck der Überprüfung.** Zentrales Instrument der Verordnung ist die Überprüfung (Screening) der illegal einreisenden bzw. aufhältigen Personen. Dabei handelt es sich um eine gebündelte Erhebung von personenbezogenen Informationen, die für die Vorbereitung einer Entscheidung darüber erforderlich sind, in welchem Verfahren über Einreise,

[5] *Kluth,* in: K/H/K, Handbuch Zuwanderungsrecht, § 3, Rn. 51 ff.
[6] Dazu *Arden/Züllig,* ZAR 2025, 405 ff.

Aufenthalt oder Rückführung der betroffenen Person zu entscheiden ist. Zugleich soll ermittelt werden, welche besonderen Bedürfnisse bei den (vulnerablen) Personen bestehen, die im Zusammenhang mit der Unterbringung und der Verfahrensgestaltung zu berücksichtigen sind.[7] Dadurch soll die Wahrnehmung von Rücksichtnahme- und Fürsorgepflichten ermöglicht werden.[8]

Die damit im Zentrum stehende **Informationserhebung** ist mit Eingriffen in das Grundrecht auf informationelle Selbstbestimmung verbunden (Art. 2 Abs. 1 i. V. m. Art. 1 Abs. 1 GG sowie Art. 8 EU GRCh) und unterliegt damit auch der strikten Verhältnismäßigkeitskontrolle sowie Begründungsanforderungen.[9] In Art. 3 ScreenVO wird vor diesem Hintergrund auf die entsprechenden rechtlichen Bindungen der Mitgliedstaaten bei der Anwendung der Verordnung verwiesen. Die Anforderungen an die Verhältnismäßigkeit werden im Ergebnis durchweg erfüllt.[10] Insbesondere sind die erhobenen Daten jeweils erforderlich, um einerseits die Entscheidung über Einreise, Aufenthalt oder Rückführung der betroffenen Person fundiert zu treffen. Andererseits geht es auch um die Abwehr von Gefahren (Art. 15 ScreenVO) einschließlich Gesundheitsgefahren sowie die Gewährung von Schutz und Unterstützung für vulnerable Personen (Art. Art. 12 ScreenVO). Alle diese Maßnahmen können nur auf der Grundlage entsprechender sicherer Informationen durchgeführt werden. 29

b) Der Ort der Überprüfung. Die Überprüfung ist nach Art. 5 ScreenVO grundsätzlich an der Außengrenze im Zusammenhang mit dem Grenzübertrott durchzuführen. Wurde beim Grenzübertritt keine Überprüfung durchgeführt, so kann die Überprüfung nach den näheren Regelungen in Art. 7 ScreenVO auch an sonstigen Orten im Hoheitsgebiet durchgeführt werden. In beiden Fällen ist es Aufgabe der Mitgliedstaaten, die zuständigen Überprüfungsbehörden zu bestimmen. Nach Art. 7 II ScreenVO können die Mitgliedstaaten von der Durchführung der Überprüfung gemäß Absatz 1 absehen, wenn ein illegal in ihrem Hoheitsgebiet aufhältiger Drittstaatsangehöriger unmittelbar nach dem Aufgreifen im Rahmen bilateraler Abkommen oder Vereinbarungen oder bilateraler Kooperationsrahmen in einen anderen Mitgliedstaat zurückgeschickt wird. In diesem Fall führt der Mitgliedstaat, in den der betreffende Drittstaatsangehörige zurückgeschickt wurde, die Überprüfung durch. 30

---

[7] Dazu näher *Kluth,* ZAR 2020, 119 ff.

[8] *Kluth,* ZAR 2020, 119 (120 f.).

[9] Zu Details *Jarass,* GRCh, 4. Aufl. 2021, Art. 8 Rn. 13 ff.

[10] Schwieriger ist die Rechtslage bei den Maßnahmen zur Freiheitsbeschränkung gem. Art. 6 S. 2 und Art. 7 I 2 ScreenVO, die nach nationalem Recht zu regeln sind. Dazu *Priebe,* ZAR 2025, 112 (122).

31 Bei Überprüfungen an der Außengrenze räumt Art. 8 I ScreenVO den Mitgliedstaaten einen weiten Gestaltungsspielraum für die genaue Bestimmung des Ortes ein, an dem die Überprüfung durchgeführt wird. Danach kann die Überprüfung „an jedem angemessenen und geeigneten Ort durchgeführt werden, der von dem jeweiligen Mitgliedstaat benannt wird und sich im Allgemeinen an den oder in der Nähe der Außengrenzen oder alternativ an anderen Orten innerhalb seines Hoheitsgebiets befindet". Aus EG 10 folgt jedoch, dass der Ort nicht allzu weit von der Grenze entfernt sein sollte, da die Überprüfung unverzüglich durchgeführt werden soll. Das Abstellen auf den angemessenen und geeigneten Ort ist vor allem vor dem Hintergrund der infrastrukturellen und personellen Anforderungen an eine Überprüfung zu verstehen. Vor allem Gesundheitsuntersuchungen und Überprüfungen von Vulnerabilitäten verlangen entsprechende Einrichtungen und eine fachliche Expertise (Art. 8 II UAbs. 4, Art. 8 IX und Art. 12 III ScreenVO), die nicht sinnvoll an jedem Grenzübergang vorgehalten werden kann. Zuständig ist die für die Grenzkontrollen zuständige Bundespolizei.

32 Die Überprüfung nach Art. 7 ScreenVO ist durch die Länder nach Art. 8 II ScreenVO an einem angemessenen und geeigneten Ort durchzuführen. Dazu sind entsprechende Zuständigkeitsregelungen der Länder zu erlassen sowie die entsprechenden Einrichtungen zu bestimmen und das Fachpersonal (Art. 12 III ScreenVO) vorzuhalten. Es kommt eine Übernahme dieser Aufgabe durch die vorhandenen Aufnahmeeinrichtungen der Länder in Betracht, in denen ebenfalls entsprechende Überprüfungen im Rahmen der Aufnahme durchgeführt werden müssen (Art. 25 AufnRL). Dazu finden sich Vorgaben in § 71 IVA AufenthG.

33 **c) Gegenstände der Überprüfung.** Die Gegenstände der Überprüfung werden in Art. 8 IV ScreenVO abschließend normiert. Sie orientieren sich an dem Informationsbedarf, der für eine Entscheidung über die Zuweisung der betroffenen Person für die zu wählende Verfahrensart und weitere durch die Behörde zu treffende Maßnahmen erforderlich ist. Im Einzelnen sind die folgenden Informationen zu erheben, auf die anschließend näher eingegangen wird:

a) eine vorläufige Gesundheitskontrolle gemäß Artikel 12;
b) eine vorläufige Prüfung der Vulnerabilität gemäß Artikel 12;
c) die Identifizierung oder Verifizierung der Identität gemäß Artikel 14;
d) die Erfassung der biometrischen Daten gemäß den Artikeln 15, 22 und 24 der Verordnung (EU) 2024/1358, soweit dies noch nicht geschehen ist;
e) eine Sicherheitskontrolle gemäß Artikeln 15 und 16.

34 Zur Ermöglichung bzw. Erleichterung der Informationsgewinnung werden in Art. 9 II ScreenVO Mitwirkungspflichten der Drittstaatsangehörigen normiert. Danach sind die einreisenden Personen verpflichtet, ihren Namen, ihr Geburtsdatum, Geschlecht und ihre Staatsangehörigkeit

anzugeben und, soweit verfügbar, entsprechende Dokumente und Informationen, die diese Angaben belegen, zur Verfügung zu stellen. Zudem sind sie verpflichtet, biometrische Daten gemäß der EurodacVO zur Verfügung zu stellen. Es handelt sich dabei um Informationen, die auch im Falle einer legalen Einreise zur Verfügung zu stellen bzw. in den vorzulegenden Dokumenten enthalten sind.

Dass im Zusammenhang mit einem Grenzübertritt Gesundheitskon- **35**
trollen durchgeführt werden, hängt einmal damit zusammen, dass der öffentliche Gesundheitsschutz gem. Art. 6 I lit. e SGK neben der öffentlichen Sicherheit ein wichtiger Bestandteil der Gefahrenabwehr ist und deshalb ausdrücklich erwähnt wird. Zudem wurde in Art. 21a SGK in Reaktion auf die Corona-Pandemie eine Rechtsgrundlage für die vorübergehende Beschränkung der Einreise in die Europäische Union verankert.[11] Die Gesundheitskontrollen nach Art. 12 ScreenVO sind aber nicht auf die allgemeine Gefahrenabwehr begrenzt, sondern dienen auch dem Gesundheitsschutz der kontrollierten Personen und verfolgen insoweit einen fürsorgenden Zweck. Indem die Norm von einer vorläufigen Gesundheitskontrolle spricht, macht sie deutlich, dass wegen des knapp bemessenen Zeitraums keine umfassenden Überprüfungen vorgenommen werden müssen und dass weitere Untersuchungen im Rahmen der Aufnahme vorgesehen sind. Entsprechend finden sich dazu Regelungen in der Aufnahmerichtlinie.

Die vorläufige **Gesundheitskontrolle** nach Art. 12 I ScreenVO ist **36**
durch qualifiziertes medizinisches Personal durchzuführen, das durch die zuständigen Stellen entsprechend vorzuhalten ist. Ziel der Kontrolle ist es zu ermitteln, ob und welcher Bedarf an einer sofortigen Gesundheitsversorgung oder Isolation aus Gründen der öffentlichen Gesundheit besteht. Das qualifizierte medizinische Personal kann auf Grundlage der medizinischen Umstände in Bezug auf den Allgemeinzustand eines einzelnen Drittstaatsangehörigen entscheiden, dass keine weitere Gesundheitskontrolle während der Überprüfung erforderlich ist. Personen die der Überprüfung nach den Artikeln 5 und 7 unterzogen werden, wird der Zugang zu medizinischer Notversorgung und zur notwendigen Behandlung einer Erkrankung gewährleistet. Der Zugang wird durch §§ 4, 6 AsylbLG eröffnet.[12]

Für die vorläufige **Vulnerabilitätsprüfung** werden die zu beachtenden **37**
Vorgaben in Absatz 3 normiert. Danach ist auch diese Aufgabe durch spezialisiertes, für diesen Zweck geschultes Personal umzusetzen. Ziel ist es, nach Anzeichen dafür zu suchen, dass eine Person vulnerabel oder ein Opfer von Folter oder anderer unmenschlicher oder erniedrigender Behandlung sein oder dass sie besondere Bedürfnisse im Sinne AufnRL und

[11] Huber, NVwZ 2024, 1881 ff.; Thym/Bornemann, in: Huster/Kingreen, InfektionsschutzR-HdB, 2. Aufl. 2022, Kap. 2 Rn. 30 ff.

[12] +.

Art. 20 AsylVfVO haben könnte. Bei der Vulnerabilitätsprüfung können die Überprüfungsbehörden die Unterstützung durch Nichtregierungsorganisationen und gegebenenfalls von qualifiziertem medizinischem Personal in Anspruch nehmen. Das ist aus fachlichen Gründen auch sinnvoll, führt aber auch zu dem Problem, dass entsprechende Organisationen und Fachpersonal nicht überall verfügbar sind, so dass die Qualität der Überprüfung unterschiedlich ausfallen kann.

38 Folgen aus dem Ergebnis der Überprüfung Anhaltspunkte für eine Vulnerabilität oder das Vorliegen von besonderen Aufnahme- oder Verfahrensbedürfnissen, so muss nach Absatz 4 unter Berücksichtigung der körperlichen und geistigen Gesundheit der Person eine zeitnahe und angemessene Unterstützung in angemessenen Einrichtungen erfolgen. Bei Minderjährigen erfolgt diese Unterstützung in kinderfreundlicher und altersgerechter Weise durch Personal, das für den Umgang mit Minderjährigen geschult und qualifiziert ist, und in Zusammenarbeit mit nationalen Kinderschutzbehörden. Die entsprechend ausgestatteten Einrichtungen müssen sich nicht in Grenznähe befinden.

39 Die besonderen Garantien für Minderjährige werden in Art. 13 ScreenVO weiter spezifiziert. Dabei ist der Vorrang des Kindeswohls im Sinne der UN-KRK und von Art. 24 Absatz 2 der Charta zu beachten. Während der Überprüfung wird der Minderjährige von einem erwachsenen Familienangehörigen begleitet, sofern ein solcher anwesend ist.

40 Die Mitgliedstaaten sind nach Art. 13 III verpflichtet, bei unbegleiteten Minderjährigen einen Vertreter oder eine Person, die für den Schutz des Wohls und des allgemeinen Wohlergehens des Minderjährigen geschult ist, zu bestellen. Dieser hat während der Überprüfung in kinderfreundlicher und altersgerechter Weise und in einer Sprache, die er versteht, den Minderjährigen zu begleiten und zu unterstützen.

41 Besonders sensibel und zugleich für das Verfahren von zentraler Bedeutung ist in diesen Fällen die **Verifizierung der Identität.** Dazu finden sich besondere Vorgaben in Art. 14 ScreenVO. Die Überprüfung hat danach anhand der folgenden Elemente zu erfolgen, soweit diese verfügbar sind:

a) Identitäts-, Reise- oder sonstige Dokumente;
b) Daten oder Informationen, die von der Person bereitgestellt oder eingeholt wurden, und
c) biometrische Daten.

42 In Bezug auf diese Angaben können auch Anfragen bei den EU-Datenbanken genutzt werden.

43 Das genaue Verständnis von Identität wird in der ScreenVO nicht definiert. Nach Art. 4 Nr. 8 i. V. m. Art. 27 III lit. a – e der Interoperabilitäts-VO für den Bereich Grenzen und Visa, auf welche die ScreenVO mehrmals verweist, sind unter Identitätsdaten die im EES zu vermerkenden Daten zu verstehen. Dazu gehören der Familienname, der Vorname, ggf. Aliasname, das Geburtsdatum, der Geburtsort, das Geschlecht und die Staatsangehörigkeit(en) – zu verstehen. Abweichend davon unterscheidet etwa die AsylVfVO zwischen Identität und Staatsangehörigkeit. Auch Art. 17 I der ScreenVO, der die Angaben im Überprüfungsformular anführt, unterscheidet sprachlich zwischen der Staatsangehörigkeit und den übrigen Identitätsdaten. Sofern hinsichtlich des Identitätsbegriffs auch auf Art. 17 ScreenVO abgestellt wird, kann die Identität auch noch weitere Merkmale umfassen, etwa die Sprachkenntnisse der Person.[13]

Liegt für die überprüfte Person noch kein Eurodac-Eintrag vor, wird **44** sie zudem, sofern sie mindestens sechs Jahre alt ist, nach Art. 14 II 2 der ScreenVO erstmals dort registriert. Es sind die nach der EurodacVO geltenden Fristen zu beachten. Die Überprüfungsbehörden können nach Art. 14 II 1 der ScreenVO Abfragen bei nationalen Datenbanken im Einklang mit nationalem Recht durchführen.

Art. 15 ScreenVO enthält die Vorgaben für die erforderliche **Sicher- 45** **heitskontrolle.**[14] Durch diese Überprüfung soll verifiziert werden, ob eine Person möglicherweise eine Bedrohung für die innere Sicherheit darstellen könnte. Diese Kontrolle kann sich sowohl auf die Person selbst als auch auf die von ihr mitgeführten Sachen erstrecken. Die Überprüfung entspricht inhaltlich weitgehend Art. 8 SGK und Art. 21 III VK, also den Maßstäben, die auch im Rahmen einer regulären Einreise zu beachten sind.[15] Daran wird deutlich, dass es hier um Gleichstellung und nicht um eine besondere Behandlung derjenigen Personen geht, die die allgemeinen Einreisevoraussetzungen nicht erfüllen. Für den sicherheitsbezogenen Abgleich der Daten der Drittstaatsangehörigen kommen dieselben Informationssysteme und Datenbanken wie in den regulären Verfahren zum Einsatz. Für die Durchsuchungen gilt das Recht des betreffenden Mitgliedstaats.

Nach Art. 15 II SrceenVO werden die folgenden Datenbanken der **46** Union für die Sicherheitsüberprüfung abgefragt:

- das SIS; Im Falle eines Treffers im SIS hat die Überprüfungsbehörde, die die Abfrage durchführt, Zugriff auf die in der Ausschreibung enthaltenen Daten.
- das mit der Verordnung (EU) 2017/2226 eingerichtete Einreise-/Ausreisesystem (EES),
- das mit der Verordnung (EU) 2018/1240 eingerichtete Europäische Reiseinformati- ons- und -genehmigungssystem (ETIAS), einschließlich der in Artikel 34 der Verordnung (EU) 2018/1240 genannten ETIAS-Überwachungsliste,
- das mit der Richtlinie 2004/512/EG eingerichtete Visa-Informationssystem (VIS)

---

[13] So Priebe, ZAR 2025, 112 (119).
[14] Dazu Priebe, ZAR 2025, 112 (120).
[15] Darauf weisen auch die Erwägungsgründe 47 ff. der ScreenVO hin.

- das mit der Verordnung (EU) 2019/816 eingerichtete zentralisierte System für die Ermittlung der Mitgliedstaaten, in denen Informationen zu Verurteilungen von Drittstaatsangehörigen und Staatenlosen vorliegen (ECRIS-TCN). Hierbei beschränken sich die abgerufenen Daten auf Verurteilungen im Zusammenhang mit terroristischen Straftaten und anderen Formen schwerer Straftaten im Sinne des Art. 5 I Buchstabe c der Verordnung (EU) 2019/816.
- die für die in Art. 18 Absatz 2 Buchstabe a der Verordnung (EU) 2016/794 genannten Zwecke verarbeiteten Europol-Daten und die Interpol-Datenbanken wie in Art. 16 ScreenVO.

47 Falls erforderlich, kann die Kommission nach Art. 15 V ScreenVO Durchführungsrechtsakte erlassen, in denen das detaillierte Verfahren und die Spezifikationen für das Abrufen von Daten festgelegt werden. Diese Durchführungsrechtsakte sind gemäß dem in Artikel 19 II Screen-VO genannten Prüfverfahren zu erlassen.

48 **d) Ablauf der Überprüfung.** Die Überprüfung an der **Außengrenze** ist nach Art. 8 III ScreenVO unverzüglich durchzuführen und wird in jedem Fall innerhalb von sieben Tagen nach dem Aufgreifen einer Person im Außengrenzgebiet, nach ihrer Ausschiffung im Hoheitsgebiet des betreffenden Mitgliedstaats oder nach ihrem Vorstelligwerden an der Grenzübergangsstelle abgeschlossen. Dieser kurze Zeitraum bedingt auch den vorläufigen Charakter der Überprüfungen, die ggf. im Rahmen eines Aufnahme- oder Verwaltungsverfahrens (Anerkennungs- oder Rückführungsverfahren) fortzusetzen sind.

49 In den Fällen der Inlandsüberprüfung nach Art. 7 ist die diese nach Art. 8 IV ScreenVO unverzüglich zu beginnen und innerhalb von drei Tagen nach dem Aufgreifen des Drittstaatsangehörigen durchzuführen.

50 Nach Art. 8 VI ScreenVO muss während der Überprüfung Organisationen und Personen, die Beratungsleistungen erbringen, ein effektiver Zugang zu Drittstaatsangehörigen ermöglicht werden. Die Mitgliedstaaten dürfen Beschränkungen eines solchen Zugangs nach Maßgabe des nationalen Rechts nur verhängen, wenn diese Beschränkungen für die Sicherheit, die öffentliche Ordnung oder die Verwaltung der Grenzübergangsstelle oder Überprüfungseinrichtung objektiv erforderlich sind, sofern der Zugang dadurch nicht erheblich behindert oder unmöglich gemacht wird.

51 Zum Abschluss des Verfahrens ist durch die Behörde ein **Überprüfungsformular** gemäß Art. 17 ScreenVO auszufüllen. Das Formular ist in Bezug auf seinen notwendigen Inhalt durch die Vorschrift genau determiniert. Die Informationen werden so erfasst, dass sie in einem nachfolgenden Asyl- oder Rückkehrverfahren einer verwaltungsbehördlichen und richterlichen Nachprüfung unterzogen werden können. Es ist auch anzugeben, ob die Informationen gemäß Absatz 1 Buchstaben a und b von den Überprüfungsbehörden bestätigt oder nur von der betreffenden

Person angegeben werden. Die in dem Formular enthaltenen Informationen werden der betreffenden Person entweder in Papierform oder in elektronischem Format zur Verfügung gestellt. Die Informationen gemäß Absatz 1 Buchstabe h sind unkenntlich zu machen. Vor der Übermittlung des Formulars an die zuständigen Behörden gemäß Art. 18 I, II, III und IV hat die der Überprüfung unterzogene Person die Möglichkeit, anzugeben, dass die in dem Formular enthaltenen Informationen unrichtig sind. Die Überprüfungsbehörden verzeichnen solche Angaben unter den in Art. 18 genannten sachdienlichen Informationen.

Auf der Grundlage der Ergebnisse der Überprüfung ist die Überweisung in das angemessene Verfahren vorzunehmen. In Frage kommen die folgenden Verfahren: 52

- Drittstaatsangehörige, die einen Antrag auf internationalen Schutz gestellt haben, werden nach Art. 18 II ScreenVO dem Asylverfahren zugeordnet und dafür an die für die Registrierung des Antrags auf internationalen Schutz zuständigen Behörden nach Art. 4 III AsylVfVO verwiesen.
- Dasselbe gilt nach Art. 18 III ScreenVO für Personen, die im Rahmen eines Solidaritätsmechanismus – insbesondere dem zukünftigen Solidaritätsmechanismus nach Art. 67 AMMVO – von einem anderen Mitgliedstaat übernommen werden; sie werden an die in diesem Mitgliedstaat zuständigen Behörden überwiesen.
- Drittstaatsangehörige, die keinen Antrag auf internationalen Schutz gestellt haben, werden nach Art. 18 I, IV ScreenVO unmittelbar dem Rückführungsverfahren nach der Rückführungs-RL zugeordnet und sind daher an die hierfür zuständigen Behörden zu verweisen.

4. Infrastrukturelle Anforderungen und Schutzvorkehrungen

Die Mitgliedstaaten müssen nach Art. 8 VIII ScreenVO sorgen, dass während der Überprüfung ein Lebensstandard gewährt wird, der den Lebensunterhalt und den Schutz der körperlichen und geistigen Gesundheit der betroffenen Personen gewährleistet und ihre Rechte gemäß der Charta, insbesondere Art. 3, 4 und 7, achtet. 53

Die Mitgliedstaaten müssen nach Art. 8 IX ScreenVO weiter dafür sorgen, dass das Personal, das die Überprüfung durchführt, über angemessene Kenntnisse verfügt und die erforderliche Schulung erhalten hat. Es dürfen nur ermächtigte Bedienstete tätig werden, die für die Identifizierung oder Verifizierung der Identität und die Sicherheitskontrolle qualifiziert sind und Zugriff auf die in den Artikeln 14 und 15 vorgesehenen Daten, Systeme und Datenbanken haben. 54

Bei der Durchführung der Überprüfung können die Überprüfungsbehörden von Sachverständigen oder Verbindungsbeamten und Teams der Europäischen Agentur für die Grenz- und Küstenwache und der 55

Asylagentur der Europäischen Union im Rahmen von deren Befugnissen unterstützt werden, sofern diese Sachverständigen oder Verbindungsbeamten und Teams über die einschlägigen Schulungen und Qualifikationen verfügen.

56 Zum Schutz der Betroffen normiert Art. 11 ScreenVO Informationspflichten. Diese beziehen sich auf die folgenden Aspekte:

a) den Zweck, die Dauer, und die Elemente der Überprüfung sowie wie diese durchzuführen ist und mögliche Ergebnisse der Überprüfung;
b) das Recht, internationalen Schutz zu beantragen, und die geltenden Vorschriften für die Stellung eines Antrags auf internationalen Schutz, gegebenenfalls unter den in Art. 30 AsylVfVO genannten Umständen, und für diejenigen Drittstaatsangehörigen, die einen Antrag auf internationalen Schutz gestellt haben, die Verpflichtungen und die Folgen der Nichteinhaltung gemäß den Artikeln 17 und 18 AMMVO;
c) die Rechte und Pflichten von Drittstaatsangehörigen während der Überprüfung, einschließlich ihrer Verpflichtungen gemäß Artikel 9 und der Möglichkeit, die in Artikel 8 Absatz 6 genannten Organisationen und Personen zu kontaktieren und von ihnen kontaktiert zu werden;
d) die der betroffenen Person durch das geltende Datenschutzrecht der Union, insbesondere die Verordnung (EU) 2016/679, gewährten Rechte.

57 Die Mitgliedstaaten müssen nach Absatz 2 außerdem sicherstellen, dass der Überprüfung unterzogene Drittstaatsangehörige, soweit zutreffend, über Folgendes informiert werden:

a) die geltenden Bestimmungen über die Einreisevoraussetzungen für Drittstaatsangehörige gemäß der Verordnung (EU) 2016/399 sowie über die sonstigen Einreise- und Aufenthaltsbedingungen des betreffenden Mitgliedstaats, sofern diese Informationen nicht bereits erteilt wurden;
b) die Rückkehrverpflichtung gemäß der Richtlinie 2008/115/EG und die Möglichkeiten für die Teilnahme an einem Programm, das logistische, finanzielle und sonstige materielle Hilfe oder Sachleistungen zur Unterstützung der freiwilligen Ausreise vorsieht;
c) die Bedingungen für die Übernahme gemäß Art. 67 AMMVO oder einem anderen bestehenden Solidaritätsmechanismus.

58 Alle diese Informationen müssen schriftlich (in Papierform oder digital) in einer Sprache erteilt werden, die der Drittstaatsangehörige versteht oder von der vernünftigerweise angenommen werden darf, dass er sie versteht.

5. Monitoring

Um die Einhaltung der Grund- und Menschenrechte zu gewährleisten schreibt Art. 10 I ScreenVO eine Überwachung durch die Mitgliedstaaten vor. Zu diesem Zweck muss ein unabhängiger Überwachungsmechanismus etabliert werden, durch den sichergestellt wird, dass das Unionsrecht und das Völkerrecht, einschließlich der Charta, insbesondere in Bezug auf den Zugang zum Asylverfahren, den Grundsatz der Nichtzurückweisung, das Wohl des Kindes und die entsprechenden Vorschriften über die Inhaftnahme, einschließlich der entsprechenden Bestimmungen über die Inhaftnahme im nationalen Recht, während der Überprüfung eingehalten werden. Zudem muss sichergestellt werden, dass fundierte Anschuldigungen von Grundrechtsverstößen im Zusammenhang mit der Überprüfung wirksam und unverzüglich untersucht werden, erforderlichenfalls Ermittlungen zu solchen Anschuldigungen ausgelöst werden und der Fortgang solcher Ermittlungen überwacht wird. **59**

Der unabhängige Überwachungsmechanismus muss alle Tätigkeiten der Mitgliedstaaten zur Durchführung der Verordnung erfassen. Es können jährliche Empfehlungen an die Mitgliedstaaten abgegeben werden. Durch das GEAS-Anpassungsgesetz wurde das Deutsche Institut für Menschenrecht mit der Wahrnehmung dieser Aufgabe betraut (§ 1 III und § 2 IVa des Gesetzes über die Rechtsstellung und Aufgaben des Deutschen Instituts für Menschenrecht). **60**

Für die Umsetzung sieht die Norm vor, dass u. a. vor Ort zufällige und unangekündigte Kontrollen durchgeführt werden. Zu diesem Zweck gewähren die Mitgliedstaaten dem unabhängigen Überwachungsmechanismus Zugang zu allen einschlägigen Orten, einschließlich Aufnahme- und Hafteinrichtungen, Einzelpersonen und Dokumenten, soweit dieser Zugang dafür erforderlich ist, dass der unabhängige Überwachungsmechanismus die in diesem Artikel festgelegten Verpflichtungen erfüllen kann. **61**

Ein Zugang zu einschlägigen Orten und Verschlusssachen wird nur Personen gewährt, die für den unabhängigen Überwachungsmechanismus handeln und eine entsprechende, von einer zuständigen Behörde im Einklang mit dem nationalen Recht ausgestellte Sicherheitsüberprüfung erhalten haben. **62**

Für die Arbeit der nationalen Monitoringstellen gibt die Agentur für Grundrechte allgemeine Leitlinien heraus. Die Mitgliedstaaten können die Agentur zudem ersuchen, sie bei der Ausarbeitung ihres unabhängigen Überwachungsmechanismus, einschließlich der Garantien für dessen Unabhängigkeit, sowie der Überwachungsmethodik und geeigneter Schulungsprogramme zu unterstützen. **63**

Die Mitgliedstaaten sind nach Absatz 4 verpflichtet, die nationalen Monitoringstellen mit angemessenen finanziellen Mitteln auszustatten. **64**

6. Rechtsschutz

65 Die ScreenVO enthält selbst keine Regelungen zum Rechtsschutz. Aus Art. 67 I AsylVfVO, der die Rechtsschutzmöglichkeiten enumerativ aufführt, folgt jedoch prima facie, dass gegen die Maßnahmen während des Screenings sowie die nachfolgende Verfahrenszuweisung kein isoliertes Recht auf einen wirksamen Rechtsbehelf besteht. Die betroffene Person soll lediglich die Möglichkeit haben, darauf hinzuweisen, dass die im Überprüfungsformular enthaltenen Informationen unrichtig sind, was durch die Überprüfungsbehörden in dem Formular als „sachdienliche Informationen" vermerkt wird. Diese restriktive Sichtweise begründet die Kommission damit, dass es sich beim Überprüfungsverfahren noch „um eine Phase der reinen Informationsbeschaffung" handeln soll und „keine Entscheidung [zur Folge hat], die die Rechte der betroffenen Person berührt".[16] Eine verwaltungsgerichtliche Überprüfung der Informationen im Überprüfungsformular kann demnach erst inzident im Rahmen der verwaltungsbehördlichen bzw. gerichtlichen Nachprüfung der jeweiligen Sachentscheidung im nachfolgenden Asyl- oder Rückkehrverfahren erfolgen, wovon auch Art. 67 I der AsylVfVO ausgeht. Daher müssen die Angaben im Überprüfungsformular auch so erfasst werden, dass sie in diesen Verfahren einer verwaltungsbehördlichen und richterlichen Nachprüfung unterzogen werden können.

66 In der Literatur wird dies mit § 44a VwGO verglichen.[17] Dort ist aber anerkannt, dass gegenüber irreversiblen Folgen ein Rechtsschutz eröffnet sein muss.[18] Grundsätzlich ist es auch nach der Rechtsprechung des EuGH zulässig, Rechtsschutz nur gegen die ein Verwaltungsverfahren abschließende Entscheidung, nicht aber gegen vorbereitende Verfahrensakte zu gewähren.[19] Das gilt aber nur dann, wenn diese Verfahrensakte keine selbstständige Beschwer beinhalten.[20] Letzteres ist etwa dann der Fall, wenn der Rechtsbehelf gegen die abschließende Entscheidung so ausgestaltet ist, dass damit inzident auch die vorbereitenden Entscheidungen überprüft werden können, damit keine subjektiven Rechte „schutzlos" bleiben.[21] Vor diesem Hintergrund wird man im Lichte des Art. 47 EUGrCh auch Art. 67 I AsylVfVO keine abschließende Regelungswirkung beimessen können mit der Folge, dass z. B. die Zuweisung an ein „falsches" Verfahren gerichtlich gerügt werden kann.

[16] COM(2020) 612 final, S. 14.
[17] *Priebe,* ZAR 2025, 112 (124).
[18] *Hoppe,* in: Eyermann, VwGO, 17. Aufl. 2026, § 44a, Rn. 9a.
[19] EuGH, BeckRS 2011, 81189, Rn. 54 ff.
[20] *Mader,* EuR 2018, 339 (344) m. w. N.
[21] EuGH, BeckRS 2011, 81189, Rn. 56 ff.

II. Die Anerkennungsvoraussetzungen (StatusVO)

1. Bedeutung und Systematik der Zuerkennung eines Status

a) Änderung der Regelungssystematik durch die Reform. Durch die GEAS-Reform wurde die Qualifikationsrichtlinie 2011/95/EU durch die Statusverordnung 2024/1347 (StatusVO) ersetzt. Das hat regelungstechnisch zur Folge, dass die zentralen Rechtsakte, die bislang als Richtlinien erlassen wurden, durch Verordnungen ersetzt werden mit der Folge, dass an die Stelle von richtlinienumsetzenden mitgliedstaatlichen Normen die Regelungen der Verordnungen direkt zur Anwendung kommen. Im Falle der Qualifikationsverordnung bedeutet dies, dass bislang zentrale Regelungen des Asylgesetzes aufgehoben werden mussten und die Regelungen in der Verordnung in Zukunft unmittelbar anwendbar sind. Der durch das GEAS-Anpassungsgesetz neu gefasste § 3 AsylG verweist deshalb in seiner geänderten Fassung auf die jetzt anwendbaren Rechtsakte der Europäischen Union. **67**

Hintergrund ist das sog. Normwiederholungsverbot, nach dem Regelungen in EU-Verordnungen auch inhaltsgleich nicht im mitgliedstaatlichen Recht wiederholt werden dürfen.[22] Diese Vorgabe vermindert in vielen Bereichen, in denen Unionsgesetze und nationale Regelungen eng ineinandergreifen, die Rechtsklarheit und Transparenz für die Normadressaten, weshalb auch über eine Änderung dieser Rechtsprechung nachgedacht wird. Einstweilen ist aber das Normwiederholungsverbot zu beachten. **68**

Das GEAS-Anpassungsgesetz sieht deshalb die folgende Neufassung des § 3 AsylG vor: **69**

„Die Zuerkennung des internationalen Schutzes richtet sich nach den Kapiteln III bis VI der Verordnung (EU) 2024/1347. Hinsichtlich der Anwendung von Artikel 14 Absatz 2 der Verordnung (EU) 2024/1347 ist eine besonders schwere Straftat im Sinne des Artikels 14 Absatz 1 Buchstabe e der Verordnung (EU) 2024/1347 anzunehmen, wenn die in § 60 Absatz 8 Nummer 2 des Aufenthaltsgesetzes genannten Voraussetzungen vorliegen oder das Bundesamt nach § 60 Absatz 8a oder 8b des Aufenthaltsgesetzes von der Anwendung des § 60 Absatz 1 des Aufenthaltsgesetzes abgesehen hat.“

b) Völkerrechtliche Grundlagen des internationalen Schutzes. Sowohl das Flüchtlingsrecht und die darauf basierende Anerkennung als **70**

---

[22] EuGH, BeckRS 2004, 70873, Tz. 11; EuGH, BeckRS 2004, 73632, Rn. 10; *W. Schroeder,* in: Streinz, EUV/AEUV Kommentar, 3. Aufl. 2018, AEUV Art. 288 Rn. 43.

Flüchtling als auch der subsidiäre Schutz basieren auf völkerrechtlichen Verträgen, die durch das Unionsrecht als Maßstäbe für die Ausgestaltung des internationalen Schutzes in Bezug genommen werden. Dies betrifft zunächst das Genfer Abkommen vom 28. Juli 1951 und das Protokoll vom 31. Januar 1967 über die Rechtsstellung der Flüchtlinge, auf das sowohl Art. 78 I AEUV als auch Art. 18 GrCh als Mindestmaßstab Bezug nehmen.[23] Hinzu kommen die Vorgaben aus der Konvention zum Schutz der Menschenrechte und Grundfreiheiten vom 4. November 1950 (EMRK) und den dazu verabschiedeten Protokolle, insbesondere zur Abschaffung der Todesstrafe (Protokoll Nr. 6 vom 28. April 1983 und Nr. 13 vom 3. Mai 2002) sowie dem Verbot von Kollektivausweisungen (Art. 4 Protokoll Nr. 4 vom 16. September 1963), das auch in Art. 19 I GrCh verankert ist.[24]

71 Als Querschnittsregelungen sind zudem die Vorgaben aus des Übereinkommens über die Rechte von Menschen mit Behinderungen vom 13. Dezember 2006 (UN-Behindertenkonvention) sowie aus dem Übereinkommen über die Rechte des Kindes vom 20. November 1989 (UN-Kinderrechtskonvention) in allen Bereichen zu beachten.

72 Da alle Mitgliedstaaten der Europäischen Union diese völkerrechtlichen Verträge ratifiziert haben, sind sie mittelbar auch für die Europäische Union als Bestandteil der gemeinsamen Rechtsgrundsätze bindend. Durch die Bezugnahme und Ausrichtung des Sekundärrechts an ihnen wird ihre Wirkung durch den für das Unionsrecht geltenden Anwendungsvorrang[25] jedoch im Vergleich zur rein völkerrechtlichen Bindungswirkung, die gegenüber dem deutschen Recht keinen Vorrang beansprucht[26], verstärkt.[27]

73 Die in Bezug genommenen völkerrechtlichen Verträge und die dazu vorliegende Rechtsprechung, insbesondere die Rechtsprechung des EGMR, sind bei der Auslegung des Sekundärrechts aufgrund der Bezugnahmen zu berücksichtigen.[28]

74 **c) Bedeutung der Zuerkennung eines Status.** Die Anerkennungsverfahren zielen auf die Begründung eines Status hin. Unter einem Status wird dabei ein Bündel von Rechten verbunden, das mit diesem untrenn-

---

[23] *Thym,* in: BeckOK AuslR, 47. Ed. 1.4.2025, AEUV Art. 78 Rn. 2 ff.

[24] *Rossi,* in: Calliess/Ruffert, EUV/AEUV, 6. Aufl. 2022, EU-GR Charta Art. 19 Rn. 3 ff.

[25] Dazu *Ruffert* in: Calliess/Ruffert, EUV/AEUV, 6. Aufl. 2022, AEUV Art. 1 Rn. 18; *Funke,* DÖV 2007, 733 ff.

[26] Ein Vorrang gilt nach Art. 25 GG nur für die allgemeinen Regeln des Völkerrechts, *Wolff/Kluth,* in: Hömig/Wolff/Kluth, Grundgesetz Kommentar, 14. Aufl. 2025, Art. 25, Rn. 3.

[27] *Kluth,* ZAR 2006, 1 ff.

[28] Zum Verhältnis von EGMR und EuGH näher *Dörr,* in: Grabitz/Hilf/Nettesheim, Das Recht der Europäischen Union, 87. EL Januar 2026, AEUV Art. 344 Rn. 46 ff.

bar verbunden ist. Als grundlegender Status wird die Staatsangehörigkeit angesehen.[29] Auch die Ehe markiert einen solchen Status.

Im Bereich des internationalen Schutzes nach Art. 78 AEUV sieht das Primärrecht ausdrücklich vor, dass zwischen drei Status zu unterscheiden ist: dem einheitlichen Asylstatus, bei dem es um die Anerkennung als Flüchtling geht, dem subsidiären Schutzstatus und dem vorübergehenden Schutzstatus. In allen drei Bereichen geht es auch um eine Rechtsharmonisierung[30], die im Rahmen der GEAS-Reform durch den Übergang von einer Richtlinie zu einer Verordnung verstärkt wurde. **75**

Während die den Status inhaltlich prägenden Voraussetzungen und Rechtsfolgen für den Asylstatus weitgehend durch die GFK vorgegeben sind (in Bezug auf die Voraussetzungen in Art. 1 GFK und in Bezug auf die Rechtsfolgen in den Art. 12 bis 24 GFK), sind die beiden anderen Status Eigenschöpfungen des Unionsrechts, die in ihren Voraussetzungen auf Konstellationen bezogen sind, die durch die GFK nicht erfasst werden. In Bezug auf die Rechtefolgen orientieren sich die Regelungen weitgehend, aber nicht vollständig an den Vorgaben der GFK. **76**

Von der Zuerkennung des Status zu unterscheiden ist die daran anknüpfende Gewährung eines Aufenthaltstitels, die sich unter bestimmten Voraussetzungen auch vom Status lösen kann, so dass ein Widerruf des Schutzstatus nicht zwingend mit dem Wegfall des Aufenthaltsrechts einhergeht. **77**

d) Systematik der Regelungen. Die Qualifikationsverordnung folgt in ihrer Struktur weitgehend der vorausgehenden Richtlinie, weist aber an vielen Stellen auch gesetzgebungstechnische und inhaltliche Abweichungen und Neuerungen auf. **78**

RL 2011/95/EU	StatusVO 2024/1347
Kapitel I. Allgemeine Bestimmungen	
Art. 1 Gegenstand	Art. 1 Zweck
Art. 2 Sachlicher Anwendungsbereich	Art. 2 Begriffsbestimmungen
Art. 3 Begriffsbestimmungen	Art. 3 Günstigere Normen
Kapitel II. Prüfung von Anträgen auf internationalen Schutz	
Art. 4 Prüfung der Tatsachen …	Art. 4 Darlegung von Informationen …
Art. 5 Aus Nachfluchtgründen …	Art. 5 Aus Nachfluchtgründen …
Art. 6 Akteure, von denen Verfolgung …	Art. 6 Akteure, von denen Verfolgung …

[29] *Weber,* Staatsangehörigkeit als Status, 2018.
[30] *Thym,* in: BeckOK AuslR, 47. Ed. 1.4.2025, AEUV Art. 78 Rn. 13.

RL 2011/95/EU	StatusVO 2024/1347
Art. 7 Akteure, die Schutz bieten können	Art. 7 Akteure, die Schutz bieten können
Art. 8 Interner Schutz	Art. 8 Interne Schutzalternative
Kapitel III. Anerkennung als Flüchtling	
Art. 9 Verfolgungshandlungen	Art. 9 Verfolgungshandlungen
Art. 10 Verfolgungsgründe	Art. 10 Verfolgungsgründe
Art. 11 Erlöschen	Art. 11 Erlöschen
Art. 12 Ausschluss	Art. 12 Ausschluss
Kapitel IV. Flüchtlingseigenschaft	
Art. 13 Zuerkennung der Flüchtlingseigenschaft	Art. 13 Zuerkennung der …
Art. 14 Aberkennung, Beendigung …	Art. 14 Entzug der Flüchtlingseigenschaft
Kapitel V. Voraussetzungen für den subsidiären Schutz	
Art. 15 Ernsthafter Schaden	Art. 15 Ernsthafter Schaden
Art. 16 Erlöschen	Art. 16 Erlöschen
Art. 17 Ausschluss	Art. 17 Ausschluss
Kapitel VI. Subsidiärer Schutzstatus	
Art. 18 Zuerkennung des subsidiären Schutzstatus	Art. 18 Zuerkennung des …
Art. 19 Aberkennung, Beendigung …	Art. 19 Entzug des Status …
Kapitel VII. Inhalt des internationalen Schutzes	
Art. 20 Allgemeine Bestimmungen	Art. 20 Allgemeine Vorschriften
Art. 21 Schutz vor Zurückweisung	Art. 21 Schutz vor Zurückweisung
Art. 22 Information	Art. 22 Information
Art. 23 Wahrung des Familienverbands	Art. 23 Wahrung der Einheit der Familie
Art. 24 Aufenthaltstitel	Art. 24 Aufenthaltstitel
Art. 25 Reisedokumente	Art. 25 Reisedokumente
	Art. 26 Freizügigkeit innerhalb der Mitgliedstaaten
	Art. 27 Freizügigkeit innerhalb der Union
Art. 26 Zugang zu Beschäftigung	Art. 28 Zugang zu Beschäftigung
Art. 27 Zugang zu Bildung	Art. 29 Zugang zu Bildung
Art. 28 Zugang zu Verfahren für die Anerkennung von Befähigungsnachweisen	Art. 30 Zugang zu Verfahren für die Anerkennung von Qualifikationen und die Validierung von Kompetenzen

RL 2011/95/EU	StatusVO 2024/1347
Art. 29 Sozialhilfeleistungen	Art. 31 Soziale Sicherheit und Sozialhilfe
Art. 30 Medizinische Versorgung	Art. 32 Medizinische Versorgung
Art. 31 Unbegleitete Minderjährige	Art. 33 Unbegleitete Minderjährige
Art. 32 Zugang zu Wohnraum	Art. 34 Zugang zu Unterbringung
Art. 33 Freizügigkeit innerhalb eines Mitgliedstaats	
Art. 34 Zugang zu Integrationsmaßnahmen	Art. 35 Zugang zu Integrationsmaßnahmen
Art., 35 Rückkehr	Art. 36 Repatriierung
Kapitel VIII. Verwaltungszusammenarbeit	
Art. 36 Zusammenarbeit	Art. 37 Zusammenarbeit
Art. 37 Personal	Art. 38 Personal
Kapitel IX. Schlussbestimmungen	
Art. 38 Berichterstattung	Art. 39 Monitoring und Evaluierung
Art. 39 Umsetzung	Art. 40 Änderung der RL 2003/109/EG
Art. 40 Aufhebung	Art. 41 Aufhebung

Als thematische Erweiterung wird aus der Gegenüberstellung die Einführung einer Regelung zur Freizügigkeit innerhalb der Union erkennbar. In den übrigen Vorschriften sind moderate inhaltliche Änderungen zu verzeichnen. 79

2. Anerkennung als Flüchtling

a) Struktur des Flüchtlingsbegriffs. Der Begriff des Flüchtlings ist durch Art. 1 GFK vorgezeichnet[31] und wird in Art. 3 Nr. 5 StatusVO legal definiert. Danach ist Flüchtling ein Drittstaatsangehöriger, der sich aus der begründeten Furcht vor Verfolgung wegen seiner Rasse, Religion, Nationalität, politischen Überzeugung oder Zugehörigkeit zu einer bestimmten sozialen Gruppe außerhalb des Landes befindet, dessen Staatsangehörigkeit er besitzt, und den Schutz dieses Landes nicht in Anspruch nehmen kann oder wegen dieser Furcht nicht in Anspruch nehmen will, oder ein Staatenlosen, der sich aus denselben vorgenannten Gründen außerhalb des Landes seines vorherigen gewöhnlichen Aufent- 80

[31] *Frei/Hinterberger/Hruschka,* in: Hruschka, GFK, 2022, Art. 1 Rn. 14 ff.

halts befindet und nicht dorthin zurückkehren kann oder wegen dieser Furcht nicht dorthin zurückkehren will, und auf den Artikel 12 StatusVO Ausschlussgründe) keine Anwendung findet.

81 Wer die Voraussetzungen des Flüchtlingsbegriffs erfüllt, hat nach Art. 13 StatusVO einen Anspruch auf eine rechtsförmliche Anerkennung als Flüchtling und die mit dieser Rechtsstellung verbundenen Rechte (Art. 24 bis 36 StatusVO).

82 Der Flüchtlingsbegriff hat **fünf Voraussetzungen,** die kumulativ erfüllt sein müssen und auch als Einschlussgründe bezeichnet werden.[32] Es handelt sich dabei entsprechend Art. 1 Abs. 2 GFK um die folgenden Merkmale, die einzeln geprüft werden müssen:

- Aufenthalt außerhalb des Heimatlandes;
- Drohende Gefahr, verfolgt zu werden;
- Abwesenheit staatlichen Schutzes durch den Heimatstaat;
- Anknüpfung an einen Konventionsgrund (Verfolgungsgrund);
- Begründete Furcht.

83 Der Aufenthalt außerhalb des Heimatlands setzt voraus, dass die Person dieses Land faktisch verlassen hat.[33] Im Regelfall handelt es sich um das Land, dessen Staatsangehörigkeit sie besitzt. Bei Staatenlosen ist auf den gewöhnlichen Aufenthalt abzustellen.[34] Binnenvertriebene werden folglich nicht erfasst.[35]

84 In Fällen einer mehrfachen Staatsangehörigkeit stellen sich weitere Fragen. Hier muss sich die Person in einem Staat aufhalten, dessen Staatsangehörigkeit sie nicht besitzt. Zudem ist zu prüfen, ob einer der anderen Staaten, dessen Staatsangehörigkeit sie besitzt, Schutz gewähren kann.[36]

85 Die Gefahr, verfolgt zu werden, wird in der GFK nicht definiert. In der Verordnung wird jedoch mit der Regelung in Art. 9 StatusVO zu den Verfolgungshandlungen eine Konkretisierung vorgenommen, auf die entsprechend abzustellen ist (siehe nachfolgend Rn. 104 ff.).

86 Das dritte Element, die Abwesenheit staatlichen Schutzes, setzt voraus, dass die betroffene Person einen solchen Schutz nicht in Anspruch nehmen kann oder will. Dabei spielt es keine Rolle, ob die drohende Verfolgung vom Staat oder von Privatpersonen ausgeht.[37] Der fehlende Schutz muss sich auf das gesamte Staatsgebiet beziehen, weil ansonsten eine interne Schutzalternative im Sinne des Art. 8 StatusVO vorliegen würde.

87 Ein wirksamer Schutz setzt voraus, dass der Staat schutzwillig und schutzfähig ist. Zudem muss der Betroffene Zugang zum Schutz haben.

---

[32] *Frei/Hinterberger/Hruschka,* in: Hruschka, GFK, 2022, Art. 1 Rn. 14.
[33] *Frei/Hinterberger/Hruschka,* in: Hruschka, GFK, 2022, Art. 1 Rn. 40.
[34] *Frei/Hinterberger/Hruschka,* in: Hruschka, GFK, 2022, Art. 1 Rn. 42.
[35] *Frei/Hinterberger/Hruschka,* in: Hruschka, GFK, 2022, Art. 1 Rn. 43.
[36] *Frei/Hinterberger/Hruschka,* in: Hruschka, GFK, 2022, Art. 1 Rn. 75 ff.
[37] *Frei/Hinterberger/Hruschka,* in: Hruschka, GFK, 2022, Art. 1 Rn. 61.

Schutzwillig ist ein Staat, wenn eine entsprechende Schutzinfrastruktur vorliegt und der Staat diese auch einsetzt. Geht die Verfolgung vom Staat aus, so ist das nicht anzunehmen. Gleiches gilt, wenn Schutzmaßnahmen gegenüber privaten Verfolgungsakteuren verweigert werden.

Schutzfähig ist der Heimatstaat, wenn die vorhandenen Schutzinstru- **88**
mente wirksam sind und eingesetzt werden können. Insoweit wird auf eine funktionierende Polizeibehörde und Strafverfolgung abgestellt. Vor allem in Fällen eines Bürgerkriegs kann die Schutzfähigkeit eingeschränkt sein oder fehlen.[38]

Es muss schließlich ein individueller Zugang zum effektiven Schutz **89**
bestehen. Das ist nicht der Fall, wenn durch die Inanspruchnahme des Schutzes neue Gefahren drohen oder auf die Inanspruchnahme des Schutzes durch bestimmte Gruppen nicht reagiert wird.

In Bezug auf alle drei Merkmale muss eine genaue Einzelfallprüfung **90**
erfolgen, die nicht immer leicht durchführbar ist.

In Bezug auf das vierte Element, die Anknüpfung an einen Konventi- **91**
onsgrund, wird eine Konkretisierung durch Art. 10 StatusVO vorgenommen (siehe nachfolgend Rn. 124).

Das fünfte Merkmal der begründeten Furcht basiert auf dem Konzept **92**
einer objektivierten Prognoseentscheidung. Dabei ist umstritten, welche Bedeutung individuellen bzw. subjektiven Merkmalen beizumessen ist. Überwiegend wird davon ausgegangen, dass – auch aus Gründen der Gleichbehandlung – ausschließlich auf objektivierte Faktoren abzustellen ist.[39] Es kommt deshalb entscheidend darauf an, dass ein entsprechender Nachweis geführt werden kann und wie dabei die Darlegungslast verteilt ist.

b) Anforderungen an die Konkretisierung der Prognose. Im Zen- **93**
trum der Konkretisierung des Prognosemaßstabs[40] steht das ernsthafte Risiko (englisch: real risk), dass die antragstellende Person im Falle einer Rückkehr in das Heimatland verfolgt wird. Die für eine Verfolgung sprechenden Umstände müssen nach ihrer Intensität und Häufigkeit von solchem Gewicht sein, dass sich daraus bei objektiver Betrachtungsweise für die betroffene Person die begründete Furcht ableiten lässt, selbst Opfer zu werden. In der Rechtsprechung wird auch von einer „beachtlichen Wahrscheinlichkeit" gesprochen.[41] Das ernsthafte

---

[38] *Frei/Hinterberger/Hruschka,* in: Hruschka, GFK, 2022, Art. 1 Rn. 67.

[39] *Frei/Hinterberger/Hruschka,* in: Hruschka, GFK, 2022, Art. 1 Rn. 107 m. w. N.

[40] Zu diesem vertiefend *Hruschka/Löhr,* ZAR 2007, 180 ff. mit dem Alternativvorschlag „reale Möglichkeit" an Stelle von „beachtlicher Wahrscheinlichkeit".

[41] BVerwG, BeckRS 2019, 19691, Rn. 16; NVwZ 2018, 1408, Rn. 14; *Dörig,* in: Dörig/Hocks, Migrations- und Integrationsrecht, 3. Aufl. 2024, § 19, Rn. 108 f. Dazu kritisch *Hruschka/Al-Ali,* in: Huber7Mantel, AufenthG/AsylG, 4. Aufl. 2025, AsylG § 3, Rn. 16 f.

Risiko muss im Einzelfall bestehen und individuell geprüft werden (siehe Art. 34 II AsylVfVO).[42] Die Prüfung muss sich auf die aktuelle Lage beziehen.[43]

94 Die Vorgaben für die Ermittlung der entscheidungserheblichen Tatsachen und die damit verbundene Darlegungslast hat der Unionsgesetzgeber im Rahmen der Neufassung von Art. 4 im Rahmen der GEAS Reform neu formuliert und akzentuiert. In der bisherigen Fassung lautete Art. 4 I RL 2011/95/EU:

„Die Mitgliedstaaten können es als Pflicht des Antragstellers betrachten, so schnell wie möglich alle zur Begründung des Antrags auf internationalen Schutz erforderlichen Anhaltspunkte darzulegen. Es ist Pflicht des Mitgliedstaats, unter Mitwirkung des Antragstellers die für den Antrag maßgeblichen Anhaltspunkte zu prüfen.“

95 Diese Regelung geht in Satz 1 von einer Mitwirkungspflicht aus, die in Satz 2 durch den Grundsatz der Amtsermittlung ergänzt wird.[44]

96 Die neue StatusVO verlagert den Akzent in Art. 4 I stärker auf die Mitwirkungspflicht des Antragstellers durch die folgende Neufassung der Regelung:

„Die Antragsteller legen alle ihnen zur Verfügung stehenden Angaben dar, die den Antrag auf internationalen Schutz begründen. Zu diesem Zweck kooperieren die Antragsteller umfassend mit der Asylbehörde und anderen zuständigen Behörden und bleiben während des gesamten Verfahrens, auch während der Prüfung der für den jeweiligen Antrag relevanten Angaben, im Hoheitsgebiet des für die Prüfung des jeweiligen Antrags zuständigen Mitgliedstaats präsent und verfügbar.“

97 Allerdings verweist Absatz 3 auf Art. 34 AsylVfVO, in dem die Pflicht zur Amtsermittlung konkretisiert wird, so dass die Akzentverschiebung in Absatz 1 die Reichweite der behördlichen Aufklärungspflicht nicht verändert. Insbesondere ist damit auch ein Übergang zum Beibringungsgrundsatz, wie er im Koalitionsvertrag für die 22. Legislaturperiode avisiert wurde, ausgeschlossen. Konkret verlangt Art. 34 II AsylVfVO eine objektive, unparteiische und einzelfallbezogene Prüfung. Zu berücksichtigen sind sachdienliche, genaue und aktuelle Informationen über die Lage im Herkunftsland des Antragstellers zum Zeitpunkt der Entscheidung über den Antrag, einschließlich der Rechts- und Verwaltungsvorschriften des Herkunftslandes und der Weise, in der sie angewandt werden, aus einschlägigen und verfügbaren nationalen, unionseigenen

[42] BVerwG, NVwZ 2011, 1463 Rn. 22 f.

[43] EuGH, NVwZ 2020, 1024. *Frei/Hinterberger/Hruschka,* in: Hruschka, GFK, 2022, Art. 1 Rn. 108.

[44] *Hocks,* in: Dörig/Hocks, Migrations- und Integrationsrecht, 3. Aufl. 2024, § 19, Rn. 381 zur umsetzenden Regelung in § 24 Abs. 1 AsylG a. F.

und internationalen Quellen, einschließlich Kinderrechtsorganisationen, sowie — sofern verfügbar — der gemeinsamen Analyse der Lage in bestimmten Herkunftsländern und der Leitfäden gemäß Artikel 11 der AsylagenturVO 2021/2303.

Die den Flüchtlingsstatus begründenden Sachverhalte müssen substantiiert dargelegt werden und glaubhaft gemacht werden. Kann der volle Sachverhalt nicht ermittelt werden, so ist im Zweifel eine Anerkennung auszusprechen.[45] Der EuGH hat in seiner Rechtsprechung zudem festgestellt, dass es Aufgabe der Behörden ist, die generellen Tatsachen und Herkunftslandinformationen aufzuklären und nicht der Mitwirkungspflicht der Antragsteller zuzuweisen.[46] **98**

c) Maßgeblicher Zeitpunkt der Entstehung des Status. Nach dem Verständnis der GFK, dem die StatusVO in Erwägungsgrund 22 folgt, handelt es sich um die Anerkennung eines bereits bestehenden Status und nicht um eine konstitutive Verleihung oder Begründung desselben durch die Entscheidung der Behörde oder des Gerichts.[47] **99**

Davon zu unterscheiden ist allerdings die praktisch sehr bedeutsame Frage, ab welchem Zeitpunkt der Status in einer Art und Weise begründet wird, so dass die damit verbundenen Rechte in Anspruch genommen werden können. Der EuGH stellt in seiner Rechtsprechung insoweit auf den Zeitpunkt der Antragstellung und nicht auf die positive abschließende Entscheidung ab.[48] Ab diesem Zeitpunkt und für die Dauer des Verfahrens wird die Flüchtlingseigenschaft widerleglich vermutet, bis sie entweder bestätigt wird oder durch einen negativen Ausgang des Verfahrens entfällt. **100**

Davon ist wiederum zu unterscheiden, ob die Voraussetzungen bereits bei der Ausreise vorlagen oder erst später entstanden sind. Auch die umgekehrte Konstellation ist denkbar, da sich die Lage im Herkunftsstaat in beide Richtungen verändern kann.[49] **101**

Die Ereignisse, die eine begründete Furcht vor Verfolgung begründen, liegen in der Regel in einem Zeitpunkt vor, in dem sich der Antragsteller noch im Heimatstaat aufhält und daraufhin ausreist. Art. 5 I StatusVO stellt aber klar, dass auch sog. Nachfluchtgründe zu beachten sind.[50] Die begründete Furcht vor Verfolgung kann auf Folgendem auf Ereignissen beruhen, die eingetreten sind, nachdem der Antragsteller das Herkunftsland verlassen hat, oder auf Aktivitäten des Antragstellers nach Verlassen **102**

---

[45] EuGH, NVwZ 2021, 319; *Frei/Hinterberger/Hruschka,* in: Hruschka, GFK, 2022, Art. 1 Rn. 111.

[46] EuGH, NVwZ 2014, 129.

[47] EuGH, BeckRS 2018, 5023, Rn. 53; *Frei/Hinterberger/Hruschka,* in: Hruschka, GFK, 2022, Art. 1 Rn. 17.

[48] EuGH, BeckRS 2018, 5023, Rn. 52 ff.

[49] *Frei/Hinterberger/Hruschka,* in: Hruschka, GFK, 2022, Art. 1 Rn. 18.

[50] Das deutsche Asylrecht ist insoweit restriktiver, siehe § 28 I AsylG.

des Herkunftslandes, insbesondere wenn die Aktivitäten, auf die der Antragsteller sich stützt, nachweislich Ausdruck und Fortsetzung einer bereits im Herkunftsland bestehenden Überzeugung, Weltanschauung oder Ausrichtung sind. Es muss also ein gewisser Bezug zum Verhalten während des Aufenthalts im Herkunftsland bestehen.

103 Allerdings ist davon der in Art. 5 II StatusVO jetzt erstmalig normierte Fall zu unterscheiden, dass die Gefahr einer Verfolgung auf Umständen beruht, die der Antragsteller nach Verlassen des Herkunftslandes zu dem alleinigen oder hauptsächlichen Zweck herbeigeführt hat, die notwendigen Voraussetzungen für die Beantragung der Gewährung des internationalen Schutzes zu schaffen. Dann kann die Asylbehörde die Gewährung des internationalen Schutzes ablehnen, sofern jede getroffene Entscheidung über den Antrag auf internationalen Schutz mit dem Zurückweisungsverbot und der EMRK und der Grundrechte-Charta vereinbar ist. Das kann z. B. bei Konversionen von Muslimen zum Christentum in Deutschland relevant werden, wenn im Heimatland eine solche Konversion unter Strafe steht und noch keinerlei entsprechende Absichten bzw. Grundeinstellungen bestanden.[51] In solchen Fällen sind dann nur Abschiebungshindernisse zu ermitteln, die zu einer Duldung führen können.

104 **d) Verfolgungshandlungen (Art. 9 StatusVO).** Art. 9 StatusVO ist dreistufig aufgebaut. In Abs. 1 wird eine Rahmendefinition der Verfolgungshandlung gegeben, bei der zwischen der Einzelhandlung und der kumulativen Betrachtungsweise unterschieden wird. Daran schließt in Abs. 2 eine exemplarische Verdeutlichung von Verfolgungshandlungen ohne abschließenden Charakter an. Damit wird das Ziel verfolgt, besonders häufig auftretende Verfolgungshandlungen herauszuheben und leichter qualifizierbar zu machen. In Absatz 3 wird schließlich die Erforderlichkeit einer kausalen Verknüpfung zwischen Verfolgungshandlungen und den in Art. 10 normierten Verfolgungsgründen normiert. Dabei wird als Neuerung auch der fehlende Schutz vor Verfolgung als Tatbestandsmerkmal eingeführt.

105 Das Flüchtlingsrecht bzw. der internationale Schutz sind eine Antwort der internationalen Staatengemeinschaft auf die Versagung von Menschenrechten durch einen Staat gegenüber den eigenen Staatsangehörigen, indem den verfolgten Personen Schutz gewährt wird. Darin kommt zugleich ein Bekenntnis zum universellen Charakter der Menschenrechte zum Ausdruck, das vom GG in Art. 1 Abs. 2 GG thematisiert wird. Vor diesem Hintergrund erweist es sich als folgerichtig, die Verfolgungshandlung als schwerwiegende Menschenrechtsverletzung zu charakterisieren.

106 Da die Menschenrechte rechtlich geschützte Interessen und Güter von sehr unterschiedlicher Bedeutung erfassen und in unterschiedlicher

---

[51] *Kluth,* ZevKR 2021, 1 ff.

Reichweite legal beschränkt werden können, erscheint es auch überzeugend, lediglich an die schwerwiegende Verletzung grundlegender Menschenrechte anzuknüpfen und nicht jede Menschenrechtsverletzung und erst recht nicht jede beschränkende Maßnahme für die Begründung eines Schutzanspruchs ausreichen zu lassen.

Grundlegende Menschenrechte sind in erster Linie die in Art. 15 EMRK normierten sog. notstandsfesten Menschenrechte. Dazu gehören das Recht auf Leben (Art. 2 EMRK), der Schutz vor Folter oder anderer grausamer, unmenschlicher oder erniedrigender Behandlung oder Strafe (Art. 3 EMRK), das Verbot der Sklaverei oder Leibeigenschaft (Art. 4 Abs. 1 EMRK) sowie der Schutz vor Bestrafung ohne gesetzliche Grundlage (Art. 7 EMRK). Es würde aber zu kurz greifen, die Verfolgung auf diese Menschenrechte zu beschränken. Dies folgt normtextlich unmittelbar aus der Formulierung „insbesondere“ und kommt darüber hinaus in der großen Bedeutung zum Ausdruck, die andere Freiheitsrechte wie die Religions- und Meinungsfreiheit, das Recht auf Privatleben, das Recht auf gerichtlichen Rechtsschutz sowie elementare soziale Menschenrechte ausweislich der großen internationalen und regionalen Menschenrechtspakte (UN-Sozialpakt – Internationaler Pakt über wirtschaftliche, soziale und kulturelle Rechte v. 19.12.1966, BGBl. 1973 II 1569; Zivilpakt – Internationaler Pakt über bürgerliche und politische Rechte v. 19.12.1966, BGBl. 1973 II 1533; GRCh – Charta der Grundrechte der Europäischen Union v. 12.12.2007, ABl. 2007 C 303, 1; usw) besitzen. **107**

Das Merkmal der **schwerwiegenden Verletzung** weist auf zwei Aspekte hin: Erstens müssen die nach internationalem Recht zulässigen beschränkenden Maßnahmen berücksichtigt werden. Nicht jede Freiheitsverkürzung stellt deshalb eine Verletzung dar. Zweitens muss in Bezug auf die Schwere die Wertigkeit des Schutzgutes mit der Reichweite der Beschränkung korreliert werden, wobei zugleich der verbleibende Freiheitsraum zu beachten ist. Dies führt zu einer Gesamtbetrachtung der Maßnahme, die auch eine Beurteilung der Schwere im Vergleich zu Beeinträchtigungen anderer Menschenrechte ermöglicht. **108**

In Bezug auf die Art des Eingriffs spielen die in der deutschen Grundrechtsdogmatik etablierten Unterscheidungen (klassischer finaler Eingriff, faktischer Eingriff, mittelbarer Eingriff usw) keine Rolle. Es kommt alleine auf das „Ergebnis“, dh die reale Beeinträchtigung der menschenrechtlich geschützten Freiheiten, Rechte, Interessen und Rechtsgüter an. **109**

Die **schwere Beeinträchtigung** kann durch einmalige Verletzungshandlungen, die dann das entsprechende Gewicht aufweisen müssen, oder durch wiederholte Verletzungshandlungen (in Bezug auf das gleiche Menschenrecht) herbeigeführt werden. Im letzteren Fall ist die mit der (ständigen) Wiederholung verbundene zusätzliche Belastung zu beachten, die darin besteht, dass durch die Wiederholung zusätzlich eine andauernde Furcht begründet wird, die die Eingriffsintensität erhöht. **110**

Damit wird zugleich der „Taktik" von autoritären und totalitären Regimen Rechnung getragen, die nicht selten auf eine Zermürbungsstrategie durch immer wiederkehrende mäßige Menschenrechtsbeeinträchtigungen abzielen.

111 Bei der Beurteilung der Schwere ist auch die Perspektive des Betroffenen zu berücksichtigen. So ist das Verbot der öffentlichen religiösen Praxis für eine Person, für die dies zur eigenen religiösen und persönlichen Identität gehört, gewichtiger als für Personen, die darauf keinen besonderen Wert legen.[52]

112 Insbesondere für den Bereich der **Religionsfreiheit** ist auch keine Beschränkung auf einen Kernbereich des Menschenrechts akzeptabel. Die frühere Rechtsprechung des BVerwG[53], nach der sich der Schutz der Religionsfreiheit im Wesentlichen auf das forum internum beschränkt[54], ist deshalb in Umsetzung der Qualifikationsrichtlinie und nach einer klarstellenden Entscheidung des EuGH[55] zu Recht aufgegeben worden.[56] Davon zu unterscheiden sind die bereits erwähnten Möglichkeiten der (gesetzlichen) Beschränkung von Menschenrechten, die damit nicht ausgeschlossen werden.

113 Da es bereits nach dem Flüchtlingsbegriff und den zugrundeliegenden Regelungen in Art. 1 A Nr. 2 GFK lediglich auf die Furcht vor Verfolgung ankommt, sind – unbestritten – nicht nur bereits erlittene, sondern auch drohende Menschenrechtsverletzung zu berücksichtigen.

114 Anders als bei der in lit. a) erwähnten wiederholten Verletzungshandlung, die sich auf das gleiche Menschenrecht bezieht, wird durch lit. b) die Möglichkeit eröffnet, auch unterschiedliche Menschenrechte betreffende Verletzungshandlungen integriert zu bewerten mit der Folge, dass der verfolgende Akteur nicht durch eine Vielzahl unterschiedlicher Maßnahmen die Verfolgung verschleiern kann. Dabei geht es zB um diskriminierende Maßnahmen, mit denen einer Person oder sozialen Gruppe der Zugang zu Bildung, Arbeit, sozialen und medizinischen Leistungen usw erschwert oder vollständig verweigert wird. Während die Maßnahmen bei der Einzelbeurteilung in der Regel noch keine ausreichende Schwere iSd lit. b) aufweisen, kann eine kumulative Betrachtungsweise zu einem anderen Ergebnis und zu einer Lage führen, bei der Flucht der einzige Ausweg ist.

115 Die nicht abschließende Liste der **Regelbeispiele** für Verfolgungshandlungen beginnt mit der Anwendung von physischer oder psychischer Gewalt, die auch verschiedene Formen der sexuellen Gewalt

---

[52] EuGH NVwZ 2012, 16121 Rn. 70.

[53] Die an die Rspr. des BVerfG zu Art. 16a GG anknüpfte; BVerfG, NVwZ 1988, 237.

[54] BVerwG, NVwZ 2004, 1000.

[55] EuGH, NVwZ 2012, 1612 ff.

[56] BVerwG NVwZ 2013, 936; dazu und zu weiteren Aspekten ausf. *Gerdsmeier,* ZAR 2016, 8 ff. mwN; *Lübbe,* ZAR 2013, 272 ff.

einschließt. Bei der Auslegung ist Art. 3 EMRK zu berücksichtigen, der mit der Folter eine besonders intensive Form der Gewaltanwendung untersagt.

Diskriminierungen sind besonders intensive Formen der Ungleichbehandlung, die an bestimmte Merkmale anknüpfen. Dabei haben sich die Merkmale, mit deren Verwendung als Anknüpfungspunkt für eine unterschiedliche Behandlung eine Diskriminierung bewirkt wird, im Laufe der Zeit weiterentwickelt und gehen etwa deutlich über die in Art. 3 Abs. 3 GG normierten Merkmale hinaus. Im vorliegenden Zusammenhang sind aber nicht alle, sondern alleine die flüchtlingsrechtlichen Diskriminierungen gemeint.[57] Sowohl gesetzliche Regelungen (einschließlich exekutiver Rechtsetzungen), die als solche diskriminierend sind, als auch diskriminierende Anwendungen von neutralen Regelungen, können eine Verfolgungshandlung darstellen. Praktisch besonders bedeutsam sind diskriminierende Handlungen im Zusammenhang mit der Ausübung wirtschaftlicher, sozialer und kultureller Menschenrechte.[58] In diesem Bereich kommt der kumulativen Betrachtungsweise besondere Bedeutung zu. 116

Strafverfolgung und **Bestrafung** stellen als solche ein legitimes Recht eines jeden Staates dar, um Rechtsverletzungen zu ahnden und die soziale Ordnung zu erhalten. Das Strafrecht ist bei der Verletzung von privaten Rechten und Rechtsgütern durch andere Private zudem ein Ausdruck und Instrument der grundrechtlichen Schutzpflicht. Vor diesem Hintergrund muss bei der Bewertung von Strafmaßnahmen als Verfolgungshandlung der spezifische Verfolgungscharakter herausgearbeitet werden. In Nr. 3 werden zu diesem Zweck die Merkmale unverhältnismäßig und diskriminierend angeführt, die aber lediglich als Indiz zu verstehen sind. Denn unverhältnismäßig kann eine Strafmaßnahme auch aus anderen Gründen sein, wie die umfangreiche Rechtsprechung des Bundesverfassungsgerichts zeigt. Zeigt sich, dass eine Strafverfolgung oder Bestrafung wegen einer diskriminierenden Anknüpfung an ein bestimmtes Merkmal der betroffenen Personen besonders hart ausfällt, so schlägt eine normale Bestrafung in eine Verfolgungshandlung um. In diesem Fällen wird auch von einem Politmalus gesprochen. 117

Gerichtlicher Rechtsschutz dient der Durchsetzung von durch die Rechtsordnung eingeräumten Rechten und Ansprüchen. Fehlt er oder wird er verweigert, so kommt das im Ergebnis der praktischen Negierung der bestehenden Rechte und Ansprüche gleich. Deshalb kann auch die Verweigerung gerichtlichen Rechtsschutzes eine Verfolgungshandlung darstellen. Neben dem vollständigen Fehlen bzw. der auf den Einzelfall bezogenen Verweigerung gerichtlichen Rechtsschutzes stellt auch die Verweigerung eines fairen Verfahrens (Art. 6 EMRK) möglicherweise 118

---

[57] *Marx,* Asylmagazin 2013, 233 (235).
[58] Zu Einzelheiten *Marx,* Asylmagazin 2013, 233 (237 ff.).

eine Verfolgungshandlung dar. Es besteht aber andererseits kein Anspruch auf lückenlosen und umfassenden gerichtlichen Rechtsschutz. Auch hier ist das Schwerekriterium zu beachten.

119 Das fünfte Beispiel bezieht sich auf spezielle Fälle der **Verweigerung des Militärdienstes** und enthält kein allgemeines Recht auf Militärdienstverweigerung aus Gewissensgründen, wie es Art. 4 Abs. 3 GG normiert.[59] Es ist auch nicht so zu verstehen, dass andere Fälle der Strafverfolgung wegen Kriegsdienstverweigerung ebenfalls eine Verfolgungshandlung darstellen können. Während aber in diesen Fällen die Unverhältnismäßigkeit oder der diskriminierende Charakter der Strafe im Vordergrund steht, kommt es beim Regelbeispiel darauf nicht an. Vielmehr wird die besondere Schwere bereits durch die Beteiligung an Kriegsverbrechen begründet.

120 Umstritten ist, ob für die Fallgruppe auf den nach Abs. 3 erforderlichen Konnex zwischen Verfolgungshandlung und Verfolgungsgründen verzichtet werden kann.[60] Dagegen spricht neben dem normtextlichen Befund, der keine Ausnahme vorsieht, dass auch in diesen Fällen ein persönliches Schutzgut, insbesondere die Gewissensfreiheit bzw. eine tiefe religiöse oder moralische Überzeugung, betroffen sein muss. Aus der Regelung kann auch nicht abgeleitet werden, dass die asylrechtliche Unbeachtlichkeit einer „normalen“ staatlichen Sanktionierung von Kriegsdienstverweigerung und Desertion aufgehoben wird.[61]

121 Der EuGH hat im Fall eines in Deutschland stationierten US-Soldaten, der für die Wartung von Helikoptern im Irak-Einsatz zuständig war, klargestellt, dass alle Militärangehörigen einschließlich des logistischen und unterstützenden Personals erfasst sind.[62] Weiter hat der EuGH in dieser Entscheidung herausgearbeitet, dass es nicht ausschließlich um Fälle geht, in denen feststeht, dass bereits Kriegsverbrechen begangen wurden oder vor den IStGH gebracht werden könnten, sondern auch solche, in denen dargelegt werden kann, dass solche Verbrechen mit hoher Wahrscheinlichkeit begangen werden. Zudem muss die Verweigerung des Militärdienstes das einzige Mittel darstellen, um der Beteiligung an den behaupteten Kriegsverbrechen zu entgehen. Soweit der konkrete Einsatzort dem Schutzsuchenden nicht bekannt war, kann sich eine hinreichende Gefahr der Mitwirkung an Kriegsverbrechen auch darauf stützen, dass die Einsätze der betroffenen Armee durch wiederholte und systematische Kriegsverbrechen gekennzeichnet sind.[63] Eines förmlichen Verweigerungsaktes bedarf es dann nicht, wenn eine entsprechende

[59] Dazu näher *Neumann,* ZAR 2016, 17 ff.

[60] In diesem Sinne VG Sigmaringen BeckRS 2016, 55991; VG Magdeburg BeckRS 2016, 53863.

[61] So aber VG Magdeburg BeckRS 2016, 53863.

[62] EuGH NVwZ 2015, 575.

[63] EuGH BeckRS 2020, 31285 Rn. 36 f.

Möglichkeit bzw. ein spezifisches Verfahren im Herkunftsstaat nicht vorgesehen sind.[64]

Mit dem sechsten Regelbeispiel wird verdeutlicht, dass **an das Geschlecht anknüpfende Handlungen** sowie gegen Kinder gerichtete Maßnahmen besondere Aufmerksamkeit verdienen. Praktisch relevant sind hier die Verstümmelung weiblicher Genitalien, die beide Merkmale betrifft, die Praxis der Zwangsverheiratung aber auch die zwangsweise Sterilisierung und die erzwungene Abtreibung. Relevante Beispiele dürften auch die häusliche Gewalt (gegenüber Frauen), Ehrenmorde und Zwangsprostitution sein. In Bezug auf Kinder ist die Zwangsrekrutierung von Kindersoldaten besonders zu erwähnen. **122**

Durch Absatz 3 wird die **kausale Verknüpfung** zwischen der in Art. 9 StatusVO normierten Verfolgungshandlung und dem in Art. 10 StatusVO geregelten Verfolgungsgrund thematisiert. Diese Verknüpfung ist auch schon Teil des Verfolgungsbegriffs, der insoweit wie die anderen Bestandteile lediglich explizit normiert wird. Das Fehlen von Schutz vor entsprechenden Verfolgungshandlungen nichtstaatlicher Akteure wird ausdrücklich erwähnt. **123**

e) Verfolgungsgründe (Art. 10 StatusVO). Die in Art. 10 StatusVO normierten Verfolgungsgründe gehen direkt auf die GFK zurück, weshalb sie auch als Konventionsgründe bezeichnet werden.[65] Auffällig ist auch die weitgehende Übereinstimmung mit den Diskriminierungsverboten aus Art. 3 III GG. Daran wird ein allgemeiner Konsens über die besondere Schwere der Rechtsverletzung deutlich, die durch sie indiziert wird. **124**

In der Legaldefinition des Art. 3 Nr. 5 StatusVO werden die Verfolgungsgründe bereits angeführt. Flüchtling ist danach, wer sich aus der begründeten Furcht vor Verfolgung wegen seiner Rasse, Religion, Nationalität, politischen Überzeugung oder Zugehörigkeit zu einer bestimmten sozialen Gruppe außerhalb des Landes befindet, dessen Staatsangehörigkeit er besitzt, und den Schutz dieses Landes nicht in Anspruch nehmen kann oder wegen dieser Furcht nicht in Anspruch nehmen will, oder einen Staatenlosen, der sich aus denselben vorgenannten Gründen außerhalb des Landes seines vorherigen gewöhnlichen Aufenthalts befindet und nicht dorthin zurückkehren kann oder wegen dieser Furcht nicht dorthin zurückkehren will, und auf den Artikel 12 keine Anwendung findet. **125**

Der Verfolgungsgrund der **Rasse** wird in Art. 10 lit. a StatusVO dahingehend erläutert, dass er insbesondere die Aspekte Hautfarbe, Herkunft und Zugehörigkeit zu einer bestimmten ethnischen Gruppe umfasst. Im Vergleich zu Art. 3 III GG gibt es hier Überschneidungen mit den **126**

---

[64] EuGH BeckRS 2020, 31285 Rn. 29 ff.

[65] *Frei/Hinterberger/Hruschka,* in: Hruschka, GFK, 2022, Art. 1 Rn. 79.

Merkmalen der Herkunft und Abstammung, so dass die Begriffe nicht als identisch anzusehen sind. Auf völkerrechtlicher Ebene ist als Bezugspunkt auch das Internationale Übereinkommen zur Beseitigung jeder Form von Rassendiskriminierung vom 7. März 1966 (ICERD) als Referenz heranzuziehen.[66] Im Rahmen einer intensiven politischen und rechtswissenschaftlichen Debatte[67] wurde auch überlegt, ob der Begriff der Rasse im Grundgesetz und den Landesverfassungen durch „rassistische Diskriminierung" ersetzt werden sollte, um die falsche Annahme, dass es Rassen gibt, nicht zu reproduzieren.[68] In einigen Landesverfassungen wurden entsprechende Änderungen vorgenommen, u. a. in Sachsen-Anhalt. Hier lautet Art. 7 III Verf LSA nunmehr; „Niemand darf aus Gründen des Geschlechts, der sexuellen Identität, der Abstammung oder wegen seiner Sprache, seiner Heimat und Herkunft, seines Glaubens oder seiner religiösen oder politischen Anschauungen oder aus rassistischen Gründen benachteiligt oder bevorzugt werden." In Bezug auf das Grundgesetz wurde eine im Koalitionsvertrag der Ampel-Regierung vorgesehene Änderung nach einem Einspruch des Zentralrats der Juden jedoch nicht umgesetzt. Dafür spricht auch, dass der Begriff der Rasse in Art. 3 III GG immer als distanzierende Aussage[69] in Bezug auf das Konzept verstanden wurde. Das ist auch das Selbstverständnis der GFK, die auch Art. 10 StatusVO zugrunde liegt. Denn die „Rassenverfolgung" durch die Nationalsozialisten wäre einer der Hauptgründe für die Entstehung der Konvention.[70] Auch das ICERD basiert auf diesem Verständnis.

127 Der Begriff der **Religion** wird anknüpfend an die entsprechenden menschenrechtlichen und grundrechtlichen Gewährleistungen weit verstanden. Er umfasst nach Buchstabe b) insbesondere theistische, nichttheistische und atheistische Glaubensüberzeugungen, die Teilnahme oder Nichtteilnahme an religiösen Riten im privaten oder öffentlichen Bereich, allein oder in Gemeinschaft mit anderen, sonstige religiöse Betätigungen oder Meinungsäußerungen und Verhaltensweisen Einzelner oder einer Gemeinschaft. In der Systematik des Grundrechts aus Art. 4 I, II GG werden somit Religions- und Weltanschauungsfreiheit erfasst, das forum internum und das forum externum geschützt, das Verhalten des Einzelnen und von Gemeinschaften sowie alle Arten von religiös motivierten Betätigungen und Meinungsäußerungen.[71]

---

[66] Dazu eingehend Angst/Lantschner, ICERD Kommentar, 2020 sowie *Kluth,* NVwZ 2022, 1847 ff.

[67] Siehe *Liebscher,* Rasse im Recht – Recht gegen Rassismus, 2021.

[68] Dazu Froese/Thym (Hrsg.), Grundgesetz und Rassismus, 2022.

[69] Dazu *Kischel,* AöR 2020, 227 ff.

[70] *Frei/Hinterberger/Hruschka,* in: Hruschka, GFK, 2022, Art. 1 Rn. 81.

[71] *Wolff/Kluth,* in: Hömig/Wolff/Kluth, Grundgesetz Kommentar, 14. Aufl. 2025, Art. 4, Rn. 5 ff.

Die Religionsfreiheit gehört zu den besonders facettenreichen Menschenrechten und ist zugleich historisch und aktuell immer wieder ein besonders relevanter Anknüpfungspunkt für kulturelle und politische Konflikte. Dass der Kultur ein Verständigungselement zugewiesen wird, ist deshalb eine in dieser Allgemeinheit unzutreffende Beschreibung. Kulturelle Prägungen produzieren Identitäten und Identitäten Unterschiede, die zu Abgrenzungen und Konflikten führen können[72], wenn sie nicht mit gegenseitiger Achtung und Toleranz verbunden werden. Damit hängt es auch zusammen, dass bei diesem Verfolgungsgrund auch die Verfolgung durch extremistische Gruppen, Milizen und private Akteure eine erhebliche Rolle spielt. **128**

Die in der Praxis häufig auftretende Konversion im Ausland stellt nicht in Bezug auf den Verfolgungsgrund, sondern im Zusammenhang mit der Beweisführung bzw. Plausibilisierung der Ernsthaftigkeit bei Nachfluchtgründen sowie hinsichtlich der in Absatz 3 neu geregelten Provokationsfälle eine besondere Herausforderung dar.[73] **129**

Der Begriff der **Nationalität** beschränkt sich nicht auf die Staatsangehörigkeit oder das Fehlen einer solchen, sondern umfasst insbesondere auch die Zugehörigkeit zu einer Gruppe, die durch ihre kulturelle, ethnische oder sprachliche Identität, gemeinsame geografische oder politische Herkunft oder ihre Verwandtschaft mit der Bevölkerung eines anderen Staates bestimmt wird. **130**

Der Begriff der Zugehörigkeit zu einer bestimmten **sozialen Gruppe** umfasst insbesondere die Zugehörigkeit zu einer Gruppe, deren Mitglieder tatsächlich oder nach gemeinhin vertretener Auffassung angeborene Merkmale, einen gemeinsamen Hintergrund, der nicht verändert werden kann, oder ein Merkmal oder eine Glaubensüberzeugung teilen, die so bedeutsam für die Identität oder das Gewissen sind, dass die betreffende Person nicht gezwungen werden sollte, auf sie zu verzichten. **131**

Hinzukommen muss, dass die Gruppe in dem betreffenden Land eine deutlich abgegrenzte Identität hat, so dass sie von der sie umgebenden Gesellschaft als andersartig betrachtet wird. **132**

Bei dem Zugehörigkeitskonstrukt handelt es sich um eine Kombination aus soziostrukturellen Merkmalen und einer individuellen Disposition, die beide zusammen vorliegen müssen, damit es zu einem Verfolgungsgrund kommt. Während bei dem ersten Aspekt die Gesellschaftsstrukturanalyse im Vordergrund steht, für die die Behörde im Rahmen der Amtsermittlung verantwortlich ist, geht es bei dem zweiten Aspekt um eine individuelle Disposition, die durch den Antragsteller glaubhaft vorgetragen und vermittelt werden muss. **133**

---

[72] Dazu auch *Reckwitz,* in: Reckwitz/Rosa, Spätmoderne in der Krise, 2021, S. 108 ff.

[73] Dazu *Kluth,* ZevKR 2021, 1 ff.; *Berlit/Dörig/Storey,* ZAR 2016, 281 ff.

134 Es werden zwei Ansätze zur Konkretisierung angeboten.[74] Nach dem ersten ist an einen besonderen menschenrechtlichen Schutz der Gruppe anzuknüpfen (protected characteristics approach), so dass die Gruppe gewissermaßen rechtlich vorstrukturiert ist. Nach der zweiten Ansicht kommt es auf die soziale Wahrnehmung von außen an (social perception approach). Die Umschreibung in Art. 10 I lt. d) StatusVO nimmt eine Kombination beider Ansätze vor. Zudem wird im Unterabsatz 2 eine Auslegungshilfe formuliert: Je nach den Umständen im Herkunftsland umfasst der Begriff der Zugehörigkeit zu einer bestimmten sozialen Gruppe gemäß Unterabsatz 1 Buchstabe d auch die Zugehörigkeit zu einer Gruppe, die sich auf das gemeinsame Merkmal der sexuellen Ausrichtung gründet. Geschlechtsbezogene Aspekte, einschließlich der Geschlechtsidentität und des Ausdrucks des Geschlechtsausdrucks, sind zum Zweck der Bestimmung der Zugehörigkeit zu einer bestimmten sozialen Gruppe oder der Ermittlung eines Merkmals einer solchen Gruppe angemessen zu berücksichtigen.

135 Der Begriff der **politischen Überzeugung,** der in Art. 16a I GG im Vordergrund zu stehen scheint[75], umfasst insbesondere, dass der Antragsteller in einer Angelegenheit, die die in Art. 6 StatusVO genannten potenziellen Verfolger sowie ihre Politik oder ihre Methoden betrifft, eine Meinung, Grundhaltung oder Überzeugung vertritt, wobei es unerheblich ist, ob der Antragsteller aufgrund dieser Meinung, Grundhaltung oder Überzeugung tätig geworden ist.

136 In Bezug auf alle Merkmale wird grundsätzlich davon ausgegangen, dass diese in Bezug auf die Antragsteller tatsächlich objektiv vorliegen. Da Verfolgerstaaten aber Verfolgungshandlungen umsetzen, ohne dass dies der Fall ist, indem sie ein Merkmal einer Person lediglich zuschreiben, wird in Art. 10 II StatusVO auch dieser Fall erfasst und dem Normalfall gleichgestellt: Bei der Prüfung der Frage, ob die Furcht eines Antragstellers vor Verfolgung begründet ist, ist es unerheblich, ob der Antragsteller tatsächlich die Merkmale der Rasse oder die religiösen, nationalen, sozialen oder politischen Merkmale aufweist, die zur Verfolgung führen, sofern ihm diese Merkmale von seinem Verfolger zugeschrieben werden.

137 Auch zu einem anderen Aspekt wird in Absatz 3 eine **bindende Auslegungsvorgabe** formuliert: Bei der Prüfung der Frage, ob die Furcht eines Antragstellers vor Verfolgung begründet ist, kann die Asylbehörde von dem Antragsteller vernünftigerweise nicht erwarten, dass er sich anpasst oder sein Verhalten, seine Überzeugungen oder seine Identität

---

[74] *Hruschka/Löhr,* NVwZ 2009, 205 f.; *Frei/Hinterberger/Hruschka,* in: Hruschka, GFK, 2022, Art. 1 Rn. 92 f. m. w. N.

[75] Das Bundesverfassungsgericht hat in seiner Rechtsprechung jedoch die Kriterien der GFK ohne direkte Anknüpfung an den Wortlaut übernommen, vgl. BVerfGE 80, 315 (334 ff.). Siehe dazu *Heusch,* in: Beck-OK Grundgesetz, 65. Ed. 2026, Art. 16a, Rn. 63 ff.

verändert oder von bestimmten Praktiken absieht, um die Gefahr einer Verfolgung in seinem Herkunftsland zu vermeiden, wenn dieses Verhalten, diese Überzeugungen oder diese Praktiken untrennbar mit seiner Identität verbunden sind.

f) Verfolgungsakteure (Art. 6 StatusVO). Zentraler Akteur von Verfolgungshandlungen sind die Staaten, obwohl die übrigen Akteure deutlich an Relevanz gewonnen haben. Auszugehen ist vom völkerrechtlichen Staatsverständnis, sodass auch (nur) auf die völkerrechtlich anerkannten Staaten abzustellen ist. Maßgeblich sind dabei die Handlungen aller staatlichen Organe. Auch nach außen unerkannt bleibende Handlungen (V-Personen etc) sind einbezogen. Es kommt alleine darauf an, dass sich der Staat der Personen zur Herrschaftsausübung bedient. **138**

Während politische Parteien nach deutschem Recht nicht der staatlichen Sphäre angehören, muss dies in Bezug auf andere Rechtsordnungen, insbesondere bei autoritären Ein-Parteien-Regimen genauer überprüft werden. Im Übrigen ist auf lit. b) abzustellen. **139**

Umstritten ist die Einordnung von sog. Amtswalterexzessen, bei denen die Verfolgungshandlung nicht durch die Rechtsordnung gedeckt ist und sich die Staatsleitung von diesem Handeln auch distanziert hat. Abgesehen davon, dass in solchen Fällen zunächst die bestehenden Rechtsschutzmöglichkeiten auszuschöpfen sind, spricht die für die Beurteilung von Verfolgungen maßgebliche subjektbezogene Sichtweise dafür, auch den gesetzlichen Rahmen grob überschreitende Handlungen einzelner Amtswalter dem Staat zuzurechnen.[76] **140**

Mit den unter lit. b) angeführten „Parteien oder Organisationen, die den Staat oder wesentliche Teile des Staatsgebietes beherrschen" greift das Gesetz Konstellationen auf, in denen ein Staat sich in einem Zerfallsprozess befindet und die offizielle Staatsgewalt keine Herrschaft über das gesamte Staatsgebiet mehr ausüben kann. Die Regelung dient in erster Linie der klarstellenden Typenbildung, weil es sich bei den hier angesprochenen Parteien oder Organisationen, soweit es sich nicht um den förmlichen Staat und seine Organe handelt, zugleich um nichtstaatliche Akteure iSd lit. c) handelt. Es ist deshalb auch nicht erforderlich, in diesem Bereich genaue begriffliche Angrenzungen vorzunehmen. Entscheidend ist die Feststellung, dass die betreffenden Organisationen über einen Teil des Staatsgebietes die effektive Herrschaftsgewalt ausüben. Diese muss auch nicht unbestritten sein. **141**

Nichtstaatlicher Akteur iSd lit. c) kann jedermann und jegliche Organisation sein, also Vereinigungen, Bewegungen, Milizen, Terrorgruppen, Familienclans usw. Voraussetzung ist aber ergänzend, dass Akteure nach den lit. a) und b) sowie Internationale Organisationen „erwiesenermaßen" nicht in der Lage oder nicht willens sind, Schutz vor **142**

---

[76] So auch NK-AuslR/Möller Rn. 6 f.

den nichtstaatlichen Akteuren zu gewähren. Damit ist ein Beweisproblem verbunden, bei dem die Frage des Beweismaßes und der Beweislast zu klären sind.

143 Das **Beweismaß** lässt sich aus dem Tatbestandsmerkmal „erwiesenermaßen" ableiten, das in der englischen Fassung mit „if it can be demonstrated" formuliert wird. Dies lässt keine besonders hohen Anforderungen an das Beweismaß erkennen.

144 In Bezug auf die **Beweislast** sind mangels besonderer Anhaltspunkte in der Norm selbst die allgemeinen Grundsätze anzuwenden. Der Norm liegt die Regelannahme zugrunde, dass die von nichtstaatlichen Akteuren ausgehende Verfolgung relevant ist und sie nur ausnahmsweise dann keinen Verfolgungsgrund darstellt, wenn staatliche Akteure zur Schutzgewährung in der Lage oder nicht willens sind.

145 Der nach lit. c) maßgebliche Schutz kann von Akteuren nach lit. a) und b) gewährt werden, sodass neben dem Staat auch sonstige Organisationen, die in einem Teilgebiet des Territoriums Herrschaftsgewalt ausüben, in Betracht kommen. Dabei kommt es nicht auf die Legalität ihrer Herrschaft an.

146 Schutz durch internationale Organisationen kann auch durch dort stationierte multinationale Truppen gewährt werden.

147 **g) Schutzakteure (Art. 7 StatusVO).** Akteure, die Schutz bieten können, werden die in Art. 6 lit. a) und b) normierten Akteure genannt. Auf die Ausführungen unter f) zu diesen ist deshalb zu verweisen.

148 Art. 7 I StatusVO verlangt einen wirksamen und nicht nur vorübergehenden Schutz vor Verfolgung. Das meint nicht, dass der Schutz zwingend unbefristet gewährleistet sein muss. Vielmehr geht es um den Nachweis, dass wirksame institutionelle Vorkehrungen bestehen, die zur Schutzgewährung geeignet sind. Ausdrücklich werden in Absatz 2 idS Rechtsvorschriften und Verfahrenshandlungen genannt. Hinzukommen muss eine erkennbare Schutzbereitschaft. Nur auf dem Papier stehende Normen sind unzureichend. Dieser Aspekt ist durch entsprechende empirische Erkenntnisse zu belegen. Die Betroffenen müssen zudem einen realistischen Zugang zu den Schutzmaßnahmen haben. Das setzt voraus, dass der Schutz gefahrenfrei in Anspruch genommen werden kann.

149 Weitere Vorgaben finden sich in dem neu gefassten Absatz 3. Danach sind bei der Prüfung der Frage, ob stabile und etablierte nichtstaatliche Stellen, einschließlich internationaler Organisationen, einen Staat oder einen wesentlichen Teil seines Hoheitsgebiets beherrschen und Schutz im Sinne des Absatzes 2 bieten, durch die Asylbehörde genaue und aktuelle Informationen über Herkunftsländer zu berücksichtigen. Diese sind aus einschlägigen und verfügbaren nationalen Quellen, Unionsquellen und internationalen Quellen und, sofern verfügbar, den gemeinsamen Analysen zur Lage in bestimmten Herkunftsländern und den Leitfäden nach Artikel 11 der Verordnung (EU) 2021/2303 zu gewinnen.

h) Interne Schutzalternative (Art. 8 StatusVO). Die Regelung wurde erheblich erweitert und um vier Absätze ergänzt und inhaltlich insgesamt genauer und enger ausgestaltet. **150**

Der Grundtatbestand wird in Absatz 1 weitgehend unverändert normiert. Geht die Verfolgung oder der ernsthafte Schaden nicht vom Staat oder von Vertretern des Staates aus, so prüft die Asylbehörde im Rahmen der Prüfung des Antrags auf internationalen Schutz, ob ein Antragsteller keinen internationalen Schutz benötigt, da er sicher und rechtmäßig in einen Teil des Herkunftslandes reisen und dort Aufnahme finden kann und vernünftigerweise erwartet werden kann, dass er sich dort niederlässt, und ob der Antragsteller in diesem Teil des Landes a) keine begründete Furcht vor Verfolgung hat oder keine tatsächliche Gefahr besteht, dass er einen ernsthaften Schaden erleidet, oder b) Zugang zu einem wirksamen und nicht nur vorübergehenden Schutz vor Verfolgung oder einem ernsthaften Schaden hat. **151**

Der Landesteil muss sicher und rechtmäßig erreichbar sein. Herrschen heftige militärische Kämpfe am Zielort, ist er nicht sicher erreichbar.[77]. **152**

Legal ist die Erreichbarkeit dann, wenn nach den staatlichen Gesetzen der Zugang gewährleistet ist. Es müssen praktisch und sicher nutzbare Verkehrsverbindungen bestehen. Lassen die Behörden den Asylsuchenden wahrscheinlich nicht einreisen, kann er sich dort nicht aufzuhalten.[78] Geklärt ist ebenfalls, dass des asylrechtlichen Schutzes nicht bedarf, wer bei einer Rückkehr in den Heimatstaat die sicheren Landesteile zwar nicht vom Inland, aber unmittelbar vom Ausland aus zu erreichen vermag. Asylrechtlich unbeachtlich ist in einem solchen Fall die nur vorübergehende Nichterreichbarkeit der sicheren Gebiete, etwa infolge unterbrochener Verkehrsverbindungen oder typischerweise behebbarer Schwierigkeiten bei der Beschaffung von Reisepapieren und Transitvisa.[79] **153**

Art. 8 I StatusVO spricht ausdrücklich davon, dass die im betreffenden Gebiet lebende Bevölkerung den Asylsuchenden „aufnehmen“, also in ihre Gemeinschaft einbeziehen muss. Wird er dort als Fremder behandelt, dem die Teilnahme am gesellschaftlichen, kulturellen und wirtschaftlichen Leben verweigert wird, kann eine „Niederlassung“ nicht erwartet werden.[80] In Bezug auf die konkreten Anforderungen an die wirtschaftlichen und sozialen Rechte und Gegebenheiten stellt der UNHCR auf ein für den Einzelnen bewohnbares und sicheres Umfeld frei von drohender Verfolgung ab, in dem dieser gemeinsam mit seinen Angehörigen unter vergleichbaren wirtschaftlichen, sozialen und kulturellen Bedingungen wie andere unter normalen Umständen lebende Bewohner des Landes ein **154**

[77] BVerwGE 105, 187 (194); BVerwG, NVwZ 1993, 1210 (1212).
[78] EGMR, InfAuslR 2007, 223 (225).
[79] BVerwG, NVwZ 2008, 1246 (1247).
[80] *Marx,* ZAR 2017, 304 (306) spricht von einem präventiven Schutzansatz.

„normales Leben" führen kann, einschließlich der Ausübung und Inanspruchnahme der bürgerlichen und politischen Rechte.[81]

155 Umstritten war zur bisherigen Regelung die Verteilung der Darlegungs- und Beweislast bei internem Schutz.[82] Im neuen Absatz 5 werden diesbezüglich Klarstellungen vorgenommen, indem die Reichweite der Pflicht zur Amtsermittlung konkretisiert werden.

156 Im neuen Absatz 2 werden Verfahrensdirektiven formuliert. Nach UAbs. 1 geht die Asylbehörde davon aus, dass der Antragsteller keinen wirksamen Schutz erhalten kann, und es wird keine Prüfung nach Absatz 1 durchgeführt, wenn die Verfolgung oder der ernsthafte Schaden vom Staat oder von Vertretern des Staates ausgeht.

157 Nach UAbs. 2 darf die Asylbehörde zudem nur dann eine Prüfung nach Absatz 1 durchführen, wenn eindeutig festgestellt wurde, dass die Gefahr von Verfolgung oder einem ernsthaften Schaden von einem Akteur ausgeht, dessen Macht eindeutig auf ein bestimmtes geografisches Gebiet beschränkt ist.

158 Eine weitere klarstellende Verfahrensdirektive findet sich im neuen Absatz 3.

159 Danach nimmt die Asylbehörde eine Prüfung nach Absatz 1 nur vor, nachdem sie festgestellt hat, dass der Antragsteller die in dieser Verordnung festgelegten Anerkennungskriterien im Übrigen erfüllen würde. Den Nachweis dafür, dass dem Antragsteller eine Alternative des internen Schutzes zur Verfügung steht, hat die Asylbehörde zu erbringen.

160 Der Antragsteller ist dazu berechtigt, Nachweise und Informationen vorzulegen, die nahelegen, dass eine solche Alternative für seinen Fall nicht besteht. Die Asylbehörde berücksichtigt die vom Antragsteller vorgelegten Nachweise und Informationen.

161 Der bisherige Absatz 2 mit Vorgaben zu den Quellen, die bei der Prüfung heranzuziehen sind, wurde zu Absatz 4. Inhaltlich blieb er unverändert und entspricht hinsichtlich der Maßgaben der Regelung in Art. 7 III StatusVO.

162 Neu ist schließlich die zusätzliche Regelung in Absatz 6 für unbegleitete Minderjährige. In diesem trägt die Asylbehörde dem Wohl des Kindes Rechnung und berücksichtigt insbesondere, ob langfristige und angemessene Betreuungsmöglichkeiten vorhanden sind und Sorgerechtsregelungen bestehen.

163 **i) Ausschlussgründe (Art. 12 StatusVO).** Die Regelung zu den Ausschlussgründen in Art. 12 StatusVO wurde im Vergleich zur Vorgängerregelung, die in § 3 II, III AsylG a. F. umgesetzt worden war, ebenfalls neu gefasst, wobei die inhaltlichen Veränderungen gering ausfallen, weil weiterhin eng an die Vorgaben der GFK angeknüpft wird.

---

[81] UNHCR, Auslegung von Artikel 1 GFK, April 2001, Rn. 13; zu Einzelheiten *Marx*, ZAR 2017, 304 (308).

[82] Ausführlich *Marx*, ZAR 2017, 304, 309 f.

Nach lit. a) ist vom Flüchtlingsstatus ausgeschlossen, wer nach Artikel 1 Abschnitt D der Genfer Flüchtlingskonvention den Schutz oder Beistand einer Organisation oder einer Institution der Vereinten Nationen mit Ausnahme des Hohen Kommissars der Vereinten Nationen für Flüchtlinge genießt. Fällt dieser Schutz oder Beistand aus irgendeinem Grund weg, ohne dass die Lage nach den einschlägigen Resolutionen der Generalversammlung der Vereinten Nationen endgültig geklärt worden ist, genießt dieser Drittstaatsangehörige oder Staatenlose ipso facto den Schutz der StatusVO. **164**

Nach lit. b) ist vom Flüchtlingsstatus ausgeschlossen, wer von den zuständigen Behörden des Landes, in dem dieser Drittstaatsangehörige oder Staatenlose seinen Aufenthalt genommen hat, als Person anerkannt wird, die die mit dem Besitz der Staatsangehörigkeit dieses Landes verbundenen Rechte und Pflichten oder gleichwertige Rechte und Pflichten hat. **165**

Während der Regelung in Absatz 1 der Subsidiaritätsgedanke zugrunde liegt, geht es in Absatz 2 um den Grundsatz der Schutzunwürdigkeit. Danach wird ein Drittstaatsangehöriger oder ein Staatenloser von der Anerkennung als Flüchtling ausgeschlossen, wenn schwerwiegende Gründe die Annahme rechtfertigen, dass dieser Drittstaatsangehörige oder Staatenlose ein Verbrechen gegen den Frieden, ein Kriegsverbrechen oder ein Verbrechen gegen die Menschlichkeit im Sinne der internationalen Vertragswerke begangen hat, die ausgearbeitet worden sind, um Bestimmungen bezüglich dieser Verbrechen festzulegen. **166**

Das gleiche gilt, wenn er eine schwere nichtpolitische Straftat außerhalb des Aufnahmelandes begangen hat, bevor dieser Drittstaatsangehörige oder Staatenlose als Flüchtling aufgenommen wurde, das heißt, vor der Zuerkennung der Flüchtlingseigenschaft; besonders grausame Taten können als schwere nichtpolitische Straftaten eingestuft werden, auch wenn mit ihnen vorgeblich ein politisches Ziel verfolgt wird. **167**

Ebenfalls kommt es zum Ausschluss, wenn der Antragsteller sich Handlungen hat zuschulden kommen lassen, die den Zielen und Grundsätzen der Vereinten Nationen, wie sie in der Präambel und den Artikeln 1 und 2 der Charta der Vereinten Nationen verankert sind, zuwiderlaufen. **168**

Diese Regelungen finden nach Art. 12 III StatusVO auch auf Personen Anwendung, die andere zu den dort genannten Straftaten oder Handlungen anstiften oder in sonstiger Weise daran teilnehmen. **169**

j) Erlöschen und Entzug der Anerkennung (Art. 11, 14 StatusVO). **170**
Die Regelung des Erlöschens wurde ebenfalls partiell neu gefasst. Um sie richtig rechtlich einzuordnen, ist zwischen dem automatisch entfallenden Status nach der Verordnung einerseits und der zusätzlich erforderlichen Aufhebung des die Anerkennung feststellenden Verwaltungsakts zu unterscheiden. In Bezug auf letzteren bedarf es eines Entzugs- bzw. Widerrufsverfahren nach Art. 14 StatusVO.

a) der Drittstaatsangehörige hat sich freiwillig erneut dem Schutz des Landes unterstellt, dessen Staatsangehörigkeit er besitzt;
b) der Drittstaatsangehörige oder Staatenlose hat nach dem Verlust seiner Staatsangehörigkeit diese freiwillig wiedererlangt;
c) der Drittstaatsangehörige oder Staatenlose hat eine neue Staatsangehörigkeit erworben und genießt den Schutz des Landes, dessen Staatsangehörigkeit er erworben hat;

171 Diese ersten drei Tatbestände nehmen Bezug auf klar identifizierbare Handlungen des Flüchtlings, aus denen sich eine Unterschutzstellung unter den Heimatstaat ableiten lassen mit der Folge, dass nicht mehr von einer Furcht vor Verfolgung und einem Schutzbedürfnis als Flüchtling ausgegangen werden kann.

172 Beim vierten Tatbestand ist diese Beurteilung etwas schwieriger:
d) der Drittstaatsangehörige oder Staatenlose ist freiwillig in das Land, das er aus Furcht vor Verfolgung verlassen hat oder außerhalb dessen er sich aus Furcht vor Verfolgung aufgehalten hat, zurückgekehrt und hat sich dort niedergelassen;

173 Hier fehlt es zunächst an den formalen Kontakten zum bisherigen oder neuen Heimatstaat, an die eine Rechtsfolge angeknüpft werden kann. Vielmehr bezieht sich die Regelung auf einen rein faktischen Aufenthalt, der die Qualität einer Niederlassung und nicht nur eines vorübergehenden Aufenthalts erreichen muss. Abzugrenzen ist die Niederlassung einerseits von Kurzbesuchen, die wenige Tage der Wochen andauern und eindeutig nicht den Tatbestand der Niederlassung erfüllen. Deshalb ist auch die Vermutungsregelung in § 73b Ia AsylG nicht als Erlöschenstatbestand zu qualifizieren und mit Art. 11 StatusVO nicht vereinbar. Eine Niederlassungsabsicht ist etwa dann anzunehmen, wenn am bisherigen Aufenthaltsordnung die Wohnung aufgelöst wurde oder vergleichbare Anhaltspunkte für eine fehlende Rückkehrabsicht vorliegen.
e) der Drittstaatsangehörige oder Staatenlose kann es nach Wegfall der Umstände, aufgrund deren er als Flüchtling anerkannt wurde, nicht mehr ablehnen, den Schutz des Landes in Anspruch zu nehmen, dessen Staatsangehörigkeit er besitzt;

174 Diese Regelung vermittelt zwischen dem Wegfall der Verfolgung und der Inanspruchnahme des Schutzes durch den Heimatstaat, indem der (bislang) anerkannt Flüchtling seine Schutzlosigkeit nicht mehr damit begründen kann, dass sein Heimatstaat ihm diesen Schutz nicht gewährt.
f) der Staatenlose kann nach Wegfall der Umstände, aufgrund deren er als Flüchtling anerkannt wurde, in das Land zurückkehren, in dem er seinen vorherigen gewöhnlichen Aufenthalt hatte.

175 Unter lit. f) wird die gleiche Regelung wie in lit e) in Bezug auf Staatenlose wiederholt.

176 Das an die Erlöschensgründe anknüpfende Entzugsverfahren (in deutscher Terminologie Widerrufsverfahren) ist in Art. 14 StatusVO normiert. In § 73b AsylG finden sich dazu ergänzende Regelungen. Das

Verfahren richtet sich, wie im Unionsrecht üblich[83], grundsätzlich nach deutschem Verfahrensrecht und muss dabei die Vorgaben der StatusVO und aus Art. 66 AsylVfVO beachten.

Für die Prüfung des Art. 11 StatusVO finden sich in dessen Absatz 2 diesbezüglich die folgenden Vorgaben: **177**

„Um zu prüfen, ob Absatz 1 Buchstaben e und f Anwendung finden, berücksichtigt die Asylbehörde

a) *genaue und aktuelle Informationen aus relevanten und verfügbaren nationalen Quellen, Unionsquellen und internationalen Quellen und, sofern verfügbar, die gemeinsame Analyse zur Lage in bestimmten Herkunftsländern und die Leitfäden nach Artikel 11 der Verordnung (EU) 2021/2303;*
b) *ob sich die Umstände so wesentlich und nicht nur vorübergehend verändert haben, dass die Furcht des Flüchtlings vor Verfolgung nicht länger als begründet angesehen werden kann."*

In Bezug auf das Entzugsverfahren findet sich in Art. 14 IV StatusVO die folgende Vorgabe: **178**

„Die Asylbehörde, die die Flüchtlingseigenschaft zuerkannt hat, weist im Einzelfall nach, dass die Person, der die Flüchtlingseigenschaft zuerkannt wurde, aus den in Absatz 1 des vorliegenden Artikels genannten Gründen nicht länger Flüchtling ist, ihr die Flüchtlingseigenschaft nie hätte zuerkannt werden dürfen oder sie nicht mehr über die Flüchtlingseigenschaft verfügen sollte. Während des Entzugsverfahrens gilt Artikel 66 der Verordnung (EU) 2024/1348."

k) Schutz vor Zurückweisung (Art. 21 StatusVO). Neben der Klärung des Flüchtlingsbegriffs stellt das in Art. 33 GFK verankerte Zurückweisungsverbot (Non-Refoulement-Prinzip) den rechtlichen Kern der Konvention dar. Der Unionsgesetzgeber nimmt in Art. 21 StatusVO darauf nur noch knapp Bezug[84], weil dieser Rechtsgrundsatz anderweitig bereits normiert und durch eine umfangreiche Rechtsprechung konkretisiert worden ist.[85] Es wird deshalb an dieser Stelle ebenfalls nicht vertieft behandelt, da sich die GEAS Reform darauf nicht auswirkt. **179**

Der Schutz vor Zurückweisung kann zusätzlich zu seiner Verankerung in Art. 33 GFK auch menschen- und grundrechtlich begründet werden.[86] Aus der Perspektive des Grundgesetzes sind Zurückweisungs- und Ausweisungsmaßnahmen nach Art. 1 III GG grundrechtsgebunden, weshalb **180**

---

[83] Zur Verfahrensautonomie der Mitgliedstaaten *Ludwigs,* NVwZ 2018, 1417 ff.

[84] In Art. 21 RL 2011/95/EG war die Vorgängerregelung deutlich ausführlicher gefasst.

[85] Ausführliche Kommentierung und Nachweise bei *Frei/Hinterberger/Hruschka,* in: Hruschka, GFK, 2022, Art. 33, Rn. 35 ff.; *Diehl,* in: BeckOK MigR, 25. Ed. 1.3.2026, GFK Art. 33 Rn. 8 ff.

[86] *Frei/Hinterberger/Hruschka,* in: Hruschka, GFK, 2022, Art. 33, Rn. 12 ff.

die Folgen für die Betroffenen u. a. am Maßstab des Art. 2 II 1 GG und des Art. 1 I GG gemessen werden müssen. Drohen Todesstrafe oder Folter oder vergleichbar schwerwiegende Grundrechtseingriffe, so kann das gegen die Zulässigkeit sprechen.

181 Das Zurückweisungsverbot ist weit gefasst, indem es auf den Effekt und nicht auf die Form der Zurückweisung abstellt („auf irgendeine Weise“).[87] Es hat auch eine prozedurale Dimension, indem es verlangt, dass das Nichtvorliegen entsprechender Gefährdungen in einem Verfahren überprüft werden muss.

182 Eine Ergänzung erfährt das Zurückweisungsverbot durch das in Art. 19 I GrCh verankerte Verbot der Kollektivausweisung.[88]

3. Anerkennung als subsidiär Schutzberechtigter

183 **a) Begriff des subsidiär Schutzberechtigten.** Der Begriff des subsidiär Schutzberechtigten wird in Art. 3 Nr. 6 StatusVO legal definiert. Es handelt sich dabei um „einen Drittstaatsangehörigen oder einen Staatenlosen, der die Voraussetzungen für die Anerkennung als Flüchtling nicht erfüllt, der aber stichhaltige Gründe für die Annahme vorgebracht hat, dass er bei einer Rückkehr in sein Herkunftsland oder, bei einem Staatenlosen, in das Land seines vorherigen gewöhnlichen Aufenthalts tatsächlich Gefahr liefe, einen ernsthaften Schaden im Sinne des Artikels 15 zu erleiden, und auf den Artikel 17 Absätze 1 und 2 keine Anwendung findet und der den Schutz dieses Landes nicht in Anspruch nehmen kann oder wegen dieser Gefahr nicht in Anspruch nehmen will“.

184 **b) Ernsthafter Schaden.** Unter einem ernsthaften Schaden nach Artikel 3 Nummer 6 versteht Art. 15 I StatusVO wie bisher a) die Verhängung oder Vollstreckung der Todesstrafe, b) Folter oder unmenschliche oder erniedrigende Behandlung oder Bestrafung eines Antragstellers im Herkunftsland oder c) eine ernsthafte individuelle Bedrohung des Lebens oder der Unversehrtheit einer Zivilperson durch willkürliche Gewalt im Rahmen eines internationalen oder innerstaatlichen bewaffneten Konflikts.

185 Die beiden ersten Fälle sind grund- und menschenrechtlich determiniert[89] und können aus dem Grundgesetz, der Europäischen Grundrechtecharta und der EMRK abgeleitet werden. Das Verbot der Todesstrafe kann auf Art. GG sowie ZP EMRK zurückgeführt werden. Das Folterverbot folgt aus Art. 2 II 1 i. V. m. Art. 1 I GG, Art. 2 II und Art. 4 EU GrCh und Art. 3 EMRK.

---

[87] *Frei/Hinterberger/Hruschka,* in: Hruschka, GFK, 2022, Art. 33, Rn. 47 ff.

[88] *Rossi,* in: Calliess/Ruffert, EUV/AEUV, 6. Aufl. 2022, EU-GRCharta Art. 19 Rn. 3 ff.

[89] Dazu auch *Bast.* ZAR 2018, 41 ff.

Da bereits aus diesen rechtlichen Bindungen ein Abschiebungsverbot folgt, besteht der Zweck der Regelungen darin, auch in diesen Fällen an Stelle einer Duldung einen positiven Schutzstatus zu gewähren und damit die Grundlage für einen Anspruch auf einen legalen Aufenthalt bzw. Aufenthaltstitel sowie Rechte im Schutz zu schaffen, wie dies bei der Anerkennung als Flüchtling der Fall ist.[90] **186**

Mit der Verhängung oder Vollstreckung der **Todesstrafe** wird an eine gesetzlich fundierte und durch ein Gericht verhängte Todesstrafe angeknüpft und nicht an sonstige staatliche Tötungshandlungen, die als Verfolgungshandlungen qualifiziert werden können. Todesstrafe bedeutet die gezielte Tötung eines Menschen, die an ein bestimmtes Verhalten oder an eine bestimmte Eigenschaft der betroffenen Person anknüpft. Die Gefahr einer individuellen Betroffenheit muss sich bereits hinreichend konkretisiert haben. Es muss aber nicht bis zu einem Verfahren abgewartet werden.[91] **187**

Der **Folterbegriff** wird wortgleich mit Art. 3 EMRK verwendet. Es kann daran und an Art. 1 I UN-Antifolterkonvention angeknüpft werden. Danach liegt Folter vor, wenn einer Person durch staatliche Organe vorsätzlich große körperliche oder seelische Schmerzen oder Leiden zugefügt werden. Nach der Rechtsprechung des EGMR[92] sind Dauer, Schwere und Art der Behandlung sowie die Wirkung auf die Person relevante Kriterien. Zudem sind auch Alter, Geschlecht und körperliche Konstitution zu berücksichtigen. Die Regelung in Art. 15 StatusVO geht über dieses Verständnis insoweit hinaus, als auch nichtstaatliche Akteure einbezogen werden. **188**

Der Folter gleichgestellt ist die unmenschliche oder erniedrigende Behandlung oder Bestrafung. Auch hier kann zur Konkretisierung an die Rechtsprechung zu Art. 3 EMRK angeknüpft werden. Diese stellt auf eine Würdigung aller Umstände des Einzelfalls ab und liefert keine Definition.[93] **189**

Eine **unmenschliche Behandlung** liegt vor, wenn vorsätzlich eine Körperverletzung oder ein intensives physisches oder psychisches Leiden über einen gewissen Zeitraum verursacht wird.[94] **190**

Eine erniedrigende Behandlung liegt nach der Rechtsprechung etwa vor, wenn das Opfer vorsätzlich gedemütigt wird und seine Menschenwürde nicht geachtet wird. In der Regel wird das nur dann der Fall sein, wenn das Opfer Angst, Beklemmung oder Unterlegenheit fühlt und dadurch der Widerstand eines Menschen gebrochen wird.[95] Da das Opfer **191**

---

[90] So auch *Hruschka,* in: Wollenschläger, EnzEur 10, 2021, § 21, Rn. 83.

[91] *Hruschka,* in: Wollenschläger, EnzEur 10, 2021, § 21, Rn. 82.

[92] Siehe etwa EGMR, BeckRS 2018, 63975.

[93] EGMR, NVwZ 1992, 869. Zu weiteren Beispielen siehe *Hruschka,* in: Wollenschläger, EnzEur 10, 2021, § 21, Rn. 85 und die Kommentierungen zur Art. 3 EMRK.

[94] EGMR, BeckRS 2006, 10903.

[95] EGMR, NJW 2001, 2694; BeckRS 9998, 94504.

vorsätzlich gedemütigt werden muss, ist die Intention der Täterin oder des Täters zu berücksichtigen. Es kann aber auch dann eine erniedrigende Behandlung vorliegen, wenn die Demütigung von der Täterin oder von dem Täter nicht intendiert war, die Umstände der Behandlung aber eindeutig zu einer Demütigung führen.[96] Erforderlich ist, dass ein Mindestmaß an Intensität gegeben ist. Auch extrem schlechte Lebensbedingungen im Zielstaat oder erhebliche Gesundheitsgefahren können zu einer erniedrigenden Behandlung führen.[97]

192 Der dritte Fall, der verkürzt auf **Bürgerkriegslagen** bezogen wird, hat demgegenüber den Zweck, eine Schutzlücke der GFK zu schließen, die durch die Anknüpfung an eine individuelle Verfolgungshandlung begründet wird und vor eher allgemeinen Gefahren keinen Schutz gewährt.

193 Betroffen sein müssen in diesem Fall Zivilpersonen, so dass die Gefährdung von Kombattanten keine Rolle spielt. Ausgangspunkt der Gefährdung muss ein internationaler oder innerstaatlicher bewaffneter Konflikt. Dieser muss sich nicht auf das gesamte Staatsgebiet erstrecken. Der Konflikt als solcher reicht aber nicht. Es muss zusätzlich eine ernsthafte individuelle Bedrohung des Lebens oder der Unversehrtheit vorliegen. Das ist auch der Fall, wenn die Person Teil eines Bevölkerungsteils ist, gegen den sich die Gewalt richtet.[98] Die Rechtsprechung stellt teilweise hohe Ansprüche an die Individualisierung.[99]

194 Es muss schließlich eine **willkürliche Gewalt vorliegen.** Das ist anzunehmen, wenn die Zivilpersonen einer unvorhersehbaren oder wahllosen Gewalt ausgesetzt sind.[100] Je höher die Anzeichen für eine solche willkürliche Gewalt in einem bewaffneten Konflikt sind, desto geringer sind die Anforderungen an den Nachweis einer individuellen Gefährdung.

4. Rechte aus dem Schutzstatus (Art. 24 ff. StatusVO)

195 **a) Einordnung der Regelungen.** Während die Voraussetzungen des Flüchtlingsstatus und das Anerkennungsverfahren eine große Aufmerksamkeit in Rechtsprechung und Wissenschaft erfahren, gilt dies für die nicht minder bedeutsamen Regelungen zu den Rechten und Pflichten im Zusammenhang mit dem Aufenthalt nur mit Einschränkungen. Das mag damit zusammenhängen, dass hier weniger Streitfragen zu verzeichnen sind. Es ist aber auch zu beachten, dass dies auch damit zusammenhängt, dass viele Vorgaben den Mitgliedstaaten größere Gestaltungsspielräume eröffnen und „richtlinienartig“ ausgestaltet sind. Das hat sich auch nach

---

[96] EGMR, NVwZ 2011, 413.
[97] *Hruschka,* in: Wollenschläger, EnzEur 10, 2021, § 21, Rn. 86 f.
[98] *Hruschka,* in: Wollenschläger, EnzEur 10, 2021, § 21, Rn. 91.
[99] BVerwG, NVwZ-RR 2014, 487, Rn. 24.
[100] EuGH, NVwZ 2009, 705; Bank, NVwZ 2009, 695.

dem Übergang von der Anerkennungsrichtlinie zur Statusverordnung nicht geändert.

Wie bei Richtlinien bedarf es deshalb auch in diesem Bereich einer Umsetzungsgesetzgebung, für die nach der innerstaatlichen Kompetenzordnung nicht alleine der Bundesgesetzgeber, sondern in einigen Bereichen auch die Länder zuständig und verantwortlich sind, etwa in Bezug auf den Zugang zu Bildung. **196**

Die Regelungen enthalten jedoch durchweg einen Kerngehalt an zwingenden Vorgaben, der subjektive öffentliche Rechte der Flüchtlinge kraft Unionsrecht begründet. In den übrigen Bereichen ist eine unionsrechtskonforme Ausgestaltung und Auslegung geboten. **197**

Obwohl der Flüchtlingsstatus nur deklaratorisch durch die Anerkennung festgestellt wird, ist daran zu erinnern, dass nach der Rechtsprechung des EuGH Ansprüche erst ab dem Zeitpunkt der Antragstellung abgeleitet werden können.[101] Zudem setzen einige Rechte den erfolgreichen Abschluss des Anerkennungsverfahrens voraus, insbesondere der Anspruch auf Erteilung eines Aufenthaltstitels. Im Wortlaut kommt dies zum Ausdruck, indem auf Personen abgestellt wird, denen internationaler Schutz gewährt wurde. Auch im Übrigen bestehen während des Verfahrens und vor dessen positivem Abschluss in mehreren Bereichen Gestaltungsspielräume. Für die Zeit während des Verfahrens finden sich in der Aufnahmerichtlinie zum Teil abweichende bzw. spezielle Regelungen.[102] **198**

b) Anspruch auf einen Aufenthaltstitel. Die Anerkennung als Flüchtling bzw. Schutzberechtigter muss aufenthaltsrechtlich umgesetzt werden, da auch mit dem positiven Abschluss des Anerkennungsverfahrens die Aufenthaltsgestattung nach § 55 I AsylG endet und der weitere Aufenthalt nach § 3 AufenthG durch einen Aufenthaltstitel legitimiert werden muss. Es ist deshalb folgerichtig, dass Art. 24 I StatusVO einen entsprechenden Anspruch normiert und in Absatz 2 eine zeitnahe Erteilung (innerhalb von 90 Tagen nach Anerkennung[103]) vorgeschrieben wird.[104] **199**

In Absatz 4 werden auch die Mindestanforderungen für die Gültigkeitsdauer des Aufenthaltstitels und seiner Verlängerung vorgegeben. Absatz 5 macht Vorgaben für den Widerruf, die aber an anderer Stelle (Art. 66 AsylVfVO) noch genauer normiert sind. **200**

c) Anspruch auf Reisedokumente. Zu den grundlegenden Menschenrechten gehören die Freizügigkeitsrechte, für die außerhalb des Aufent- **201**

---

[101] EuGH, BeckRS 2018, 5023, Rn. 52 ff.

[102] Überblick zu beiden Bereichen bei *Hruschka,* in: Wollenschläger, EnzEur 10, 2021, § 21, Rn. 160 ff.

[103] Diese Frist entspricht der allgemeinen Erwartung an ein zügiges Verwaltungsverfahren; siehe § 75 VwGO.

[104] *Hruschka,* in: Wollenschläger, EnzEur 10, 2021, § 21, Rn. 183 ff.

haltsstaates Reisedokumente erforderlich sind. Für Staatsangehörige ist der Zugang zu einem Reisepass nicht schwierig, wohl aber für Flüchtlinge. Deshalb kommt Art. 25 StatusVO, der Art. 28 GFK umsetzt[105], eine erhebliche Bedeutung zu.

202 Im Einklang mit der GFK[106] wird die Ausstellung unter den Vorbehalt von zwingenden Gründen der nationalen Sicherheit oder der öffentlichen Ordnung gestellt.

203 Die zuständigen Behörden stellen die Reisedokumente nach dem in der Anlage zur Genfer Flüchtlingskonvention festgelegten Muster aus, die den Mindestnormen für Sicherheitsmerkmale und biometrische Daten gemäß der Verordnung (EG) Nr. 2252/2004 entsprechen. Derartige Reisedokumente sind länger als ein Jahr gültig.

204 **d) Freizügigkeitsrechte.** Während bei Reisen in Drittstaaten deren Mitwirkung erforderlich ist, kann der Unionsgesetzgeber die Freizügigkeit in den einzelnen Mitgliedstaaten, die ihnen Schutz gewährt haben, sowie in den anderen Mitgliedstaaten eigenständig regeln. Von dieser Möglichkeit wurde durch die Regelungen in Art. 26 und 27 StatusVO Gebrauch gemacht.

205 Das Freizügigkeitsrecht ist zu denselben Bedingungen und mit den gleichen Einschränkungen zu gewähren, wie sie für andere Drittstaatsangehörige vorgesehen sind, die sich rechtmäßig in seinem Hoheitsgebiet aufhalten und sich allgemein gesehen in der gleichen Lage befinden.

206 Unabhängig von diesen beiden Regelungen steht es den anerkannten Personen frei, einen anderen Aufenthaltstitel zu beantragen, dessen Erteilungsvoraussetzungen sie erfüllen.

207 **e) Zugang zu Beschäftigung.** Während die Aufnahmerichtlinie Regelung zum Zugang zu Beschäftigung während des Anerkennungsverfahrens enthält (Art. 17 – spätestens sechs Monate nach Antragstellung und mit weiterem Beschränkungsmöglichkeiten), wird nach der Anerkennung durch Art. 28 StatusVO ein umfassender Zugang zum Arbeitsmarkt und zu einer selbständigen Tätigkeit garantiert. Durch die Regelung werden die Art. 17 bis 19 GFK umgesetzt, die allerdings nur eine Gleichstellung mit den am besten gestellten Ausländern verlangen (Günstigkeitsgebot).[107]

208 Zudem ist nach Maßgabe des Absatzes 2 eine Gleichstellung mit den eigenen Staatsangehörigen vorgeschrieben. Dies betrifft die Beschäftigungsbedingungen, die Mitgliedschaft in Berufs- und Arbeitsvereinigungen sowie den Zugang zu beruflichen Bildungsangeboten.[108] In Absatz 3 wird zudem eine behördliche Förderpflicht verankert, die in Deutschland durch die Bundesagentur für Arbeit wahrgenommen wird.

---

[105] Zu diesem *Klammer,* in: Hruschka, GFK, 2022, Art. 28, Rn. 10ff.
[106] Dazu *Klammer,* in: Hruschka, GFK, 2022, Art. 28, Rn. 14ff.
[107] Dazu *Goldbach,* in: Hruschka, GFK, 2022, Art. 17 Rn. 21.
[108] *Hruschka,* in: Wollenschläger, EnzEur 10, 2021, § 21, Rn. 192ff.

f) Zugang zu Bildung. Speziell für Minderjährige, denen für die Zeit während des Anerkennungsverfahrens bereits durch Art. 16 AufnahmeRL ein Recht auf Zugang zu schulischer Bildung[109] garantiert wird, regelt Art. 29 StatusVO eine Pflicht zur Gleichstellung mit den eigenen Staatsangehörigen. Hier sind in Deutschland die Länder zuständig. Da die Schulpflicht in den Schulgesetzen unabhängig von der Staatsangehörigkeit und dem Aufenthaltsstatus geregelt wird, auch um die Vorgabe der UN-Kinderrechtskonvention umzusetzen, sind die Anforderungen aus Art. 29 I StatusVO gewährleistet. **209**

Für erwachsene anerkannte Schutzberechtigten wird in Art. 29 II StatusVO ebenfalls ein Anspruch auf Zugang zum allgemeinen Bildungssystem sowie zur beruflichen Fortbildung und Umschulung eingeräumt. **210**

g) Zugang zur Anerkennung von Qualifikationen. Der Zugang zu einer Beschäftigung hängt in reglementierten Berufen auch davon ab, ob die erforderlichen Qualifikationen dokumentiert und gleichwertig sind. Vor dem Hintergrund der großen Vielfalt beruflicher Bildungskonzepte ist dies bereits in föderalen Staaten mit der Notwendigkeit und Schwierigkeit eines Anerkennungsverfahrens verbunden. Bund und Länder haben dieses Verfahren in Berufsqualifikationsfeststellungsgesetzen im Rahmen ihrer berufsrechtlichen Zuständigkeiten jeweils geregelt.[110] Art. 30 I StatusVO begründet insoweit einen Anspruch auf Inländergleichbehandlung. Er bezieht sich auch nur auf bestehende Verfahren und verlangt nicht die Einrichtung neuer, weiterer Verfahren, falls es insoweit Lücken gibt. **211**

Neu hinzugekommen ist in Art. 30 III StatusVO das Gebot einer Gleichbehandlung auch im Bereich von Verfahren zur Beurteilung, Validierung und Anerkennung von nicht dokumentierten beruflichen Kompetenzen. Durch diese Programme wird im Wege der Beobachtung eine vorhandene berufliche Kompetenz erfasst und anerkannt.[111] **212**

h) Soziale Sicherheit und Sozialhilfe. Während in Art. 23 GFK vom Zugang zur öffentlichen Fürsorge gesprochen wird und die Vorgängerregelung zu Art. 31 StatusVO von Sozialhilfeleistungen sprach, ist jetzt von sozialer Sicherheit und Sozialhilfe die Rede. Darin spiegelt sich die Ausdifferenzierung dieses Bereichs der Leistungsverwaltung auf der mitgliedstaatlichen Ebene und in den Steuerungsansätzen wider. **213**

Das gilt insbesondere für den in Absatz 1 UAbs. 2 formulierten Grundsatz des Förderns und Forderns. Danach kann der Zugang zu bestimmten im nationalen Recht vorgesehenen Formen von Sozialhilfeleistungen **214**

---

[109] Siehe dazu auch BVerfGE 159, 355 ff.

[110] Dazu im Überblick *Kluth,* Öffentliches Wirtschaftsrecht, 2. Aufl. 2026, § 23, Rn. 3 ff.

[111] Zu erwähnen ist hier das Förderprogramm IQ. Hinweise zu entsprechenden Angeboten finden sich auf der Website „Anerkennung in Deutschland“.

davon abhängig gemacht werden, dass die Person, der internationaler Schutz gewährt wurde, effektiv an Integrationsmaßnahmen teilnimmt, wenn die Teilnahme an solchen Maßnahmen obligatorisch ist, vorausgesetzt, sie sind zugänglich und unentgeltlich.

215 In Absatz 2 wird weiterhin die Möglichkeit eröffnet, für subsidiär Schutzberechtigte das Leistungsniveau auf Kernleistungen zu beschränken.[112] Da dies in Deutschland derzeit nicht vorgesehen ist, sondern vielmehr eine weitgehende Gleichstellung von anerkannten Flüchtlingen und subsidiär Schutzberechtigten normiert ist, muss dieser Punkt nicht vertieft betrachtet werden.

216 **i) Medizinische Versorgung.** Der Zugang zu Gesundheitsdienstleistungen stellt einen besonders sensiblen Bereich der sozialen Absicherung dar und wird deshalb gesondert in Art. 12 StatusVO geregelt. Die Vorgaben gehen vom Grundsatz der Inländergleichbehandlung aus und sehen in Absatz 2 spezielle Regelungen für Schutzberechtigte mit besonderen Bedürfnissen vor, wie dies auch in der AufnahmeRL der Fall ist (dort Art. 24 ff.; siehe auch § 44 II AsylG).[113]

217 Für anerkannte Schutzberechtigte, die einer sozialversicherungspflichtigen Beschäftigung nachgehen, wird die Gesundheitsversorgung über das SGB V gewährleistet, für Empfänger von Sozialhilfe über das SGB XII.

218 **j) Rechte von unbegleiteten Minderjährigen.** Ausführliche Schutzvorgaben regelt Art. 33 StatusVO für unbegleitete Minderjährige, wobei diese im Vergleich zur Vorgängerregelung noch einmal weiter ausdifferenziert wurden.

219 Die erste Vorgabe des Art. 33 I StatusVO lautet, dass die zuständigen Behörden so bald wie möglich, nachdem einem unbegleiteten Minderjährigen internationaler Schutz gewährt wurde, die notwendigen Maßnahmen ergreifen, um nach dem nationalen Recht einen Vormund zu bestellen. Dabei kann auf die Vertreter zurückgegriffen werden, die im Rahmen der Aufnahme und des Anerkennungsverfahrens bestellt wurden. Die Aufgaben des Vormunds werden in Absatz 2 detailliert geregelt.

220 Die zuständigen Behörden bestellen nach Art. 33 III StatusVO einen Vormund, der eine verhältnismäßige und nicht zu große Anzahl unbegleiteter Minderjähriger vertritt, sodass sichergestellt ist, dass er seinen Aufgaben effektiv gerecht werden kann und die unbegleiteten Minderjährigen ihre Rechte und Leistungen wirksam in Anspruch nehmen können.

221 In den Folgeabsätzen finden sich detaillierte Vorgaben für die Beaufsichtigung der Vormünder, die Unterbringung der Minderjährigen und

---

[112] Das ist im deutschen Recht nur im Rahmen von Leistungskürzungen nach dem Asylbewerberleistungsgesetz möglich, siehe § 1a AsylbLG.

[113] Dazu *Kluth,* ZAR 2020, 119 ff.

die dabei zu beachtenden Kriterien sowie das Mitspracherecht der Minderjährigen.

k) Zugang zu Unterbringung. Der Unterbringung und dem Zugang zu Wohnraum kommt für die Entwicklung und gesellschaftliche Teilhabe eine erhebliche Bedeutung zu.[114] Dabei ist das Vorhandensein von ausreichendem Wohnraum die erste und der chancengleiche Zugang die zweite elementare Voraussetzung. Die GFK schreibt insoweit in Art. 21 eine Ausländergleichbehandlung nach dem Günstigkeitsprinzip vor.[115] **222**

Während die frühe Unterbringung in den Erstaufnahmeeinrichtungen durch die AufnahmeRL determiniert wird (Art. 20) und in der Verantwortung der Länder steht (§ 44 AsylG), steht bei Art. 34 StatusVO der Zugang zu Wohnraum nach der Anerkennung im Vordergrund. Dabei wird dem chancengleichen Zugang besondere Aufmerksamkeit geschenkt. Insbesondere bei nationalen Mechanismen zur Verteilung von Personen, denen internationaler Schutz gewährt wurde, muss sichergestellt sein, dass ihnen Gleichbehandlung zuteilwird, es sei denn, eine unterschiedliche Behandlung ist objektiv gerechtfertigt. Bei derlei nationalen Mechanismen muss die Chancengleichheit beim Zugang zu Unterbringung sichergestellt sein. Dazu tragen u. a. die Regelungen des Allgemeinen Gleichbehandlungsgesetzes (AGG) bei. **223**

III. Das Asylverfahren (Asylverfahrensverordnung)

1. Regelungsinhalt und Anwendungsbereich

Die Verordnung (EU) 2024/1348 des Europäischen Parlaments und des Rates vom 14. Mai 2024 zur Einführung eines gemeinsamen Verfahrens für internationalen Schutz in der Union – die **Asylverfahrensverordnung** (AsylVfVO)[116] – bildet ein zentrales Element der GEAS-Reform[117]. Sie ersetzt die Asylverfahrensrichtlinie RL 2013/32/EU vom 26.6.2013[118], stattet die Bestimmungen über Zuerkennung und Aberkennung internationalen Schutzes durch die EU-Mitgliedstaaten mit Verordnungsrang aus und macht sie damit zu **unmittelbar geltendem Unionsrecht.** Ihr Regelungsgegenstand bildet das Asylverfahren in einem umfassenden Sinn. Ausgehend von den Verfahrensbeteiligten und **224**

---

[114] SVR Integration und Migration, Raum für Entwicklung: Wohnen und Teilhabe in der Einwanderungsgesellschaft. Jahresgutachten 2026.

[115] *Janda,* in: Hruschka, GFK, 2022, Art. 21 Rn. 18 ff.

[116] ABl. L 2024/1348 v. 22.5.2024, 1 ff.

[117] Gesamtüberblick hierzu bei Hoppe, Die neue Asylverfahrensverordnung – ein erster Überblick, ZAR 2025, 59–64; Dietz, Ausländer- und Asylrecht, 6. Aufl. 2026, 327 ff.

[118] ABl. L 180 v. 29.6.2013, 60 ff.

den ihnen zukommenden Rechten und Pflichten normiert sie – überaus detailliert – alle Verfahrensschritte von der Antragstellung bis zur Entscheidung der Asylbehörde. Während für die Gruppe vulnerabler Antragsteller besondere Verfahrensgarantien eingerichtet werden, verweist sie Antragstellergruppen, deren Schutzanträge voraussichtlich nur geringe Erfolgsaussichten besitzen, auf modifizierte Verfahren wie das beschleunigte Prüfverfahren und das neu konzipierte Grenzverfahren. Daneben greift die AsylVfVO mit der Modifizierung und dem Ausbau des „Konzepts des sicheren Staates" materielle Aspekte der Schutzgewähr auf und setzt sie zugleich verfahrensrechtlich um. Schließlich umfasst die Verordnung auch Regelungen zum Entzug des internationalen Schutzes und zum Rechtsbehelfsverfahren (näher hierzu → Rn. 649 ff.).

225 **Inhaltlich** greift die AsylVfVO nach Art. 2 Abs. 1 bei „alle(n) Anträge(n) auf internationalen Schutz, die im Hoheitsgebiet – einschließlich an den Außengrenzen, in den Hoheitsgewässern oder in den Transitzonen – gestellt werden", ein, ebenso wie in Fällen des Entzugs des internationalen Schutzes, nicht jedoch bei Schutzgesuchen in den Auslandsvertretungen der Mitgliedstaaten[119], Art. 79 Abs. 2 AsylVfVO. Besteht – wie in der Bundesrepublik mit dem in Art. 16a Abs. 1 GG garantierten Grundrecht auf Asyl – ein nationales Schutzregime, eröffnet Art. 79 Abs. 3 AsylVfVO zudem die Möglichkeit, die Asylverfahrensverordnung hierauf ebenfalls anzuwenden und damit eine einheitliche Verfahrensgestaltung zu gewährleisten. Hiervon hat der deutsche Gesetzgeber in § 2 Abs. 2 AsylG n. F. Gebrauch gemacht. **Territorial** gilt die AsylVfVO grundsätzlich in allen 27 EU-Mitgliedstaaten. Während Irland die AsylVfVO in seinem Hoheitsgebiet für anwendbar erklärt hat, findet sie – als einzigem EU-Mitgliedstaat – lediglich in Dänemark angesichts des Festhaltens an der bestehenden opt-out-Klausel keine Anwendung[120].

226 Erste **materielle Änderungen** hat die AsylVfVO bereits im Februar 2026 bezüglich des Konzepts der sicheren Dritt- und der sicheren Herkunftsstaaten erfahren. So wird durch die VO (EU) 2026/463[121] die Anwendung des Konzepts der sicheren Drittstaaten in Art. 59 AsylVfVO und dabei in erster Linie das sog. Verbindungskriterium neu gefasst und der Union und den Mitgliedstaaten die Möglichkeit eröffnet, durch vertragliche Abkommen oder sonstige Vereinbarungen Asylverfahren in sichere Drittstaaten gewissermaßen „auszulagern" (näher hierzu → Rn. 328 f.). Die VO(EU) 2026/464[122] ändert demgegenüber die Normen zur Bestimmung sicherer Herkunftsstaaten und legt zugleich im Anhang II eine erste europäische Länderliste vor, die die Länder Ban-

---

[119] Vgl. hierzu EuGH, U. v. 7.3.2017, C-638/16 – X. und X., NVwZ 2017, 611 = BeckRS 2017, 103042.

[120] Vgl. Hoppe, ZAR 2025, 59.

[121] ABl. L 2026/463 v. 26.2.2026, 1 ff.

[122] ABl. L 2026/464 v. 26.2.2026, 1 ff.

gladesch, Kolumbien, Ägypten, Indien, das Kosovo, Marokko und Tunesien umfasst (näher hierzu → Rn. 334).

Die Anpassung des nationalen Asylverfahrensrechts an die Asylver- 227
fahrensverordnung hat der deutsche Gesetzgeber im primär betroffenen Asylgesetz durch das **GEAS-Anpassungsgesetz** vorgenommen[123]. Angesichts des in Teilen sehr detaillierten Verordnungstextes führt die Novellierung des AsylG jedoch aufgrund des sog. Normwiederholungsverbots[124] zu erheblichen Problemen, da unter der vom deutschen Gesetzgeber verwendeten Verweisungstechnik die Verständlichkeit des Normtextes stark leidet[125]. Um den konkreten Inhalt einer bestimmten Verfahrensregelung erfassen zu können, bedarf es daher stets einer Zusammenschau der nationalen Norm des AsylG mit der AsylVfVO, wobei letzterer der Anwendungsvorrang zukommt, § 1 Abs. 5 AsylG n.F.

2. Allgemeine Verfahrensregeln

a) Akteure des Verwaltungsverfahrens. Zunächst trifft die 228
AsylVfVO im Rahmen allgemeiner Bestimmungen Regelungen zu den verschiedenen Akteuren des Asylverfahrens, in erster Linie zu den zuständigen Behörden, beleuchtet darüber hinaus jedoch auch die Rolle des Hohen Flüchtlingskommissars der Vereinten Nationen (UNHCR) im Verfahren. Keine explizite Erwähnung findet in diesem Kontext die Europäische Asylagentur (EUAA), der gleichwohl durch ihre informationelle Tätigkeit bei der Sammlung und Auswertung von Länderinformationen eine gewichtige Rolle im Verfahren zukommt, was sich indirekt in den verschiedenen Berücksichtigungspflichten ihrer Berichte und Analysen widerspiegelt.

Nach Art. 4 Abs. 1 AsylVfVO trifft jeden Mitgliedstaat die Pflicht, 229
nach nationalem Recht eine **„Asylbehörde"** zu benennen, die Anträge auf internationalen Schutz entgegennimmt, prüft und über diese Anträge entscheidet, ebenso wie über den möglichen Entzug des internationalen Schutzstatus. Während des Verwaltungsverfahrens liegt dabei das Entscheidungsmonopol über Zulässigkeit und Begründetheit eines Antrags auf Gewährung internationalen Schutzes ausschließlich bei der Asylbehörde. Demgegenüber kann nach Art. 4 Abs. 2 AsylVfVO die Asylantragstellung – nach der Legaldefinition in Art. 3 Nr. 12 AsylVfVO „das Ersuchen eines Drittstaatsangehörigen oder Staatenlosen um Schutz durch einen Mitgliedstaat, bei dem davon ausgegangen werden kann,

[123] Gesetz zur Anpassung des nationalen Rechts an die Reform des Gemeinsamen Europäischen Asylsystems (GEAS-Anpassungsgesetz) v. 23.4.2026, BGBl. I Nr. 111.

[124] Hierzu Schroeder in Streinz, EUV/AEUV, 3. Aufl., 2018, Art. 288 Rn. 43; EuGH, U. v. 30.3.2023, C-34/21, NVwZ 2023, 659 ff. zu Regelungen der DSGVO.

[125] Vgl. Föcking, GEAS Relaoded, Asylmagazin 2026, 135, 138 f.

dass er die Zuerkennung der Flüchtlingseigenschaft oder des Status subsidiären Schutzes anstrebt“ – bei weiteren „einschlägigen nationalen Behörden“ erfolgen, die mit der Entgegennahme des Antrags und der Information über die Modalitäten der Antragstellung von der Bundesrepublik zu betrauen sind. Zu einschlägigen Behörden rechnen zumindest die Polizei, die Einwanderungsbehörden, Grenzschutzbeamte und Behörden mit einer Zuständigkeit für Haft- und Unterbringungseinrichtungen. Nach der Systematik der AsylVfVO, die zwischen dem (ersten) Asylgesuch, der Registrierung des Asylgesuchs und der formalen Antragstellung unterscheidet (näher hierzu → Rn. 257 ff.), besitzen die Mitgliedstaaten die Möglichkeit, mit der Registrierung des Asylgesuchs entweder die Asylbehörde oder andere einschlägige Behörden zu betrauen (Art. 4 Abs. 3 AsylVfVO). Geht ein Asylantrag bei einer nicht für die Registrierung des Antrags zuständigen Behörde ein, ist diese verpflichtet, den Antrag an die zuständige Behörde weiterzuleiten und den Antragsteller hierüber zu informieren, Art. 4 Abs. 4 AsylVfVO. Darüber hinaus besteht nach der AsylVfVO die Möglichkeit, speziell für das Verfahren der Bestimmung des zuständigen Mitgliedstaats eine andere Behörde als die Asylbehörde zu beauftragen. Die genannten Behördenzuständigkeiten mussten bis zum Stichtag 12. Juni 2026 der Europäischen Kommission mitgeteilt werden. Die gleiche Verpflichtung gilt auch für zukünftige Veränderungen in der Behördenzuständigkeit.

230 Der deutsche Gesetzgeber hat in § 5 Abs. 1 AsylG n. F. das **Bundesamt für Migration und Flüchtlinge (Bundesamt)** als Asylbehörde i. S. d. AsylVfVO benannt, die Asylanträge entgegennimmt, prüft und über diese entscheidet. Darüber hinaus besteht eine Zuständigkeit des Bundesamts auch für Überstellungsentscheidungen im Rahmen der Zuständigkeitsbestimmung, für die Feststellung der Erforderlichkeit besonderer Verfahrensgarantien (näher hierzu → Rn. 249 f.) und für das Verfahren über den Entzug internationalen Schutzes (näher hierzu → Rn. 339 ff.). Hinsichtlich der Asylantragstellung verweist § 13 Abs. 2 AsylG n. F. den Antragsteller auf die Grenzbehörden, im Falle einer unerlaubten Einreise auf die Aufnahmeeinrichtung, die Ausländerbehörde oder die Polizei. Für die Registrierung des Asylantrags ist nach § 13a AsylG n. F. die Aufnahmeeinrichtung zuständig, mit der Antragsteller zuerst in Kontakt tritt. Lediglich in Sonderfällen, beispielsweise bei einer Inhaftierung, besteht eine Zuständigkeit des Bundesamtes für die Registrierung. Formell einzureichen ist der Asylantrag nach § 14 Abs. 1 AsylG n. F. regelmäßig bei derjenigen Außenstelle des Bundesamts, die der für die Aufnahme des Antragstellers zugeordneten Aufnahmeeinrichtung zugeordnet ist.

231 Ungeachtet der in der AsylVfVO wiederholt angesprochenen Verpflichtung der Mitgliedstaaten, die für das Asylverfahren zuständigen Behörden finanziell und personell hinreichend auszustatten und die eingesetzten Mitarbeiter entsprechend zu schulen, eröffnet Art. 5

AsylVfVO ergänzend die Möglichkeit, dass auf Ersuchen des Mitgliedstaats entweder von der Europäischen Asylagentur (EUAA) entsandte Sachverständige oder aber Mitarbeiter/Behörden eines anderen Mitgliedstaats im Asylverfahren unterstützend mitwirken, wobei die Entscheidungszuständigkeit stets bei der Asylbehörde des zuständigen Mitgliedstaats verbleibt. Dem Vertreter des Hohen Flüchtlingskommissars der Vereinten Nationen **(UNHCR)** ist nach Art. 6 AsylVfVO der Zugang zu einzelnen Antragstellern wie auch zu Informationen über einzelne Asylanträge und deren Ergebnis zu gewähren, sofern der Antragsteller dem zustimmt. Darüber hinaus kommt dem UNHCR ein Stellungnahmerecht zu einzelnen Asylanträgen zu. Die bisherige Regelung zur verfahrensrechtlichen Stellung des UNHCR in § 9 AsylG a.F.[126] hat der deutsche Gesetzgeber mit dem GEAS-Anpassungsgesetz gestrichen, sodass nunmehr ausschließlich Art. 6 AsylVfVO maßgeblich ist.

b) Rechte und Pflichten der Antragsteller. Im Verfahren über die Zuerkennung (ebenso wie über die Aberkennung) internationalen Schutzes gewährt die AsylVfVO dem Antragsteller einerseits verschiedene Garantien, legt ihm andererseits aber auch eine Reihe von Pflichten auf. **232**

aa) Verfahrensgarantien der Antragsteller. Art. 8 Abs. 2 AsylVfVO verpflichtet die Asylbehörde oder andere beauftragte Behörden während des Verwaltungsverfahrens zunächst zu einer **umfassenden Information** des Asylantragstellers in einer Sprache, von der jedenfalls angenommen werden kann, dass er sie versteht. Diese Informationspflicht umfasst den Ablauf des Verfahrens, die Rechte und Pflichten während des Verfahrens, die Folgen der Nichteinhaltung der Pflichten, das Recht auf Rechtsauskunft, Rechtsberatung und -vertretung, Art und Umfang der Darlegungsmöglichkeiten nach Art. 4 StatusVO sowie schlussendlich die Information über die von der Asylbehörde getroffene Entscheidung. Die Europäische Asylagentur erstellt hierzu in Zusammenarbeit mit Kommission und Mitgliedstaaten Mustermerkblätter, die durch die einzelnen Mitgliedstaaten um länderspezifische Informationen ergänzt werden können. Den Belangen vulnerabler Antragsteller wie Minderjähriger oder behinderten Personen ist dabei besonders Rechnung zu tragen, Art. 8 Abs. 7 AsylVfVO. Die genannten Informationen müssen dem Asylantragsteller in der Regel spätestens bei der Registrierung seines Asylantrags übergeben werden. Angesichts dieser detailreichen Normierung der Informationspflicht in der AsylVfVO hat der deutsche Gesetzgeber die bislang in § 24 AsylG a.F. verortete nationale Regelung der Informationspflichten des Bundesamts mit dem GEAS-Anpassungsgesetz wiederum gestrichen. **233**

Als weitere Verfahrensgarantie gewährt Art. 8 Abs. 3 AsylVfVO dem Antragsteller die Hinzuziehung eines **Dolmetschers** bei Registrierung **234**

[126] Vgl. hierzu Kluth in BeckOK AuslR, Stand 1.1.2026, § 9 AsylG Rn. 1 ff.

und Einreichung des Antrags, falls auf andere Art und Weise keine Verständigung gewährleistet werden kann. So schnell wie möglich und jedenfalls vor Ablauf der Frist zur Einreichung des Asylantrags ist ihm zudem die Möglichkeit zu eröffnen, Kontakt mit einem **Vertreter des UNHCR** oder anderen Organisationen, die Rechts- und andere Beratungsleistungen erbringen, aufzunehmen. § 9 und § 17 des AsylG a.F., die die genannten Verfahrensgarantien bislang sichergestellt haben, sind angesichts der Normierung in der AsylVfVO nunmehr aufgehoben worden.

235 Schließlich gewährleistet Art. 8 Abs. 5 AsylVfVO Asylantragstellern sowie ihren Vertretern oder Rechtsberatern Zugang zu für die Entscheidung über den Antrag relevanten Informationen über Herkunfts- oder Drittländer bzw. zu den zu speziellen Fragen eingeholten Sachverständigengutachten. Über das Ergebnis der Entscheidung der Asylbehörde ist der Antragsteller schriftlich und so schnell wie möglich zu informieren; ggf. reicht hierzu die Information des Vertreters oder Rechtsberaters des Antragstellers aus.

236 **bb) Pflichten der Antragsteller.** Zu der primären Pflicht des Antragstellers rechnet es nach Art. 9 Abs. 1 AsylVfVO, seinen Antrag nach Art. 17 Abs. 1 und 2 AMMVO im Mitgliedstaat der ersten Einreise oder aber in dem Mitgliedstaat zu stellen, der ihm ein Visum oder einen Aufenthaltstitel ausgestellt hat. Gefordert wird vom ihm nach Art. 9 Abs. 2 AsylVfVO weiterhin die **uneingeschränkte Kooperation** mit den zuständigen Behörden, wozu die Angabe von Identitäts-, Ausweis- und Wohnortdaten, ggf. eine Begründung für das Fehlen von Identitäts- oder Reisedokumenten, ferner die Angabe der Änderung von Anschrift, Telefonnummer und Email-Adresse und die Zurverfügungstellung biometrischer Daten rechnet. Diesen erweiterten Pflichtenkanon nimmt der deutsche Gesetzgeber durch einen Verweis auf die AsylVfVO in § 15 Abs. 2 AsylG n. F. auf. Der Antragsteller muss des Weiteren seinen Antrag nach den Vorgaben des Art. 28 AsylVfVO einreichen und während des ganzen Verfahrens verfügbar bleiben. Er ist verpflichtet, an der persönlichen Anhörung nach Art. 13 AsylVfVO teilzunehmen, für die Antragsprüfung relevante, in seinem Besitz befindliche Dokumente so schnell wie möglich der zuständigen Behörde auszuhändigen und in dem Hoheitsgebiet des Mitgliedstaats zu verbleiben, in dem er sich nach Art. 17 Abs. 4 AMMVO aufzuhalten hat. Als Konsequenz aus der Verpflichtung zu Angabe und Aktualisierung von Wohnorts- und Telekommunikationsdaten muss er ferner Mitteilungen der Behörde gegen sich gelten lassen, die diese an die zuletzt von ihm angegebene Adresse, Telefonnummer oder Email-Adresse gerichtet hat. Die letztgenannte Regelung hat der deutsche Gesetzgeber im Rahmen der GEAS-Reform in den modifizierten § 19 AsylG n. F. übernommen. Darüber hinaus kann der Antragsteller nach Art. 9 Abs. 4 AsylVfVO verpflichtet werden, sich nach den Vorgaben des nach der AMMVO zuständigen Mitgliedstaat zu einem bestimmten Zeitpunkt oder in angemessenen Zeitabständen bei der zuständigen Behörde zu melden oder sich nach den Vorgaben der AufnRL nur in einem bestimmten geografischen Gebiet innerhalb des Hoheitsgebiets des Mitgliedstaats aufzuhalten. Die zuständigen Behörden können – unabhängig von Sicherheitserwägungen – vom Antragsteller verlangen, sich oder seine Sachen nach Maßgabe der nationalen Rechtsvorschriften **durchsuchen** zu lassen, sofern dies für die Antragsprüfung erforderlich und hinreichend begründet ist[127]. Dabei sind die Menschenwürde und die psychische und physische Unversehrtheit des Antragstellers zu achten. Die nationale Regelung zur Durchsuchung findet sich weiterhin unverändert in § 15 Abs. 4 AsylG n.F.. Lediglich als Klarstellung ist in § 15 Abs. 2 AsylG n. F. ein Verweis auf den – ergänzend geltenden – Art. 9 Abs. 2 AsylVfVO aufgenommen worden[128]. Spezielle Regelungen zur Auswertung digitaler Datenträger eines Asylbewerbers[129] enthält das AsylG ebenfalls unverändert in § 15a.

cc) Recht auf Verbleib. Als elementare Garantie gewährt Art. 10 **237**
AsylVfVO dem Antragsteller das **Recht auf Verbleib** während des Verwaltungsverfahrens, und zwar im Hinblick auf das Hoheitsgebiet desjenigen Mitgliedstaats, in dem er sich nach Art. 17 Abs. 4 AMMVO aufzuhalten hat (näher hierzu → Rn. 447 ff.)[130]. Zeitlich beschränkt Art. 10 Abs. 1 AsylVfVO dieses Recht bis zur Entscheidung der Asylbehörde über den Antrag im Verwaltungsverfahren. Ergänzend verlängert Art. 68 Abs. 2 AsylVfVO für den Fall einer negativen Entscheidung bzw. im Falle des Entzugs des Schutzstatus das Recht auf Verbleib bis zum Ablauf der Rechtsbehelfsfrist bzw. nach Einlegung eines erstinstanzlichen Rechtsbehelfs bis zur Entscheidung hierüber. Aus dem Recht zum Verbleib leitet sich nach Art. 10 Abs. 2 AsylVfVO weder ein Anspruch auf Erteilung eines Aufenthaltstitels ab, noch ermöglicht es ohne ein anderes valides Reisedokument die Reise in einen anderen Mitgliedstaat.

Ausnahmen vom Recht auf Verbleib bestehen nach Art. 10 Abs. 3 **238**
und 4 AsylVfVO dann, wenn der Antragsteller aufgrund eines Europäischen Haftbefehls in einen anderen Mitgliedstaat oder zum Zwecke der Strafverfolgung oder Strafvollstreckung an einen anderen Mitgliedstaat, einen Drittstaat oder den Internationalen Strafgerichtshof überstellt wird oder überstellt werden soll, sofern die Auslieferung, Übergabe oder Überstellung nach Auffassung der zuständigen Behörde keine mittelbare

[127] Vgl. zur bisherigen Rechtslage Hadamitzky/Senge in Erbs/Kohlhaas, Strafrechtliche Nebengesetze; Stand Januar 2026, § 15 AsylG Rn. 13.

[128] BT-Drucks. 21/1848, S. 92.

[129] Vgl. hierzu etwa BVerwG, U. v. 16.2.2023 – 1 C 19.21 – BVerwGE 178,8 = BeckRS 2023, 8992.

[130] Vgl. Hoppe, ZAR 2025, 59: „sekundärrechtliche Absicherung der verfahrensrechtlichen Komponente des non-refoulment-Grundsatzes".

oder unmittelbare Zurückweisung des Antragstellers darstellt, die einen Verstoß gegen völkerrechtliche oder unionsrechtliche Pflichten beinhalten würde. Auch aus Gründen der öffentlichen Ordnung oder der nationalen Sicherheit können die Mitgliedstaaten nach Art. 10 Abs. 4 lit. c AsylVfVO unbeschadet der materiellen Ausschlusstatbestände für internationalen Schutz eine Ausnahme vom Recht auf Verbleib vorsehen, solange der non-refoulement-Grundsatz gewahrt bleibt.

239 Die in der Praxis sicherlich relevanteste Möglichkeit der Einschränkung des Rechts auf Verbleib besteht nach Art. 10 Abs. 4 lit. a AsylVfVO bei bestimmten **Folgeanträge** nach Art. 55 AsylVfVO (näher hierzu → Rn. 316 ff.), nämlich dann, wenn nach Art. 56 lit. a AsylVfVO ein erster Folgeantrag von einem Antragsteller nur zu dem Zweck eingereicht worden ist, die Vollstreckung einer Entscheidung zu verzögern oder zu vereiteln, die zu seiner unverzüglichen Abschiebung aus dem betroffenen Mitgliedstaat geführt hätte, und bei der der Folgeantrag nach Art. 55 Abs. 7 AsylVfVO mangels Vortrags neuer Umstände nicht weiter geprüft worden wäre. Darüber hinaus kann das Recht auf Verbleib in einem Mitgliedstaat für einen zweiten oder weiteren Folgenantrag ausgeschlossen werden, wenn ein erster Folgeantrag unanfechtbar als unzulässig, unbegründet oder offensichtlich unbegründet abgelehnt worden ist. Das durch die genannten Bestimmungen ausgestaltete Recht auf Verbleib hat der deutsche Gesetzgeber durch einen entsprechenden Verweis auf die AsylVfVO in § 55 Abs. 1 AsylG n. F. übernommen. Die Gestattung des Aufenthalts im Bundesgebiet **(Aufenthaltsgestattung)** beinhaltet nach der genannten Reglung das Recht auf Verbleib im Sinne der AsylVfVO.

240 **dd) Anhörung.** Zentraler Bestandteil des nationalen Verfahrens bildet die **persönliche Anhörung** des Antragstellers, die ihm nach Maßgabe der Art. 11 ff. AsylVfVO garantiert wird. Dabei differenziert die AsylVfVO nach der Anhörung zur Zulässigkeit und zur Begründetheit des Antrags auf internationalen Schutz. Dem Antragsteller ist vor einer Entscheidung über die Unzulässigkeit des Asylantrags nach Art. 38 AsylVfVO zunächst Gelegenheit zu einer persönlichen Anhörung zu geben, in deren Rahmen er insbesondere darlegen kann, weshalb die in Art. 38 AsylVfVO genannten Unzulässigkeitskriterien auf ihn nicht anwendbar sind **(„Anhörung zur Zulässigkeit“).** Im Rahmen der persönlichen **„Anhörung zum Inhalt“** des Schutzantrags kommt dem Antragsteller die Möglichkeit zu, alle für die Zuerkennung eines Schutzstatus nach der StatusVO notwendigen Angaben zu machen bzw. sich zu den Gründen für fehlende und widersprüchliche Angaben zu äußern. Sofern der Antragsteller vorab hierüber informiert worden ist und er Gelegenheit hatte, sich mit einem Rechtsberater zu beraten, kann die Anhörung zum Inhalt des Schutzantrags mit der zur Zulässigkeit verbunden werden. Daneben besteht die Möglichkeit, auf eine persönliche

Anhörung des Antragstellers nach Art. 13 Abs. 11 AsylVfVO zu verzichtet, wenn – in offensichtlichen Fällen – die Asylbehörde bereits anhand der verfügbaren Beweise eine positive Entscheidung über die Zuerkennung der Flüchtlingseigenschaft oder des subsidiären Schutzes bzw. über die Zulässigkeit des Antrags treffen kann. Liegt bereits die Schutzgewähr durch einen anderen Mitgliedstaat mit der Folge der Unzulässigkeit des aktuellen (Zweit-)Antrags vor, kann die persönliche Anhörung zur Zulässigkeit ebenfalls entfallen. Auf eine persönliche Anhörung kann im Rahmen eines Folgeantragsverfahrens schließlich dann verzichtet werden, wenn sich im Rahmen einer ersten Prüfung bereits aus dem schriftlichen Vorbringen ergibt, dass es an einem neuen Sachvortrag fehlt.

Detaillierte Regelungen über die **Rahmenbedingungen** der persönlichen Anhörung enthält die AsylVfVO in Art. 13. Danach soll diese regelmäßig von Bediensteten der Asylbehörde, die über entsprechende Qualifikationen verfügen müssen, unter Bedingungen durchgeführt werden, die eine angemessene Privatsphäre und Vertraulichkeit gewährleisten und die dem Antragsteller eine umfassende Darlegung seiner Gründe ermöglicht. Nur im Falle einer unverhältnismäßig großen Zahl von Antragstellern können für die Anhörung besonders geschulte Bedienstete anderer Behörden ergänzend eingesetzt werden. Bei der Anhörung hinzuziehen ist jedenfalls ein für eine angemessene Verständigung geeigneter **Dolmetscher** sowie gegebenenfalls ein sog. **„Kulturmittler“**, die beide jeweils über eine asylspezifische Qualifikation bzw. Schulung verfügen müssen[131]. Bedient sich der Antragsteller eines **Rechtsberaters,** ist diesem die Anwesenheit während der persönlichen Anhörung zu gestatten, wobei dessen Fragerecht ggf. auf den Abschluss der Anhörung gelegt werden kann. Auf Wunsch des Antragstellers führt – soweit verfügbar – die Asylbehörde die Anhörung und Verdolmetschung durch eine Person des vom Antragsteller bevorzugten Geschlechts durch. Neben der persönlichen Anhörung des Antragstellers besteht, sofern die Umstände dies rechtfertigen, auch die Möglichkeit einer Anhörung im Wege einer **Videokonferenz**[132], wofür die Europäische Asylagentur bereits Leitlinien erarbeitet hat[133]. War der Antragsteller an der Teilnahme an der Anhörung unverschuldet verhindert – „aufgrund bestimmter Umstände, die sich seinem Einfluss entziehen“ –, ist von der Asylbehörde ein erneuter persönlicher Anhörungstermin anzusetzen. Wurden zwar ausreichende Bemühungen seitens der Asylbehörde für die Durchführung der Anhörung unternommen, um dem Antragsteller die Darle- 241

[131] Vgl. Jaber, Die Bedeutung des Sprachmittlers im Asylverfahren, ZAR 2017, 318 ff.

[132] Zur bisherigen Rechtslage bei einer Videoanhörung vgl. etwa Dickten/Rosarius in BeckOK AuslR, § 25 AsylG Rn. 16.

[133] EUAA, Guidance on Remote Interviews, Stand April 2025.

gung seiner Gründe zu ermöglichen, findet aber gleichwohl keine persönliche Anhörung statt, hindert dies die Asylbehörde nicht, gegebenenfalls ohne Anhörung über die Durchführung eines Antrags auf internationalen Schutz zu entscheiden. Die Anpassung des nationalen Rechts an diese Vorgaben der AsylVfVO zur Anhörung hat das GEAS-Anpassungsgesetz durch eine Neufassung des § 25 AsylG n. F. vorgenommen.

242 Im Zuge der Anhörung kommt – speziell im Hinblick auf ein nachfolgendes Rechtsschutzverfahren – der Regelung über deren **Niederschrift** und **Aufzeichnung** in Art. 14 AsylVfVO besondere Bedeutung zu[134]. Nach der genannten Bestimmung wird die persönliche Anhörung nunmehr generell mithilfe von Tonaufnahmegeräten aufgezeichnet und diese Aufzeichnungen zur Akte des Antragstellers gebracht. Darüber hinaus erstellt die Asylbehörde eine ausführliche und objektive Niederschrift über die Hauptbestandteile der Anhörung oder ein Wortprotokoll der Anhörung oder ein Wortprotokoll der Aufzeichnung der Anhörung. Zur Korrektur möglicher Übersetzungsfehler oder missverständlicher Formulierungen muss dem Antragsteller – ggf. unter Einschaltung eines Dolmetschers – Gelegenheit gegeben werden, sich vor der Entscheidung der Asylbehörde über seinen Antrag hierzu zu äußern und ggf. zu bestätigen, dass die Niederschrift oder das Wortprotokoll den Inhalt der Anhörung richtig wiedergeben. Hiervon kann Abstand genommen werden, wenn die Tonaufzeichnung der Anhörung oder ein Wortprotokoll hiervon als Beweismittel im Rechtsbehelfsverfahren nach nationalem Recht zugelassen sind oder für die Asylbehörde die Zuerkennung der Flüchtlingseigenschaft bzw. des subsidiären Schutzstatus bereits feststeht. Ob angesichts der regelmäßig verpflichtenden Tonaufzeichnung an der bisherigen Praxis des Bundesamtes festgehalten wird, die über die Anhörung erstellte Niederschrift durch den anwesenden Dolmetscher rückübersetzen und sich vom Antragsteller bestätigen zu lassen, dass seine Angaben korrekt erfasst worden sind, bleibt daher abzuwarten. Jedenfalls ist dem Antragsteller, seinem Vertreter oder Rechtsberater sobald wie möglich zu der Aufzeichnung, der Niederschrift oder den Wortprotokollen Zugang zu gewähren, auch im Rechtsbehelfsverfahren. Das GEAS-Anpassungsgesetzes enthält mit § 25 Abs. 5 AsylG n. F. hinsichtlich der Tonaufzeichnung der Niederschrift lediglich eine Regelung zum Schutz der an der Anhörung Beteiligten durch entsprechende – auch auszugsweise – Weitergabeverbote. Im Übrigen gelten die Vorgaben der AsylVfVO hierzu unmittelbar.

243 **ee) Rechtsauskunft, Rechtsberatung und Rechtsvertretung.** Die AsylVfVO garantiert dem Antragsteller während des Verwaltungsverfahrens einen Anspruch auf Rechtsauskunft, im sich anschließenden

[134] Vgl. zur bisherigen Rechtslage Dickten/Rosarius in BeckOK AuslR, § 25 AsylG Rn. 17; Lehnert in Huber/Mantel, AufenthG/AsylG, 4. Aufl. 2025, § 25 Rn. 17.

Rechtsbehelfsverfahrens einen Anspruch auf Rechtsberatung und -vertretung[135]. Sie erfolgt durch nach nationalem Recht zugelassene Rechtsberater oder sonstige Berater oder aber durch registrierte Nichtregierungsorganisationen. Grundsätzlich besitzen Antragsteller danach in allen Phasen des Verfahrens die Möglichkeit, ihren Antrag betreffende Fragen an einen Rechtsberater oder einen anderen Berater zu richten. Auf eigene Kosten können sie sich dabei jederzeit eines Rechtsberaters oder anderen Beraters bedienen, besitzen darüber hinaus nach Art. 16 AsylVfVO jedoch einen Anspruch auf **unentgeltliche Rechtsauskunft** im Verwaltungsverfahren und nach Art. 17 AsylVfVO auf **unentgeltliche Rechtsberatung und -vertretung** im Rechtsbehelfsverfahren, der ggf. finanziell oder zeitlich limitiert werden kann. Abweichend von diesem Mindeststandard können die Mitgliedstaaten vorsehen, unentgeltliche Rechtsberatung und -vertretung bereits im Verwaltungsverfahren zu gewähren. Bessert sich im Laufe eines Verfahrens die finanzielle Situation des Antragstellers, ist er ggf. zur Rückerstattung der für die Rechtsberatung und -vertretung entstandenen Kosten verpflichtet.

Inhaltlich umfasst der Anspruch auf **unentgeltlich Rechtsauskunft** im **244** Verwaltungsverfahren neben einer allgemeinen „Orientierung" über das Verwaltungsverfahren einschließlich der Rechte und Pflichten eines Antragstellers die Unterstützung bei der Einreichung eines Antrags sowie die Gewährleistung der „Orientierung" über die verschiedenen Verfahrensarten, die Zulässigkeitsvoraussetzungen eines Schutzgesuchs bis hin zu den verschiedenen Rechtsbehelfen bei Antragsablehnung. Ausgeschlossen ist die unentgeltliche Rechtsauskunft nur bei einem missbräuchlichen, d. h. nur zu dem Zweck gestellten ersten Folgeantrag, eine Rückführung zu vereiteln oder zu verzögern, bei einem zweiten oder weiteren Folgeantrag sowie für den Fall, dass der Antragsteller bereits von einem Rechtsberater unterstützt und vertreten wird.

Die **unentgeltliche Rechtsberatung und -vertretung** im Rechtsbe- **245** helfsverfahren umfasst demgegenüber die Vorbereitung der nach nationalem Recht erforderlichen Verfahrensdokumente, die Vorbereitung des Rechtsbehelfs sowie ggf. die Teilnahme an einer mündlichen Verhandlung vor einem Gericht. Sie ist ausgeschlossen, wenn der Antragsteller insoweit über ausreichende eigene Mittel verfügt, davon ausgegangen werden kann, dass Rechtsbehelf missbräuchlich erhoben worden ist oder keine Aussicht auf Erfolg besitzt, für Rechtsbehelfe in der zweiten oder höheren Instanz sowie ebenfalls für den Fall, dass der Antragsteller bereits einen Rechtsberater besitzt.

Vertritt ein Rechtsberater einen Antragsteller nach nationalem Recht, **246** besitzt er nach Art 18 Abs. 1 AsylVfVO ein Akteneinsichtsrecht, das

---

[135] Vgl. hierzu Behrens, Asylverfahrensberatung im GEAS, Asylmagazin 2026, 150 ff.; Judith/Schey, Die größte Asylrechtsverschärfung seit 1993, Asylmagazin 2024, 315, 323 f.

allerdings für bestimmte sensible Informationen eingeschränkt werden kann. Rechtsberatern oder mit der Rechtsauskunft betrauten Personen ist darüber hinaus Zugang zu abgeschlossenen Bereichen wie Hafteinrichtungen oder Transitzonen zu gewähren.

247 In Umsetzung dieser Vorgaben hat der Gesetzgeber im GEAS-Anpassungsgesetz die in § 12a AsylG bislang vorgesehene **behördenunabhängige Asylverfahrensberatung**[136] um einen den Vorgaben der AsylVfVO entsprechenden Anspruch auf Rechtsauskunft in § 12b AsylG n. F. ergänzt. § 12c AsylG n. F. regelt den Zugang von Personen und Organisationen, die Rechtsauskunft und Beratungsleistungen erbringen, zu abgeschlossenen Bereichen, Hafteinrichtungen und Grenzübergangsstellen gem. der Regelung in Art. 18 Abs. 3 AsylVfVO.

3. Besondere Verfahrensgarantien

248 Besondere, über die allgemeinen Rechte hinausgehende Verfahrensgarantien gewährleistet die AsylVfVO der Gruppe der vulnerablen Antragsteller in den Art. 20 ff.[137].

249 **a) Identifizierung von Antragstellern, die besondere Verfahrensgarantien benötigen.** In einem ersten Schritt trifft insoweit die zuständigen Behörden in jedem Einzelfall die Pflicht, so früh wie möglich nach Antragstellung zu prüfen, ob es sich bei dem Antragsteller um eine Person handelt, die **besondere Verfahrensgarantien** benötigt. Anhaltspunkte hierfür können etwa sichtbare Zeichen (z. B. Folterspuren) oder Aussagen des Antragstellers sein, aber auch spezifische Verhaltensweisen oder bestimmte, aussagekräftige Unterlagen. Diese Prüfung muss im weiteren Verfahrensverlauf, d. h. bei der Registrierung und der Einreichung des Asylantrags fortgesetzt und spätestens innerhalb von 30 Tagen abgeschlossen werden. Gegebenenfalls kann die zuständige Behörde den Antragsteller mit seinem Einverständnis an einen Arzt, Psychologen oder andere geeignete Fachkraft verweisen, um Kenntnisse über ggf. benötigte besondere Verfahrensgarantien zu erhalten. Dies gilt vorrangig für Opfer von Folter, Vergewaltigung oder anderer schwerer Formen psychischer, physischer, sexueller oder geschlechtsspezifischer Gewalt. Dabei ist sicherzustellen, dass sowohl die Bediensteten wie auch die betrauten Ärzte und Psychologen für die

---

[136] Zur geplanten Mittelkürzung bei der behördenunabhängigen Asylverfahrensberatung vgl. Antwort der Bundesregierung auf die Kleine Anfrage der Fraktion Bündnis90/Die Grünen BT-DRucks. 21/6231 v. 1.6.2026; Mayr, Zwischen Sparpolitik und Rechtsstaat: Die Zukunft der behördenunabhängigen Asylverfahrensberatung, JuWiss-Blog Nr. 37/2026 v. 17.4.2026, https://www.juwiss.de/37–2026/.

[137] Vgl. hierzu Träbert/Melior, Vulnerabilität und besondere Schutzbedarfe im Spiegel der GEAS-Reform, Asylmagazin 2025, 387 ff.

Erkenntnis und den Umgang mit Vulnerabilitäten besonders geschult sind.

Ist eine Feststellung zum **Vorliegen spezifischer Vulnerabilitäten** getroffen, kommt dem jeweiligen Antragsteller ein Anspruch auf die erforderliche Unterstützung im Verfahren zu und er scheidet, sofern die notwendige Unterstützung Vulnerabler im beschleunigten Prüfungsverfahren nach Art. 42 AsylVfVO oder im Grenzverfahren nach Art. 43 AsylVfVO nicht geleistet werden kann, aus den genannten Verfahrensarten aus. Eine spezifische Regelung zur Identifizierung vulnerabler Antragsteller im Sinne der genannten Bestimmungen enthält das durch das GEAS-Anpassungsgesetz neugefasste AsylG indes nicht. § 5 Abs. 1 AsylG n. F. weist diese Aufgabe unter Bezugnahme auf Art. 20 AsylVfVO dem Bundesamt als Asylbehörde ausdrücklich zu. Weitere Ansatzpunkte finden sich in § 44 Abs. 2 AsylG n.F., wonach den Ländern im Rahmen einer Soll-Vorschrift aufgegeben wird, im Rahmen der Unterbringung geeignete Maßnahmen zu treffen, um besondere Bedürfnisse der Antragsteller bei der Aufnahme zu identifizieren und zu berücksichtigen. Als potentiell besonders schutzbedürftig werden dabei Frauen, Kinder, Personen mit Behinderungen, ältere Menschen, Schwangere, lesbische, schwule, bisexuelle, trans- und intergeschlechtliche Personen, Alleinerziehende mit minderjährigen Kindern, Opfer von Menschenhandel, Personen mit schweren Erkrankungen und psychischen Störungen einschließlich posttraumatischer Belastungsstörungen sowie Opfer von Folter, Vergewaltigung oder sonstiger Formen von Gewalt genannt. 250

b) Minderjährige. Für **Minderjährige,** d. h. nach Art. 3 Nr. 6 AsylVfVO Antragsteller, die das 18. Lebensjahr noch nicht vollendet haben, muss das Verfahren der Schutzgewähr am **Primat des Kindeswohls** ausgerichtet werden[138], das die Asylbehörde nach Maßgabe von Art. 26 der AufnRL zu bewerten hat. Steht das Kindeswohl nicht entgegen, findet daher auch bei Minderjährigen eine kind- und situationsgerecht ausgestaltete persönliche Anhörung statt, die von hierfür speziell geschulten Bediensteten durchzuführen ist. Bei begleiteten Minderjährigen erfordert die Anhörung die Anwesenheit der jeweils verantwortlichen Erwachsenen sowie ggf. eines Rechtsberaters. Abhängig vom Kindeswohl kann die Asylbehörde zur Anhörung auch weiteres spezifische Fachpersonal hinzuziehen oder aber die Anhörung ohne den verantwortlichen Erwachsenen mithilfe geeigneten Personals durchführen. Ebenso muss die Entscheidung über den Antrag des Minderjährigen durch besonders geschulten Mitarbeiter der Asylbehörde erfolgen. 251

c) Unbegleitete Minderjährige. Unbegleitet ist ein Minderjähriger nach Art. 3 Nr. 7 AsylVfVO dann, wenn er ohne Begleitung eines nach 252

[138] Zur Berücksichtigung des Kindeswohls (bei Rückkehrentscheidungen) vgl. EuGH, U. v. 14.1.2021 – C-441/19 – T.Q., BeckRS 2021, 84.

dem Recht oder den Gepflogenheiten des Mitgliedstaats verantwortlichen Erwachsenen im Hoheitsgebiet eines Mitgliedstaats ankommt und sich auch nicht tatsächlich in der Obhut eines solchen Erwachsenen befindet[139]. Demzufolge handelt es sich auch dann um einen unbegleiteten Minderjährigen, wenn dieser nach der Einreise in das Hoheitsgebiet des Mitgliedstaats ohne Begleitung dort zurückgelassen wird. Angesichts des Fehlens des „verantwortlichen" Erwachsenen, ist daher in einem ersten Schritt unter Beachtung des Kindeswohls die Handlungsfähigkeit des unbegleiteten Minderjährigen im Verfahren herzustellen[140]. Die AsylVfVO sieht hierzu in Art. 23 Abs. 2 vor, dass im Falle der Antragstellung einer unbegleiteten Person, die entweder erklärt, minderjährig zu sein, oder bei der objektive Anhaltspunkte dafür sprechen, dass sie minderjährig ist, zunächst für sie eine **„Unterstützungsperson"** mit den erforderlichen Fähigkeiten und Fachkenntnissen bestimmt werden muss, die sich vorläufig um deren Wohl und allgemeines Wohlergehen kümmert, sodass der Minderjährige seine Rechte aus der AsylVfVO wahrnehmen kann. Die Verantwortung der Unterstützungsperson endet, sobald die zuständige Behörde nicht mehr vom Vorliegen der Minderjährigkeit ausgeht oder der Minderjährige nicht mehr unbegleitet ist. Spätestens 15 Tage nach Antragstellung ist für den unbegleiteten Minderjährigen ein **Vertreter** zu bestimmen. Bis dahin kann die Unterstützungsperson auch dessen Funktion wahrnehmen. Kommt die zuständige Behörde zu der Überzeugung, dass der Antragsteller „zweifellos" älter als 18 Jahre ist, bedarf es hingegen keiner Vertreterbestellung. Sowohl der Unterstützungsperson wie auch dem Vertreter obliegt es, sich mit dem unbegleiteten Minderjährigen zu treffen und bei den vorgenommenen Unterstützungshandlungen die Ansichten des Minderjährigen zu seinen Bedürfnissen nach Alter und Reife zu berücksichtigen. Speziell bezogen auf das Verfahren zur Schutzgewähr kommt der Unterstützungsperson, ggf. zusammen mit einem Rechtsberater, die Aufgabe zu, den Minderjährigen über das Verfahren zu informieren, ihn ggf. bei einem Verfahren zur Altersbestimmung nach Art. 25 AsylVfVO sowie im Zusammenhang mit der Zuständigkeitsklärung nach der AMMVO und der EurodacVO zu unterstützen. Über die genannten Unterstützungsleistungen hinaus obliegt es dem Vertreter des unbegleiteten Minderjährigen, ihm bei weiteren Verfahrensschritten Hilfe zu leisten, angefangen von der Registrierung des Antrags bis hin zur persönlichen Anhörung. Dem Vertreter und einem ggf. hinzugezogenen Rechtsberater kommt während der Anhörung des unbegleiteten Minderjährigen die Möglichkeit zu,

---

[139] Vgl. hierzu allgemein González Méndez de Vigo/Pichl, Unbegleitete Minderjährige und die GEAS-Reform, JAmt 2026, 298 ff.

[140] Vgl. Reimann, Aufgaben und Rolle der rechtlichen Vertretung unbegleiteter minderjähriger Geflüchteter im reformierten Gemeinsamen Europäischen Asylsystem (GEAS), JAmt 2026, 307 ff.

Fragen zu stellen oder Bemerkungen vorzutragen. Die Anzahl der von einer natürlichen Person als Vertreter zu betreuenden unbegleiteten Minderjährigen ist auf maximal 30, bei einer unverhältnismäßig hohen Zahl von Anträgen auf 50 begrenzt. Die Vertreter unterliegen der Fachaufsicht der Verwaltungs- und Justizbehörden.

d) Altersbestimmung und medizinische Untersuchung. Über die Herstellung der Handlungsfähigkeit hinaus regelt die AsylVfVO in Art. 25 auch die in der Praxis bedeutsame Frage der **Altersbestimmung Minderjähriger.** Ist das (behauptete) Alter eines Minderjährigen nicht offenkundig, sondern bestehen nach den Aussagen des Antragstellers, verfügbaren Nachweisdokumenten oder „einschlägigen Hinweisen" Zweifel an der Minderjährigkeit, kommt den Asylbehörden die Möglichkeit zu, im Rahmen einer multidisziplinären einschließlich einer psychosozialen Bewertung durch qualifizierte Fachkräfte eine Altersbestimmung durchführen zu lassen. Eine Altersfeststellung allein anhand des Aussehens oder des Verhaltens des vermeintlich Minderjährigen scheidet jedoch aus. Liegen für den Antragsteller Dokumente vor, gelten diese im Hinblick auf die Altersbestimmung als echt, solange nicht das Gegenteil bewiesen ist. Auch sind die eigenen Angaben des Antragstellers bei der Altersbestimmung zu berücksichtigen. Bestehen Zweifel am Alter selbst nach einer multidisziplinären Fachkräftebewertung fort, lässt die AsylVfVO als „letztes Mittel" eine medizinische Untersuchung zur Altersbestimmung zu. Wenn auch nach einer derartigen Untersuchung Zweifel verbleiben, insb. wenn die ermittelte Altersspanne das Alter von 18 Jahren unterschreitet, gilt ein Antragsteller für das Verfahren als minderjährig („in dubio pro Minderjährigkeit"). Medizinische Untersuchungen zur Altersbestimmung, über die der Antragsteller bzw. seine Vertreter und „Unterstützungspersonen" umfassend aufzuklären sind, müssen stets so schonend wie möglich und unter uneingeschränkter Achtung der Würde der Person durchgeführt werden. Sie setzen stets die Einwilligung des Antragstellers, der verantwortlichen Erwachsenen, der Vertreter oder der Unterstützungspersonen voraus. Eine entsprechende Weigerung darf von der Asylbehörde hingegen als widerlegbare Vermutung angesehen werden, dass der Antragsteller nicht minderjährig ist. Sie hindert die Behörde nicht an einer Entscheidung über den Antrag. 253

Im deutschen Recht[141] obliegt die Altersfeststellung unbegleiteter Minderjähriger bislang nach § 42f Achtes Buch Sozialgesetzbuch (SGB VIII) dem Jugendamt, das nach der Inobhutnahme des unbegleiteten Minderjährigen nach § 42 Abs. 1 Nr. 3 SGB VIII im Rahmen eines Clearing- und Verteilungsverfahrens nach §§ 42a ff. SGB VIII in Zwei- 254

[141] Vgl. hierzu Achterfeld, Rechtsprechungsübersicht zu unbegleiteten minderjährigen Ausländern, JAmt 2025, 218 ff.

felsfällen die Minderjährigkeit festzustellen hat[142]. Die dargestellten Bestimmungen in Art. 25 AsylVfVO zur Altersbestimmung Minderjähriger setzt der deutsche Gesetzgeber nicht in einer eigenen Regelung im Asylgesetz um, sodass sie neben die bereits bestehenden und fortgeltenden jugendhilferechtlichen Bestimmungen treten. Lediglich in der Ergänzung der datenschutzrechtlichen Bestimmung des § 64d SGB VIII ermöglicht das GEAS-Anpassungsgesetz die Übermittlung des Ergebnisses einer jugendhilferechtlichen Altersfeststellung an das Bundesamt als Asylbehörde. Die Dopplung der Altersfeststellung wie auch das Verhältnis beider Verfahrenswege zueinander wird aktuell für problematisch erachtet.[143] Die Bestellung von Unterstützungspersonen bzw. Vertretern für unbegleitete Minderjährige richtet sich nach den Regelungen des Kinder- und Jugendhilferechts bzw. nach den familienrechtlichen Vorgaben des BGB.

255 Unabhängig von Fragen der Altersbestimmung Minderjähriger eröffnet Art. 24 AsylVfVO der Asylbehörde zudem die Möglichkeit, mit Zustimmung des Antragstellers eine **medizinische Untersuchung** durch qualifiziertes Fachpersonal zu beantragen, um „Anzeichen und Symptome für eine der Vergangenheit erlittene Verfolgung oder einen in der Vergangenheit erlittenen ernsthaften Schaden" zu ermitteln, wenn sie dies für die Beurteilung des Antrags auf internationalen Schutz für erforderlich hält. Bei Minderjährigen setzt eine derartige Untersuchung zusätzlich die Zustimmung der für ihn verantwortlichen „Personen" voraus. Erachtet die Asylbehörde eine derartige, für den Antragsteller kostenlose Untersuchung demgegenüber nicht für notwendig, kann der Antragsteller gleichwohl auf eigene Kosten eine medizinische Untersuchung durchführen lassen. Die Ergebnisse derartiger Untersuchungen sind im Zuge der Prüfung des Antrags durch die Asylbehörde zu würdigen. Weigert sich ein Antragsteller, sich einer für erforderlich gehaltenen medizinischen Untersuchung zu unterziehen, hindert dies die Asylbehörde hingegen nicht an der Entscheidung über den Antrag.

4. Verfahrensablauf

256 Das Verfahren zur Gewähr internationalen Schutzes gestaltet die AsylVfVO in drei Schritten aus, beginnend mit der – in weitere Einzelschritte unterteilten – **Antragstellung,** gefolgt von der **Antragsprüfung** und der **Entscheidung** über den Antrag, für die sich wiederum eine Reihe von Alternativen eröffnen. Abweichend von einem „normalen" Verfah-

---

[142] Vgl. hierzu ausführlich BayVGH, B. v. 5.4.2017 – 12 BV 17.185 – BeckRS 2017, 108039.

[143] Vgl. hierzu Antwort der Bundesregierung auf die kleine Anfrage der Fraktion Bündnis90/Die Grünen BT-Drucks. 21/4316; González Méndez de Vigo/Pichl, JAmt 2026, 298, 301 f.

rensablauf werden zudem Regelungen für spezielle Verfahrensarten getroffen, nämlich für das **beschleunigte Verfahren** und – daran anknüpfend – das sog. **Grenzverfahren.** Schließlich gelten auch für das **Folgeverfahren** Besonderheiten. Wird ein Antrag auf Gewähr internationalen Schutzes negativ verbeschieden, erlässt der Mitgliedstaat gegenüber dem Antragsteller eine **Rückkehrentscheidung** unter Beachtung der Vorgaben der Rückführungsrichtlinie[144] (bzw. zukünftig der Rückführungsverordnung[145]) und des non-refoulment-Grundsatzes, sofern eine solche noch nicht vorliegt, Art. 37 AsylVfVO. Mit der Rückkehrentscheidung setzt sich das Verfahren als Rückführungsverfahren fort.

a) Antrag auf internationalen Schutz. Die Anbringung eines Schutzgesuchs gestaltet sich nach der AsylVfVO grundsätzlich dreistufig. Ausgehend von der **Antragstellung** (Art. 26 AsylVfVO) erfolgt zunächst die **Registrierung** des Schutzantrags (Art. 27 AsylVfVO), der schließlich die – förmliche – **Einreichung** des Schutzantrags (Art. 28 AsylVfVO) folgt. **257**

Nach Art. 26 Abs. 1 AsylVfVO gilt ein Antrag dann als **gestellt,** „wenn ein Drittstaatsangehöriger oder Staatenloser, auch unbegleiteter Minderjähriger, einer zuständigen Behörde gemäß Art. 4 Absätze 1 und 2 gegenüber persönlich den Wunsch äußert, internationalen Schutz von einem Mitgliedstaat zu erhalten“. Ergänzt wird dies durch die Legaldefinition des „Antrags auf internationalen Schutz“ in Art. 3 Nr. 12 AsylVfVO, worunter „das Ersuchen eines Drittstaatsangehörigen oder eines Staatenlosen um Schutz durch einen Mitgliedstaat, bei dem davon ausgegangen werden kann, dass er die Zuerkennung der Flüchtlingseigenschaft oder des Status subsidiären Schutzes anstrebt“, zu verstehen ist. Dabei ist der Begriff der Antragstellung weit zu fassen. Einem Antragsteller soll es ermöglicht werden, den Wunsch, internationalen Schutz zu erhalten, in beliebiger Form zu äußern, ohne dabei bestimmte Fachbegriffe benutzen zu müssen[146]. Maßgeblich kommt es darauf an, dass der Drittstaatsangehörige (oder Staatenlose) zum Ausdruck bringt, dass er bei einer Rückkehr in sein Herkunftsland (bzw. bei Staatenlosen in das Land ihres letzten gewöhnlichen Aufenthalts) befürchten muss, verfolgt zu werden oder einen ernsthaften Schaden zu erleiden. Bestehen Zweifel, ob der Drittstaatsangehörige tatsächlich ein Schutzgesuch äußert, haben die Bediensteten der zuständigen Behörde bei ihm ausdrücklich nachzufragen. Gilt ein Schutzgesuch nach den genannten Bestim- **258**

[144] RL 2008/115/EG über gemeinsame Normen und Verfahren in den Mitgliedstaaten zur Rückführung illegal aufhältiger Drittstaatsangehöriger vom 16.12.2008, ABl. L 348, 98 ff.

[145] Vorschlag für eine Verordnung zur Einrichtung eines gemeinsamen Systems für die Rückkehr von illegal in der Union aufhältigen Drittstaatsangehörigen v. 11.3.2025, COM(2025) 101 final.

[146] vgl. hierzu Erwägungsgrund 27 der AsylVfVO.

mungen als gestellt, werden hiervon die zuständigen Unterbringungseinrichtungen in Kenntnis gesetzt.

259 Auf die Antragstellung folgt in einem zweiten Schritt die umgehende **Registrierung** des Antrags durch die hierfür zuständige Behörde innerhalb von maximal 5 Tagen. Im Zuge der Registrierung werden dabei, unbeschadet der Pflichten der Behörde zur Informationsübermittlung nach der EurodacVO, folgende Informationen erfasst:

- Name des Antragstellers, Geburtsdatum und -ort, Geschlecht, Staatsangehörigkeiten oder Staatenlosigkeit, Familienmitglieder und – bei Minderjährigen – in einem Mitgliedstaat aufhältige Geschwister oder Verwandte sowie ggf. weitere verfahrensrelevante personenbezogene Angaben;
- sofern vorhanden Art, Nummer und Gültigkeitsdauer etwaiger Identitäts- oder Reisedokumente sowie anderer, für die Identitätsklärung möglicherweise relevante Dokumente;
- das Datum des Antrags, der Ort der Antragstellung und die Behörde, bei der der Antrag gestellt wurde;
- der Aufenthaltsort, Wohnsitz oder die Anschrift des Antragstellers und, sofern vorhanden, Telefonnummer und Email-Adresse des Antragstellers.

260 Erfolgt die Antragstellung bei einer für die Registrierung des Antrags unzuständigen Behörde, muss sie die zuständige Registrierungsbehörde innerhalb von drei Arbeitstagen über die Antragstellung unterrichten, die ihrerseits unverzüglich, spätestens jedoch innerhalb von 5 Tagen, die Registrierung vornehmen muss. Bei einer unverhältnismäßig großen Zahl von Antragstellern verlängert sich der Zeitraum für die Vornahme der Registrierung auf 15 Tage ab Antragstellung. Unterliegen die Antragsteller einer Überprüfung an der Außengrenze nach Art. 5 Abs. 1 ScreeningVO (näher hierzu → Rn. 24 ff.), greifen die Vorgaben zur Registrierung des Schutzgesuchs erst ab dem Abschluss der Überprüfung.

261 Ihren förmlichen Abschluss findet die Antragstellung schließlich in der **Einreichung** des Antrags auf internationalen Schutz, die grundsätzlich persönlich zu einem bestimmten Zeitpunkt und an einem bestimmten Ort zu erfolgen hat. Sie muss so schnell wie möglich, spätestens innerhalb von 21 Tagen nach der Registrierung des Antrags bei der zuständigen Behörde des Mitgliedstaats erfolgen, in dem auch der Antrag (zunächst) gestellt wurde. Ist für die Prüfung des Antrags nach der AMMVO ein anderer Mitgliedstaat zuständig, muss die Einreichung des Antrags nach der Überstellung in den zuständigen Mitgliedstaat ebenfalls innerhalb von 21 Tagen ab dem Zeitpunkt erfolgen, zu dem der Antragsteller bei den zuständigen Behörden des zuständigen Mitgliedstaats erstmals vorstellig geworden ist. Für den Fall eines längerfristigen Krankenhausaufenthalts oder des Freiheitsentzugs gelten bestimmte Erleichterungen; in diesem Fall kann der Antrag auch mittels eines Formblatts eingereicht werden. Die Frist von 21 Tagen für die Antrageinreichung verlängert sich bei Vorliegen einer unverhältnismäßig großen Zahl von Schutzanträgen auf zwei Monate ab der Antragsregistrierung. Im Zuge der Antragseinreichung trifft die Antragsteller nach Art. 28 Abs. 6 AsylVfVO zugleich die Verpflichtung, so schnell wie möglich alle ihnen zur Verfügung stehende Unterlagen vorzulegen und diejenigen Umstände anzugeben, die nach Art. 4 Abs. 2 Status-VO für die Prüfung des Schutzgesuchs wesentlich sind. Insoweit erfolgt allerdings **keine Präklusion,** da die Antragsteller auch im weiteren Verfahrensablauf, insbesondere bei der persönlichen Anhörung, bis hin zur Entscheidung der Asylbehörde weitere für die Antragsprüfung relevante Umstände vortragen können. Die Mitgliedstaaten besitzen jedoch die Möglichkeit, für die Darlegung weiterer Umstände eine Frist vorzusehen, um deren Einhaltung sich der Antragsteller jedoch lediglich „bemühen" muss. Auch im Falle der Versäumung der Frist ist er daher mit seinem Vorbringen im Verfahren nicht a priori ausgeschlossen.

Mit der Novellierung des AsylG durch das GEAS-Anpassungsgesetz **262** greift der deutsche Gesetzgeber die drei Phasen der Antragstellung in den § 13, § 13a und § 14 AsylG n. F. auf und benennt dabei die für den jeweiligen Verfahrensschritt zuständigen Behörden. Im Hinblick auf eine mögliche (Nicht-)Berücksichtigung „verspäteten" Vorbringens des Antragstellers belässt er es jedoch in § 25 Abs. 2 S. 1 AsylG n. F. bei der bisherigen Regelung, dass späteres – d. h. nach der Anhörung erfolgendes – Vorbringen des Antragstellers unberücksichtigt bleiben kann, wenn andernfalls die Entscheidung des Bundesamtes verzögert würde[147]. Dies soll jedoch nach § 25 Abs. 2 S. 2 AsylG n. F. die Regelung des Art. 26 Abs. 6 AsylVfVO zur Berücksichtigung verspäteten Vorbringens unberührt lassen. Das Verhältnis der genannten Bestimmungen zueinander wird sich daher erst in der praktischen Anwendung zeigen.

Ungeachtet der differenzierten Ausgestaltung der drei „Phasen" der **263** Antragstellung, besteht auf Seiten der Mitgliedstaaten die Möglichkeit, den Zugang zum Verfahren so auszugestalten, dass Stellung, Registrierung und Einreichung des Antrags gleichzeitig erfolgen. In diesem Fall kann die Einreichung der vom Antragsteller beigebrachten Unterlagen und Beweismittel erst im Zuge der persönlichen Anhörung erfolgen, ist aber ebenfalls noch bis zur Entscheidung über den Antrag möglich.

Mit der Registrierung eines Antrags auf internationalen Schutz erhält **264** der Antragsteller gemäß den Vorgaben des Art. 29 AsylVfVO ein **Dokument,** das seinen Namen und den Umstand der Antragstellung und Registrierung belegt. Dieses Dokument soll nach der förmlichen Einreichung des Antrags so schnell wie möglich durch ein umfangreicheres Dokument ersetzt werden, das neben den Personalien und einem Lichtbild des Antragstellers die Umstände der Ausstellung, den Status der

[147] Vgl. hierzu Dickten/Rosarius in BeckOK AuslR, Stand 1.1.2026, § 25 AsylG Rn. 7 f.

Person als Antragsteller und das gegebenenfalls auf bestimmte Teile des Mitgliedstaats beschränkte Recht zum Verbleib dokumentiert, stets verbunden mit dem Zusatz, dass es sich dabei nicht um ein Reisedokument handelt und dass es dem Antragsteller mit diesem Dokument nicht gestattet ist, ohne Genehmigung in einen anderen Mitgliedstaat zu reisen. Begleitete Minderjährige können in das Dokument des für sie verantwortlichen Erwachsenen aufgenommen werden. Die AsylVfVO verlangt insoweit nicht zwingend, dass das genannte Dokument zum Nachweis der Identität dienen kann; vielmehr muss es seinem Erklärungsinhalt nach allein dafür ausreichen, sich gegenüber den nationalen Behörden für die Zwecke des Verfahrens als Antragsteller auszuweisen, um seine Rechte wahrnehmen zu können. Das Dokument soll grundsätzlich eine Gültigkeit von 12 Monaten besitzen, kann aber verlängert werden, sofern das Recht des Antragstellers auf Verbleib im Mitgliedstaat fortbesteht. Umgekehrt lässt sich aus dem Besitz des Dokuments kein Recht auf Verbleib ableiten, sofern dieses aus materiellen Gründen nicht mehr besteht. Die genannten Vorgaben werden durch das GEAS-Anpassungsgesetz in § 63a AsylG n. F. mit den Regelungen zur **Ankunftsbescheinigung** und im neugefassten § 63 AsylG n. F. mit der **Aufenthaltsgestattung** umgesetzt.

265 Sonderregelungen für den Zugang zum Asylverfahren gelten nach der AsylVfVO für den Fall, dass der Antragsteller sich in einer Hafteinrichtung befindet oder er den Antrag an der Grenzübergangsstelle oder in einer Transitzone stellt. Zunächst müssen die zuständigen Behörden, sobald es „Anzeichen" für einen möglichen Antrag auf Gewähr internationalen Schutzes gibt, dem potentiellen Antragsteller Informationen hierüber bereitstellen. Darüber hinaus müssen sie Vorkehrungen für den möglicherweise erforderlichen Einsatz eines Dolmetschers treffen. Daneben besitzen Personen oder Organisationen, die Beratungsleistungen erbringen, effektiven Zugang zu Hafteinrichtungen, Grenzübergangsstellen und Transitzonen, ggf. nach vorheriger Vereinbarung mit den zuständigen Behörden und mit der Möglichkeit der Einschränkung aus Gründen der öffentlichen Sicherheit und Ordnung.

266 Bei in ihrer Rechtsfähigkeit beschränkten Erwachsenen (**„unterstützungsbedürftige Erwachsene"**) sowie nicht rechts- oder geschäftsfähigen begleiteten oder unbegleiteten Minderjährigen stellt der jeweilige Vertreter den Antrag auf Gewähr internationalen Schutzes und reicht diesen ein. Allerdings verlangt die AsylVfVO in diesem Fall die Anwesenheit des Vertretenen bei der Antragstellung bzw. Antragseinreichung, es sei denn, der Betroffene ist hierzu nicht in der Lage oder es besteht nach nationalem Recht die Möglichkeit der Antragseinreichung unter Verwendung eines Formblatts.

267 **b) Antragsprüfung.** Die sich an die (formelle) Antragseinreichung anschließende **Prüfung** des Antrags auf Gewährung internationalen

Schutzes durch die Asylbehörde erfolgt differenziert nach dessen Zulässigkeit und Begründetheit. Als Entscheidungsgrundlage sollen nach Art. 34 Abs. 2 AsylVfVO dabei die folgenden Materialien herangezogen werden:

- die auf der Grundlage von Art. 4 Abs. 1, 2 StatusVO vom Antragsteller vorgelegten Unterlagen und seine maßgeblichen Angaben;
- Herkunftslandinformationen aus einschlägigen und verfügbaren nationalen, unionseigenen und internationalen Quellen sowie seitens der Europäischen Asylagentur erstellte gemeinsame Lageanalysen und Leitfäden nach Art. 11 EUAA-VO;
- im Falle der Anwendung des Konzepts des ersten Asylstaats und des sicheren Drittstaats genaue Informationen über die Lage in dem Drittstaat einschließlich der entsprechenden Analysen der Europäischen Asylagentur nach Art. 12 EUAA-VO;
- die individuelle Lage und die persönlichen Umstände des Antragstellers;
- die mögliche Schaffung von Nachfluchtgründen durch den Antragsteller nach dem Verlassen seines Heimatlandes;
- der Umstand, dass der Antragsteller vernünftigerweise den Schutz eines anderen Staates für sich in Anspruch nehmen kann, dessen Staatsangehörigkeit er reklamieren könnte;
- das Vorliegen der Voraussetzungen einer internen Schutzalternative im Sinne von Art. 5 StatusVO

Erforderlichenfalls können die zuständigen und hinreichend qualifizierten Mitarbeiter der Asylbehörde Anfragen an die Europäische Asylagentur richten oder Sachverständigengutachten zu medizinischen, kulturellen, religiösen oder die psychische Gesundheit oder kinder- und geschlechtsspezifischen Fragen einholen. **268**

Weiter räumt Art. 34 Abs. 5 AsylVfVO der Asylbehörde die Möglichkeit einer **Priorisierung** bestimmter Anträge ein, und zwar für den Fall, dass sie den Antrag für voraussichtlich begründet erachtet, beim Antragsteller besondere Bedürfnisse bzw. Vulnerabilitäten vorliegen, Grund für die Annahme besteht, dass der Antragsteller eine Gefahr für die nationale Sicherheit oder die öffentliche Ordnung des Mitgliedstaats darstellt, ein Folgeantrag vorliegt oder der Antragsteller sich im Unterbringungszentrum gewalttätig verhalten oder Vorschriften missachtet hat. **269**

Hinsichtlich der **Dauer des regulären Prüfungsverfahrens** enthält Art. 35 AsylVfVO genaue **Fristen,** die nach der Zulässigkeits- und der Begründetheitsprüfung differenzieren und die besonders der Beschleunigung des Verfahrens dienen sollen. Die Prüfung, ob ein Antrag als unzulässig nach Art. 38 Abs. 1 lit. a bis d AsylVfVO oder nach Art. 38 Abs. 2 AsylVfVO abgelehnt wird, soll demnach innerhalb von zwei Monaten nach Antragseinreichung erfolgen, spätestens jedoch nach 10 Tagen, wenn der Antragsteller den Antrag erst später als 7 Tage nach Erhalt einer Rückkehrentscheidung stellt, Art. 38 Abs. 1 lit. e **270**

AsylVfVO. Hält die Asylbehörde die genannten Fristen nicht ein, hat dies im Umkehrschluss nicht zur Folge, dass deswegen ein Antrag als zulässig anzusehen wäre. Für den Fall einer unverhältnismäßig hohen Zahl von Antragsteller, dem Vorliegen komplexer Sach- und Rechtsfragen und bei Pflichtverletzungen des Antragstellers nach Art. 9 AsylVfVO kann die Asylbehörde die Frist zur Prüfung der Zulässigkeit um weitere zwei Monate verlängern. Demgegenüber kommt der Asylbehörde für die materielle Prüfung des Antrags auf Gewährung internationalen Schutzes im regulären Verfahren eine maximale Frist von sechs Monaten zu, in Fällen des beschleunigten Verfahrens von drei Monaten, jeweils ab der (formellen) Einreichung des Antrags. Aus den gleichen Gründen wie bei der Zulässigkeitsprüfung kann im regulären Verfahren die Frist für die Begründetheitsprüfung um weitere sechs Monate verlängert werden. Lässt eine „vorübergehend ungewisse Lage im Herkunftsland" eine Entscheidung über den Antrag nicht zu, besitzt die Asylbehörde ferner die Möglichkeit, diese aussetzen, muss aber alle vier Monate unter Berücksichtigung von Informationen der Europäischen Asylagentur eine Lageänderung prüfen. Spätestens ist das Verfahren, auch im Fall der ungewissen Lage, 21 Monate nach Antragseinreichung abzuschließen. Kommt es aufgrund einer Gerichtsentscheidung zu einer Zurückverweisung an die Asylbehörde, muss diese nach den Vorgaben des nationalen Rechts, jedenfalls aber nach kürzerer als der regulären Frist entscheiden. Die genannten Vorgaben zu den Entscheidungsfristen der Asylbehörde hat der deutsche Gesetzgeber durch das GEAS-Anpassungsgesetz nicht explizit in das AsylG übernommen. Er belässt es diesbezüglich bei der unmittelbaren Geltung von Art. 35 AsylVfVO und hat zugleich den bisher einschlägigen § 24 AsylG a. F. gestrichen.

271 **c) Entscheidung über den Antrag auf internationalen Schutz.** Als Ergebnis des Prüfprozesses sieht die AsylVfVO insgesamt sechs Entscheidungsalternativen über den Antrag auf Schutzgewähr vor.

	Mögliche Entscheidungen über einen Antrag auf Gewähr internationalen Schutzes						
	1	**2**	**3**	**4**	**5**	**6**	**(7)**
Allgemeine Umstände		**Ausdrückliche Rücknahme,** Art. 40 Abs. 3 S. 2 AsylVfVO	**Stillschweigende Rücknahme,** Art. 41 Abs. 1 lit. a–f, Abs. 2 S. 2 AsylVfVO				**Keine Entscheidung** über die Begründetheit bei Zuständigkeit eines anderen Mitgliedstaats, Art. 39 Abs. 1 lit. a AsylVfVO
Zulässigkeit	**Unzulässigkeit** Art. 38 Abs. 1 lit. a-e, Abs. 2 AsylVfVO			+	+	+	
Begründetheit	– Keine Begründetheitsprüfung, Art. 39 Abs. 2 lit. b AsylVfVO	– Regelmäßig keine Begründetheitsprüfung, Art. 39 Abs. 1 lit. c AsylVfVO, mit Ausnahme von Art. 40 Abs. 4 AsylVfVO	– Regelmäßig keine Begründetheitsprüfung, Art. 39 Abs. 1 lit. c AsylVfVO mit Ausnahme von Art. 41 Abs. 5 AsylVfVO	**Einfache Unbegründetheit,** Art. 39 Abs. 3 AsylVfVO	**Offensichtliche Unbegründetheit,** wenn nationales Recht dies vorsieht, Art. 39 Abs. IV i. V. m. Art. 42 Abs. I, III AsylVfVO	**Begründetheit** im Hinblick auf Flüchtlingsschutz und subsidiären Schutz, Art. 39 Abs. 2 AsylVfVO	

272 **aa) Unzulässiger Antrag.** Die Asylbehörde besitzt zunächst die Möglichkeit, den Antrag auf Schutzgewähr als **unzulässig** abzulehnen. Art. 38 AsylVfVO nennt insgesamt fünf Unzulässigkeitsgründe, die allerdings nicht zwingend alle in nationales Recht übernommen werden müssen. Geht die Asylbehörde von der Unzulässigkeit des Antrags aus, unterbleibt eine nachfolgende Begründetheitsprüfung, Art. 39 Abs. 1 lit. b AsylVfVO.

273 Als unzulässig zurückgewiesen werden kann ein Antrag auf Schutzgewähr zunächst dann, wenn ein Drittstaat, der nicht Mitgliedstaat der Europäischen Union ist, dem Antragsteller bereits internationalen Schutz gewährt hat und daher nach Art. 58 AsylVfVO als sog. **„erster Asylstaat"** qualifiziert werden kann. Dies gilt dann nicht, wenn „eindeutig" davon ausgegangen werden kann, dass der Antragsteller von diesem Staat nicht übernommen bzw. rückübernommen wird, Art. 38 Abs. 1 lit. b AsylVfVO. Ist der erste Asylstaat nach einer Unzulässigkeitsentscheidung nicht bereit, den Antragsteller wieder aufzunehmen oder beantwortet er entsprechende Ersuchen nicht, erhält der Antragsteller nach Art. 58 Abs. 5 AsylVfVO Zugang zum Verfahren, dass dann im Regelfall eine materielle Prüfung seines Schutzgesuchs beinhaltet.

274 Ein weiterer Unzulässigkeitsgrund liegt dann vor, wenn ein Drittstaat, der nicht Mitgliedstaat der Europäischen Union ist, in Bezug auf die Person des Antragstellers als sog. **„sicherer Drittstaat"** nach Art. 59 AsylVfVO angesehen werden kann. Auch hier gilt der Vorbehalt der Offenkundigkeit einer fehlenden Rückübernahmebereitschaft ebenso wie der Verfahrenszugang nach Art. 59 Abs. 9 AsylVfVO im Fall einer tatsächlich nicht durchführbaren Überstellung.

275 Hat bereits ein anderer Mitgliedstaat dem Antragsteller internationalen Schutz gewährt, kann der Antrag nach Art. 38 Abs. 1 lit. c AsylVfVO ebenfalls als unzulässig abgelehnt werden.

276 Als unzulässig erweist sich der Antrag auf Schutzgewähr ferner dann, wenn der Internationale Strafgerichtshof die sichere Überstellung des Antragstellers in einen anderen Mitgliedstaat oder einen Drittstaat angeordnet oder entsprechende Vorbereitungsmaßnahmen ergriffen hat, es sei denn, dem Antragsteller wäre es nicht möglich gewesen, in diesem Verfahren für internationale Menschenrechtsnormen relevante Umstände vorzubringen.

277 Als in der Praxis extrem relevante Regelung dürfte sich schließlich die Unzulässigkeitsentscheidung nach Art. 38 Abs. 1 lit. e AsylVfVO erweisen, die die **„missbräuchliche" Antragstellung** im Zusammenhang mit einer Rückkehrentscheidung bzw. Abschiebung sanktioniert und zugleich der Asylbehörde die Möglichkeit einer schnellen Entscheidung über ein Schutzgesuch eröffnet. Ist gegen einen Antragsteller bereits eine Rückkehrentscheidung im Sinne von Art. 6 RückfühungsRL ergangen und stellt er einen Antrag auf internationalen Schutz erst nach mehr als 7 Arbeitstagen nach Erhalt der Rückkehrentscheidung, kann der Antrag

unter der Voraussetzung zurückgewiesen werden, dass der Antragsteller über die Folgen der Nichteinhaltung der Frist unterrichtet wurde und in der Zwischenzeit keine neuen, für sein Schutzgesuch relevanten Umstände eingetreten sind.

Schließlich kann auch ein **Folgeantrag** i. S. v. Art. 55 AsylVfVO als unzulässig zurückgewiesen werden, wenn der Antragsteller keine für die Gewährung internationalen Schutzes oder im Hinblick auf die Zulässigkeit des Antrags relevanten Umstände nach Art. 55 Abs. 3, Abs. 5 AsylVfVO vorgetragen hat oder sie sonst zutage treten. **278**

Die Regelung zu den genannten Unzulässigkeitsgründen findet sich im novellierten AsylG in § 29 n.F., ergänzt in § 29 Nr. 3 AsylG n. F. um den Fall der Qualifikation eines Staats als sicherer Drittstaat nach nationalem Recht gem. § 26a AsylG n.F.. **279**

bb) Ausdrückliche Antragsrücknahme. Ein Antragsteller kann nach Art. 40 Abs. 1 AsylVfVO aus eigener Initiative und zu jedem Zeitpunkt des Verfahrens einen Antrag auf Gewähr internationalen Schutzes auch **zurücknehmen.** Dies muss entweder von ihm persönlich und schriftlich erfolgen oder von seinem nach nationalem Recht vertretungsbefugten Rechtsberater. Eine ausdrückliche Antragsrücknahme führt dazu, dass nach Art. 40 Abs. 3 S. 2 AsylVfVO die Asylbehörde eine Entscheidung erlässt, mit der die ausdrückliche Antragsrücknahme festgestellt wird. Diese Entscheidung ist nach Art. 40 Abs. 3 S. 3 AsylVfVO nicht mit Rechtsbehelfen anfechtbar und damit endgültig. Über die Folgen der Antragsrücknahme ist der Antragsteller zum Zeitpunkt der Antragsrücknahme in einer ihm verständlichen Sprache zu belehren. Liegt zum Zeitpunkt der Antragsrücknahme bereits eine Entscheidung der Asylbehörde vor, wonach die Voraussetzungen für die Gewährung internationalen Schutzes nicht vorliegen, kann die Asylbehörde den Antrag trotz der Rücknahme als unbegründet oder offensichtlich unbegründet ablehnen. Ein Antragsteller kann sich einer „drohenden“ Antragsablehnung folglich nicht durch eine ausdrückliche Antragsrücknahme entziehen. Ansonsten führt die ausdrückliche Antragsrücknahme dazu, dass keine Entscheidung über die Begründetheit des Schutzgesuchs ergeht. Nach § 32 AsylG n. F. ergeht im Fall der ausdrücklichen Antragsrücknahme die von der AsylVfVO vorgegebene Feststellungsentscheidung, ergänzt um eine dem Bundesamt vorgegebene zusätzliche Entscheidung über das Vorliegen nationaler Abschiebungsverbote nach § 60 Abs. 5 und Abs. 7 AufenthG. **280**

cc) Stillschweigende Antragsrücknahme. Mit der Ausgestaltung der Rechtsfigur der **„stillschweigenden“ Antragsrücknahme** in Art. 41 AsylVfVO **sanktioniert** der europäische Verordnungsgeber verschiedene Pflichtverletzungen des Antragstellers im Laufe des Verfahrens mit dem Ziel, auf diese Art und Weise indirekt das Verfahren selbst zu beschleunigen. Als stillschweigende Rücknahme des Antrags auf Schutzgewährung gelten dabei: **281**

- die vom Antragsteller zu vertretende Nichteinreichung des Antrags i. S. v. Art. 28 AsylVfVO trotz entsprechender tatsächlicher Möglichkeit;
- die Weigerung des Antragstellers, im Zuge der Registrierung seine persönlichen Daten nach Art. 27 Abs. 1 lit. a, b AsylVfVO anzugeben oder seine biometrischen Daten erfassen zu lassen;
- die Weigerung des Antragstellers, seine Anschrift anzugeben, es sei denn, die zuständige Behörde stellt für ihn die Unterkunft bereit;
- die vom Antragsteller zu vertretende Nichtteilnahme an der persönlichen Anhörung bzw. die Verweigerung der Beantwortung bestimmter, entscheidungsrelevanter Fragen während der Anhörung;
- die wiederholte Verletzung von Meldepflichten nach Art. 9 Abs. 4 AsylVfVO oder aber der „Entzug" vor dem Zugriff der zuständigen Behörden oder der Justizbehörden, es sei denn, sie ist vom Antragsteller nicht zu vertreten;
- der Aufenthalt des Antragstellers ggf. bis zur Überstellung in den zuständigen Mitgliedstaat in einem anderen als dem für die Einreichung des Antrags vorgesehenen Mitgliedstaat, wenn er seinen Antrag nicht bei dem nach Art. 17 Abs. 1, 2 AMMVO zuständigen Mitgliedstaat eingereicht hat.

282 Über die verfahrensrechtlichen Folgen der stillschweigenden Rücknahme ist der Antragsteller, sofern persönlich anwesend, von der zuständigen Behörde zu belehren, ehe die Asylbehörde nach Art. 41 Abs. 2 S. 2 AsylVfVO eine Entscheidung trifft, mit der die stillschweigende Rücknahme festgestellt wird. In bestimmten Fällen besitzt die Asylbehörde auch die Möglichkeit, das Verfahren auszusetzen und dem Antragsteller Gelegenheit zu geben, die unterlassenen Maßnahmen oder Handlungen, die als stillschweigende Antragsrücknahme interpretiert werden, zu begründen oder zu berücksichtigen. Anders als bei der ausdrücklichen Antragsrücknahme ist die Feststellungsentscheidung der Asylbehörde im Fall von Art. 41 AsylVfVO nicht unanfechtbar. Die Feststellung einer stillschweigenden Antragsrücknahme lässt die Begründetheitsprüfung des Antrags nach Art. 39 Abs. 1 lit. c AsylVfVO zwar entfallen: Wie bei der ausdrücklichen Antragsrücknahme kann jedoch gleichwohl eine Entscheidung über die Zuerkennung internationalen Schutzes ergehen, wenn die Asylbehörde in der Phase, in der stillschweigend die Antragsrücknahme erklärt worden ist, bereits eine negative Entscheidung über die Schutzgewähr getroffen hatte. Den Mechanismus der stillschweigenden Antragsrücknahme rezipiert § 32 AsylG n. F. wie bei der ausdrücklichen Rücknahme aus der AsylVfVO. Die entsprechende Feststellungsentscheidung des Bundesamts wird auch in diesem Fall um eine Entscheidung zu nationalen Abschiebungsverboten nach § 60 Abs. 5 und Abs. 7 AufenthG ergänzt.

dd) Einfache Unbegründetheit. Nach Art. 39 Abs. 3 AsylVfVO hat die Asylbehörde einen Antrag als **(einfach) unbegründet** abzulehnen, wenn sie im Zuge ihrer Prüfung festgestellt hat, dass der Antragsteller die Voraussetzungen für die Zuerkennung internationalen Schutzes nach der StatusVO nicht erfüllt. **283**

ee) Offensichtliche Unbegründetheit. Schließlich eröffnet Art. 39 Abs. 4 AsylVfVO dem nationalen Gesetzgeber die Möglichkeit, einen unbegründeten Antrag auch als **offensichtlich unbegründet** abzuweisen, wenn zum Zeitpunkt des Abschlusses des Prüfverfahrens die Voraussetzungen für die Durchführung eines beschleunigten Prüfverfahrens nach Art. 42 Abs. 1 AsylVfVO, für Minderjährige nach Art. 42 Abs. 3 AsylVfVO vorliegen. Diese Anknüpfung hat der deutsche Gesetzgeber in § 30 AsylG n. F. unter Verweis auf die einschlägigen Bestimmungen der AsylVfVO in das nationale Recht übernommen. **284**

ff) Begründetheit. Ist der Antrag auf Schutzgewähr materiell **begründet,** hat die Asylbehörde dies ebenfalls gegenüber dem Antragsteller festzustellen. Insofern gibt Art. 39 Abs. 2 AsylVfVO als Prüfungsreihenfolge vor, dass zunächst über die Zuerkennung der Flüchtlingseigenschaft zu befinden ist. Liegen die Voraussetzungen für die Flüchtlingsanerkennung nicht vor, hat die Asylbehörde über die Gewähr subsidiären Schutzes zu entscheiden. **285**

gg) Formale Anforderungen an die Entscheidung über den Antrag auf Schutzgewähr. Weiterhin gibt die AsylVfVO auch bestimmte **formale Anforderungen,** die an die Entscheidung über einen Antrag auf Schutzgewähr zu stellen sind, vor. So muss die Entscheidung nach Art. 36 Abs. 1 AsylVfVO dem Antragsteller schriftlich und so schnell wie möglich nach den Vorgaben des nationalen Rechts des betreffenden Mitgliedstaats mitgeteilt werden. Diese Mitteilung kann, sofern der Antragsteller von einem Vertreter oder einem Rechtsberater vertreten wird, an diesen erfolgen. Die Entscheidung ist ferner schriftlich zu begründen und mit einer Rechtsbehelfsbelehrung zu versehen, die, falls der Antragsteller von keinem Rechtsberater vertreten wird, in einer ihm normalerweise verständlichen Sprache abgefasst werden muss. Wird er von einem Rechtsberater vertreten, reicht es aus, ihn in einer ihm normalerweise verständlichen Sprache allgemein über Rechtsbehelfsmöglichkeiten zu informieren und ihm die Entscheidung über die Gewähr oder Versagung internationalen Schutzes informationshalber mitzuteilen, während die ausführliche Begründung dem Rechtsberater zugestellt wird. Schließlich besteht die Möglichkeit, wenn Minderjährige oder unterstützungsbedürftige Erwachsene über die für sie verantwortlichen Personen dieselben Gründe für die Schutzgewährung geltend machen, die Entscheidung für alle vom Antrag erfassten Personen einheitlich zu treffen. **286**

Auf die genannten Vorschriften des Art. 36 Abs. 1 AsylVfVO verweist nunmehr § 31 AsylG n.F..

5. Besondere Verfahrensarten

287 Neben den allgemeinen Verfahrensregeln für die Durchführung des Verfahrens zur Gewährung internationalen Schutzes kennt die AsylVfVO **drei modifizierte Verfahrensarten,** nämlich das **beschleunigte Prüfverfahren** nach Art. 42 AsylVfVO, das **Asylverfahren an der Grenze** („Grenzverfahren") nach den Art. 43 ff. AsylVfVO und das **Folgeantragsverfahren** nach Art. 55 AsylVfVO.

288 **a) Das beschleunigte Prüfverfahren.** Für das beschleunigte Prüfverfahren[148] gilt nach Art. 35 Abs. 3 AsylVfVO eine Frist für den Verfahrensabschluss von **maximal drei Monaten** ab Antragseinreichung ohne Möglichkeit der Verlängerung. Es ist „so schnell wie möglich" über den Antrag auf Gewähr internationalen Schutzes – ohne dabei zwischen Zulässigkeit und Begründetheit zu differenzieren – zu entscheiden. Wann das beschleunigte Prüfverfahren zur Anwendung kommt, legt Art. 42 Abs. 1 AsylVfVO und für unbegleitete Minderjährige Art. 42 Abs. 3 AsylVfVO fest. Die entsprechenden Fallgruppen sollen einerseits Versuchen, das Verfahren zu verzögern, entgegenwirken, andererseits die (mangelnden) Erfolgsaussichten eines Antrags berücksichtigen.

289 Für die Gruppe der „normalen" Antragsteller findet das beschleunigte Prüfverfahren nach Art. 42 Abs. 1 AsylVfVO in folgenden Fällen statt:

- Der Antragsteller bringt bei Einreichung des Antrags und bei seinen hierzu abgegebenen Darlegungen nur für die Schutzgewähr irrelevante Umstände vor (Art. 41 Abs. 1 lit. a AsylVfVO).
- Der Antragsteller macht eindeutig unstimmige oder widersprüchliche, eindeutig falsche oder offensichtlich unwahrscheinliche Angaben oder Angaben, die in Widerspruch zu einschlägigen und verfügbaren Herkunftslandinformationen stehen, sodass die Begründung für die Gewähr internationalen Schutzes „offensichtlich nicht überzeugend" ist (Art. 42 Abs. 1 lit. b AsylVfVO).
- Es ist davon auszugehen, dass der Antragsteller die Behörden durch falsche Angaben und Dokumente oder durch Vorenthalten von Informationen und Dokumenten, insbesondere über die Identität und die Staatsangehörigkeit, über seine Schutzberechtigung vorsätzlich getäuscht hat oder Anhaltspunkte dafür bestehen, dass er Identitäts- und Reisedokumente mutwillig vernichtet hat, um die Feststellung seiner Identität und Staatsangehörigkeit zu verhindern (Art. 42 Abs. 1 lit. c AsylVfVO).

[148] Vgl. hierzu Hoppe, ZAR 2025, 62.

- Der Antragsteller stellt den Antrag auf Schutzgewähr nur, um die Vollstreckung seiner Abschiebung zu verzögern, zu vereiteln oder zu verhindern (Art. 42 Abs. 1 lit. d AsylVfVO).
- Der Antragsteller kommt aus einem Drittstaat, der nach der AsylVfVO als sicheres Herkunftsland angesehen werden kann (Art. 42 Abs. 1 lit. e AsylVfVO).
- Es bestehen triftige Gründe dafür, dass der Antragsteller eine Gefahr für die nationale Sicherheit oder die öffentliche Ordnung des Mitgliedstaats oder er nach nationalem Recht aus schwerwiegenden Gründen der nationalen Sicherheit oder der öffentlichen Ordnung aus dem Mitgliedstaat ausgewiesen wurde (Art. 42 Abs. 1 lit. f AsylVfVO).
- Es liegt ein zulässiger Folgeantrag vor (Art. 42 Abs. 1 lit. g AsylVfVO).
- Der Antragsteller hat es nach illegaler Einreise oder illegalem Verbleib in dem Mitgliedstaat ohne triftigen Grund versäumt, zum frühestmöglichen Zeitpunkt bei den zuständigen Behörden vorstellig zu werden und einen Antrag auf Gewähr internationalen Schutzes zu stellen (Art. 42 Abs. 1 lit. h AsylVfVO).
- Der Antragsteller hat es nach rechtmäßiger Einreise in den Mitgliedstaat versäumt, angesichts seiner geltend gemachten Gründe zum frühestmöglichen Zeitpunkt einen Antrag auf internationalen Schutz zu stellen, vorbehaltlich des Entstehens von Nachfluchtgründen (Art. 42 Abs. 1 lit. i AsylVfVO)
- Der Antragsteller ist Staatsangehöriger eines Drittstaats (bzw. hatte als Staatenloser seinen vorherigen gewöhnlichen Aufenthalt in einem Drittstaat), bei dem **der Anteil schutzgewährender Entscheidungen** der Asylbehörden nach den neuesten verfügbaren Daten von Eurostat im Jahresdurchschnitt **lediglich 20 % oder weniger beträgt**[149]**,** es sei denn, die Behörden sind der Auffassung, dass in dem betreffenden Staat eine erhebliche Änderung der Verhältnisse eingetreten ist oder dass der Antragsteller einer Personengruppe angehört, bei der die 20 %-Quote nicht als repräsentativ für den Schutzbedarf angesehen werden kann. Um dies zu beurteilen ist, sofern er vorliegt, ein Leitfaden der Europäischen Asylagentur nach Art. 11 EUAA-VO heranzuziehen.

Gelangt die Asylbehörde im Laufe des Prüfverfahrens zu der Auffassung, dass die zu beurteilenden Sach- und Rechtsfragen für eine Behandlung im beschleunigten Prüfverfahren zu komplex sind, kann sie ins „normale" Prüfverfahren wechseln, muss den Antragsteller jedoch hierüber informieren. Der deutsche Gesetzgeber hat die genannten Fallgruppen des beschleunigten Prüfverfahrens nicht ausdrücklich in das AsylG übernommen; er hat vielmehr die bislang geltende Regelung zu beschleunigten Verfahren in § 30a AsylG a. F. gestrichen, sodass für das **290**

[149] Die aktuelle Liste findet sich unter https://ec.europa.eu/eurostat/documents/d/migration-asylum/countries-of-citizenship-with-an-asylum-recognition-rate-of-20-or-lower-1.

beschleunigte Prüfverfahren unmittelbar auf die AsylVfVO zurückgegriffen werden kann.

291 Bei **unbegleiteten Minderjährigen** findet ein beschleunigtes Verfahren nach Art. 42 Abs. 3 AsylVfVO nur dann statt, wenn sie aus einem sicheren Herkunftsland nach den Vorgaben der AsylVfVO kommen, sie anhand triftiger Gründe als Gefahr für die nationale Sicherheit oder die öffentliche Ordnung angesehen werden oder aus den genannten Gründen bereits aus dem Mitgliedstaat ausgewiesen worden sind, sie einen Folgenantrag stellen, sie über ihre Identität oder Staatsangehörigkeit getäuscht oder entsprechende Dokumente und Ausweispapiere mutwillig vernichtet haben oder sie aus einem Drittstaat kommen für den die Schutzquote 20 % oder weniger beträgt.

292 **b) Das Asylgrenzverfahren. aa) Einordnung und Verhältnis zum Zuständigkeitsbestimmungsverfahren.** Das **Asylgrenzverfahren** ist in den Art. 43 bis 54 der AsylVfVO geregelt und bildet eine **eigenständige Verfahrensform** innerhalb des GEAS, die parallel zum Zuständigkeitsbestimmungsverfahren nach der AMMVO durchgeführt werden kann. Die beiden Verfahren schließen einander nicht aus und stehen in einem engen zeitlichen und räumlichen Zusammenhang. Das Zuständigkeitsbestimmungsverfahren ist nach Art. 52 AsylVfVO an den Standorten durchzuführen, an denen das Grenzverfahren stattfindet, und innerhalb der für das Grenzverfahren geltenden Fristen abzuschließen. Die praktische Bedeutung des Zuständigkeitsbestimmungsverfahrens im Grenzverfahren ist dabei gering, weil der das Grenzverfahren durchführende Staat in der Regel auch für die Durchführung des Verfahrens zuständig ist und eine abweichende Zuständigkeit im Wesentlichen nur bei familienbezogenen Kriterien in Betracht kommt. Denn das Vorliegen eines Visums oder Aufenthaltstitels eines anderen Mitgliedstaats schließt die Anwendung des Grenzverfahrens von vornherein aus (→ Rn. 295).

293 Das Grenzverfahren ist ein **beschleunigtes Prüfungsverfahren,** das an bestimmten **Standorten an oder in der Nähe der Außengrenze** durchgeführt wird, ohne dass den Betroffenen die Einreise in das Hoheitsgebiet des Mitgliedstaats gestattet wird. Es unterscheidet sich vom regulären Asylverfahren nicht durch die anzuwendenden materiellen Schutzkriterien, sondern durch die verfahrensrechtliche Beschleunigung, die räumliche Konzentration und den fehlenden Einreisestatus der Betroffenen.

294 Das Asylgrenzverfahren beruht rechtsdogmatisch auf einer sogenannten **Fiktion der Nichteinreise.** Dass es sich um eine „Fiktion" handelt, ist etwas unscharf. Denn das Aufenthaltsrecht kennt (auch in § 13 AufenthG und § 16 AufenthV) einen **normativen Einreisebegriff,** der sich vom faktischen Überschreiten der Grenze des Hoheitsgebiets unterscheidet. Eine **Einreise** liegt demnach **nicht vor,** wenn zum einen eine Grenzkontrolleinrichtung passiert werden muss, um regulär in das „gewöhnli-

che" Hoheitsgebiet zu gelangen und zum anderen die betreffende Person hierzu von außerhalb des Hoheitsgebiets kam und freiwillig die Grenze überschritten hat, die Grenzkontrolle aber eben noch nicht passiert hatte. Vergleichbar ist der normative Einreisebegriff mit dem Verständnis eines Einlasses einer Person in ein Gelände mit Pförtnerdienst; das Betreten des Grundstückes im sachenrechtlichen Sinne ist nicht identisch zu verstehen mit einem legitimen Zugang zum gesamten Grundstück. Ist hingegen kein Pförtnerdienst vorhanden, ist das Betreten des Grundstückes normativ identisch mit einem Einlass zu verstehen (vgl. für das Aufenthaltsrecht Art. 22 Schengener Grenzkodex für das Überschreiten von Binnengrenzen im Schengen-Raum). Das Asylgrenzverfahren findet an den kontrollierten Außengrenzen vor der normativ zu verstehenden Einreise statt. Da es auf dem gemeinsamen Hoheitsgebiet (vergleichbar dem Grundstück im sachenrechtlichen Sinne) der EU und der anderen Anwenderstaaten stattfindet, **gilt die dortige Rechtsordnung** (etwa die GEAS-Verordnungen und die Grundrechtecharta) **trotz normativer Nichteinreise dennoch am Durchführungsort.** Es handelt sich nicht um „Niemandsland".

bb) Anwendungsbereich und Voraussetzungen. Das Grenzverfahren setzt nach Art. 43 Abs. 1 AsylVfVO voraus, dass **dem Antragsteller die Einreise in das Hoheitsgebiet der GEAS-Anwenderstaaten noch nicht gestattet** wurde, und dass er die **Einreisevoraussetzungen nach Art. 6 des Schengener Grenzkodex nicht erfüllt.** Es kann unter diesen Voraussetzungen konkret in **vier Situationen** zur Anwendung kommen: nach einem Antrag an einer Außengrenzübergangsstelle oder in einer Transitzone, nach einem Aufgriff im Zusammenhang mit einem unbefugten Überschreiten der Außengrenze, nach einer Ausschiffung im Anschluss an einen Such- und Rettungseinsatz sowie nach einer Übernahme im Rahmen des Solidaritätsmechanismus nach Art. 67 Abs. 11 AMMVO. **295**

Das Grenzverfahren ist **grundsätzlich fakultativ** ausgestaltet, wird aber in bestimmten Konstellationen zur **Pflicht.** Nach Art. 45 AsylVfVO müssen die Mitgliedstaaten es verpflichtend anwenden, wenn einer der in Art. 42 Abs. 1 lit. c, f oder j AsylVfVO genannten Umstände vorliegt. Ein solcher Umstand liegt vor, wenn der Antragsteller aus einem Staat mit einer **niedrigen Anerkennungsquote** stammt, wenn er eine **Gefahr für die nationale Sicherheit oder die öffentliche Ordnung** darstellt oder wenn er die zuständigen Behörden durch **Täuschung** in die Irre geführt hat. Bei Antragstellern, die diese Kriterien nicht erfüllen, bleibt das Grenzverfahren dem Ermessen des Mitgliedstaats überlassen. **296**

cc) Kapazitätsgrenzen und Befreiungsmechanismus. Ein strukturelles Element des Grenzverfahrens ist das in Art. 46 und 47 AsylVfVO verankerte **Kapazitätssystem.** Die unionsweite Gesamtkapazität ist auf 30.000 Plätze festgesetzt. Es handelt sich um eine politische Referenzgröße mit institutioneller rechtlicher Wirkung, die allerdings keine sub- **297**

jektiven Rechte im Einzelfall begründet. Die angemessene Kapazität eines einzelnen Mitgliedstaats wird auf der Grundlage dieser Konstante durch die Kommission im Wege von Durchführungsrechtsakten berechnet, und zwar anhand des Anteils des Mitgliedstaats an den irregulären Grenzübertritten, den Ausschiffungen nach Such- und Rettungseinsätzen und den Zurückweisungen an der Außengrenze der letzten drei Jahre. Bis zum Jahr 2028 wird die Höchstzahl der Anträge, die ein Mitgliedstaat jährlich im Grenzverfahren prüfen muss, schrittweise auf das Vierfache der Basiskapazität angehoben. Dieser Aufbaumechanismus verschafft den Mitgliedstaaten Zeit, die erforderliche Infrastruktur zu errichten und zu ertüchtigen.

298 Sobald ein Mitgliedstaat seine **angemessene Kapazität erreicht** hat, entfällt nach Art. 48 AsylVfVO seine Verpflichtung, das Grenzverfahren für die gesetzlich hierfür vorgesehenen Antragstellerkategorien durchzuführen. Bestehen bleibt allerdings die verpflichtende Anwendung für Sicherheitsfälle nach Art. 42 Abs. 1 Buchstabe f AsylVfVO. Das Kapazitätssystem ermöglicht damit keine vollständige Befreiung von der Grenzverfahrenspflicht und somit kein vollständiges Herunterfahren der entsprechenden Einrichtungen für den Zeitraum des verbleibenden Kalenderjahres.

299 **dd) Inhalt und Fristen des Verfahrens.** Im Grenzverfahren kann nach Art. 44 AsylVfVO in **beschleunigter Weise** entweder über die Unzulässigkeit eines Antrags oder über seine Begründetheit in bestimmten Konstellationen entschieden werden. Die **Verfahrensdauer** ist nach Art. 51 Abs. 2 AsylVfVO auf grundsätzlich zwölf Wochen ab Registrierung des Antrags begrenzt, wobei diese Frist sämtliche Verfahrensschritte einschließlich des Rechtsbehelfsverfahrens im einstweiligen Verfahren nach Art. 68 Abs. 4 und 5 (Recht zum einstweiligen Verbleib im Hoheitsgebiet bis zur rechtskräftigen Sachentscheidung über den Schutzantrag) umfassen muss. Bei Überstellungen nach Art. 67 Abs. 11 AMM-VO verlängert sich diese Frist auf 16 Wochen. Anträge sind **spätestens fünf Tage nach der erstmaligen Registrierung** einzureichen, wobei die Nichteinhaltung dieser Frist die weitere Anwendung des Grenzverfahrens nicht berührt.

300 Auf **unbegleitete Minderjährige** findet das Grenzverfahren nach Art. 53 Abs. 1 AsylVfVO nur im **Ausnahmefall schwerwiegender Sicherheitsbedenken** nach Art. 42 Abs. 3 Buchstabe b AsylVfVO Anwendung. Im Übrigen ist es bei ihnen zwingend auszusetzen. Es ist ferner in weiteren Ausnahmefällen nicht oder nicht mehr durchzuführen, insbesondere wenn Antragstellern mit besonderen Bedürfnissen oder besonderen Verfahrensgarantien an den Standorten die erforderliche Unterstützung nicht bereitgestellt werden kann oder wenn medizinische Gründe dagegensprechen (Art. 53 Abs. 2 AsylVfVO).

ee) Standorte und Nichteinreisefiktion. Während der Prüfung im Grenzverfahren sind die Antragsteller nach Art. 54 Abs. 1 AsylVfVO **grundsätzlich verpflichtet, sich an der Außengrenze, in deren Nähe, in Transitzonen oder an anderen bestimmten Standorten innerhalb des Hoheitsgebiets aufzuhalten.** Die räumliche Flexibilisierung gegenüber der bisherigen deutschen Praxis des Flughafenasylverfahrens (nicht mehr nur im Transitbereich eines Flughafens, sondern auch an anderen bestimmten Standorten im Bundesgebiet) stellt eine bedeutsame Neuerung dar, die allerdings logisch konsequent ist, da das Asylgrenzverfahren mit Bezug auf alle Arten von Außengrenzübergängen (Land, See, Luft) Anwendung findet (Landübergänge unterhält Deutschland aus geographischen Gründen nicht). Art. 54 Abs. 4 AsylVfVO stellt hierzu ausdrücklich klar, dass das **Erfordernis des Aufenthalts an einem bestimmten Standort nicht als Genehmigung zur Einreise** gilt. **301**

Die auf dem normativen Einreisebegriff (→ Rn. 294) beruhende sogenannte **Nichteinreisefiktion** (wobei es sich streng genommen nicht um eine Fiktion handelt; normativ begründete Begriffe beziehen sich nicht auf realdefinierte Tatsachen und können somit keine Fiktionen sein) stellt das unionsrechtliche Fundament für die im deutschen Verfassungsrecht bekannte sogenannte **Dreiwände-Konstruktion** dar. Sie zeigt sich im deutschen Verfahrensrecht unter anderem, indem nach § 63b AsylG n. F. im Grenzverfahren weder ein Ankunftsnachweis noch eine Bescheinigung über die Aufenthaltsgestattung ausgestellt wird, weil die Betroffenen im normativen Sinne nicht eingereist sind. Erst wenn die Einreise gestattet wird, findet § 63 AsylG entsprechende Anwendung.[150] **302**

ff) Die verfassungsrechtliche Einordnung: Freiheitsbeschränkung, nicht Freiheitsentziehung. Das bisherige deutsche Flughafenasylverfahren nach § 18a AsylG a. F. beruhte auf der vom Bundesverfassungsgericht gebilligten Konstruktion, dass der Aufenthalt im Transitbereich eines Flughafens keine Freiheitsentziehung im Sinne des Art. 104 GG darstellt, sondern nur eine Freiheitsbeschränkung.[151] Die Begründung ist die sogenannte **Dreiwände-Theorie:** Der Transitbereich ist, symbolisch gedacht, auf drei Seiten durch Wände oder Zäune begrenzt. Die vierte Seite hingegen steht offen, weil der Betroffene, der sich selbst in diese Lage versetzt hatte, jederzeit ausreisen kann. Die jederzeit mögliche Abreise schließt also nach dieser Konstruktion eine Freiheitsentziehung aus, weil die **Person nicht gegen ihren Willen festgehalten wird,** sondern sich frei entscheiden kann, das Bundesgebiet zu verlassen. **Nicht einreisen, aber abreisen zu können ist keine Freiheitsentziehung.** Eine richterliche Anordnung nach Art. 104 Abs. 2 GG ist daher nicht erforderlich; es genügt die behördliche Anordnung der Aufenthaltsbeschränkung. **303**

[150] BR-Drs. 429/25, S. 132.
[151] BVerfG, Urt. v. 14.5.1996 – 2 BvR 1516/93, BVerfGE 94, 166.

304 Auch der **EGMR** hat den Aufenthalt im Transitbereich eines Flughafens **nicht** stets, sondern nach den konkreten Umständen differenzierend **als Freiheitsentziehung** im Sinne des Art. 5 EMRK eingeordnet,[152] wobei er für die Abgrenzung auf mehrere Faktoren abstellt. Diese sind die Dauer der Festsetzung, der Zweck der Maßnahme, prozessuale Absicherungen und der Umfang der tatsächlichen Freiheitsbeschränkungen.[153] Bei zeitlich klar begrenzten Grenzverfahren mit gesetzlich vorgeschriebener Höchstdauer und gerichtlicher Rechtsschutzmöglichkeit hat er die Gleichsetzung der Lage mit einer Freiheitsentziehung verneint.[154]

305 Zum reformierten Asylverfahrensrecht stellt sich die Frage, ob diese grundrechtsdogmatische Konstruktion auch dann trägt, wenn der **Standort des Grenzverfahrens nicht am Flughafen oder Hafen selbst, sondern in einer Einrichtung im Landesinneren** liegt. Nach § 14a Abs. 1 AufenthG n. F. kann nämlich ein Ausländer, der einer Überprüfung nach der ScreenVO zu unterziehen ist, auch in eine Einrichtung im Bundesgebiet verbracht werden. Nach § 18a Abs. 6 AsylG n. F. ordnet das BAMF an, dass sich der Ausländer an einem bestimmten Standort im Sinne des Art. 54 Abs. 1 AsylVfVO aufhalten muss, ohne dass dieser Standort zwingend an der Außengrenze liegt.

306 Die somit aufgeworfene Frage, **ob die Dreiwände-Konstruktion standortunabhängig gilt,** kann hE unter Vorbehalt bejaht werden. Aus normativer Sicht stellt § 13 Abs. 2 Satz 2 AufenthG n. F. klar, dass keine Einreise vorliegt, solange den Grenzbehörden eine Kontrolle des Aufenthalts möglich bleibt, und dies gilt unabhängig vom konkreten Aufenthaltsort. Die Frage, ob ein nicht gerechtfertigter Grundrechtseingriff vorliegt, kann allerdings nicht allein anhand normativer Ausgestaltungen des einfachen Rechts beantwortet werden, ohne dass die Gefahr eines Zirkelschlusses entsteht. Denn sie wird anhand höherrangigen Rechts beurteilt, so dass allein dogmatische und normative Konstruktionen des einfachen Rechts nicht geeignet sind, faktisches Geschehen als mit höherrangigem Recht kompatibel zu deklarieren. Entscheidend ist, dass die einfachgesetzlich vorgesehene Praxis den grundrechtlichen Positionen auch genügt, sofern die tatsächlichen Geschehensabläufe grundrechtskonform sein müssen (und es im Einzelfall auch sind). Hierzu schreibt § 18a Abs. 6b AsylG n. F. zwingend vor, dass **der Ausländer an einer Abreise aus dem Bundesgebiet nicht gehindert werden darf,** und **garantiert, dass er auf Verlangen unverzüglich zu einer Grenzübergangsstelle verbracht wird,** von der aus ihm die

---

[152] EGMR, Urt. v. 25.6.1996 – 19776/92 – Amuur ./. Frankreich, Rn. 43, BeckRS 1996, 124005.

[153] EGMR, Urt. v. 21.11.2019 – 61411/15, 61420/15, 61427/15, 3028/16 – Z. A. ua/ Russland, Rn. 138, NVwZ 2020, 777.

[154] EGMR, Urt. v. 21.11.2019 – 47287/15 – Ilias u. Ahmed/Ungarn, NVwZ 2020, 937.

Abreise möglich ist. Die Bundesregierung hat in der Gesetzesbegründung ausdrücklich klargestellt, dass diese **Verpflichtung zum Verbringen zur Grenzübergangsstelle die rechtlich hinreichende Sicherstellung der offenen vierten Wand ist,** und zwar auch dann, wenn die Einrichtung von der Grenzübergangsstelle entfernt liegt.[155] Anerkennt man im Einklang mit der dargestellten Rechtsprechung des EGMR und des BVerfG, dass eine auch faktische „Dreiwände-Situation" eine Freiheitsentziehung grundsätzlich ausschließt, ergibt sich also daraus eine Kompatibilität des Verfahrens mit grundrechtlichen Anforderungen. Der Umstand, dass das Verbleiben im Transitbereich (zumindest ohne Haftanordnung) nicht dauerhaft bleiben kann, sondern auf grundsätzlich zwölf Wochen begrenzt ist, führt dabei dazu, dass die Belastung nicht auf Dauer einer Freiheitsentziehung gleichkommt. Widerspricht im Einzelfall die Praxis allerdings der gesetzlichen Garantie, wird diese also nicht eingelöst, handelt es sich um eine widerrechtliche Inhaftierung, die auch nicht nachträglich geheilt werden kann und Entschädigungsansprüche auslöst.

Die Dreiwände-Konstruktion ist also, **zusammengefasst,** im reformierten Recht nicht an den physischen Ort, sondern an die **rechtliche Sicherstellung der jederzeit möglichen Ausreise** geknüpft, wobei diese Garantie real auch im Einzelfall eingelöst werden muss. Solange diese Möglichkeit gewährleistet ist und die Behörden den Aufenthalt kontrollieren können, liegt keine Freiheitsentziehung, sondern nur eine Freiheitsbeschränkung vor. Wird die **Abreise hingegen faktisch verhindert oder sind die Garantien des § 18a Abs. 6b AsylG n. F. nicht eingehalten,** wandelt sich die Freiheitsbeschränkung in eine Maßnahme um, die einer Freiheitsentziehung gleichkommt, und die einer – vorherigen – richterlichen Anordnung analog Art. 104 Abs. 2 GG bedürfte, für die allerdings im einfachgesetzlichen Recht keine – wegen Art. 104 Abs. 2 GG erforderliche – Rechtsgrundlage erkennbar ist. **307**

Vordergründig irritiert in diesem Zusammenhang das **Vorhandensein eines Hafttatbestands nach § 69 Abs. 1 Nr. 3 AsylG n. F.** im Zusammenhang mit dem Asylgrenzverfahren. Die Dreiwände-Theorie beruht auf der Prämisse, dass die betroffene Person das Bundesgebiet jederzeit verlassen kann und die offene Seite in Richtung des Nicht-Schengen-Gebiets weist. Ein Hafttatbestand erscheint hier überflüssig, da eine Abreise in das Nicht-Schengen-Gebiet als aufenthaltsrechtlich irrelevant erscheint. Der genannte Hafttatbestand **setzt allerdings die Gefahr voraus, dass die Person sich nicht wieder ins Ausland begibt, sondern irregulär in das Unionsgebiet einreist** und so das Grenzverfahren vereitelt. Die RegBegr enthält bis auf eine reine Beschreibung des Norminhalts keine Aussage zum genaueren Zweck dieses Hafttatbestandes.[156] **308**

---

[155] BR-Drs. 429/25, S. 110f.
[156] BT-Drs. 21/1848, S. 118.

Anzunehmen ist, dass der Gesetzgeber davon ausging, dass die „drei Wände“ des Bereichs, in dem das Asylgrenzverfahren durchgeführt wird, nicht perfekt gesichert sein mögen (etwa durch einen einfachen Zaun) und in einigen Fällen nur durch Haft ein Abtauchen der betroffenen Person vereitelt werden kann.

309 **gg) Das deutsche Asylgrenzverfahren im Einzelnen.** Die **zentrale nationale Umsetzungsvorschrift** für das Asylgrenzverfahren bildet in Deutschland § 18a AsylG n. F. Er ersetzt den bisherigen § 18a AsylG a. F., der allein das Flughafenasylverfahren regelte und somit auf den Luftweg und Antragsteller aus sicheren Herkunftsstaaten zugeschnitten war. Die Neufassung ist erheblich weiter gefasst und verweist vor dem Hintergrund des Normwiederholungsverbotes, wonach nationales Recht unmittelbar geltendes Unionsrecht nicht doppeln darf,[157] ohne Wiederholung des dortigen Norminhalts auf die Art. 43 bis 54 AsylVfVO.

310 Das **BAMF entscheidet im Asylgrenzverfahren grundsätzlich innerhalb von acht Wochen** nach Registrierung des Antrags. Diese Frist kann auf **zwölf Wochen verlängert** werden, wenn die Voraussetzungen des Art. 51 Abs. 2 UAbs. 3 AsylVfVO vorliegen, also bei Überstellungen nach dem Solidaritätsmechanismus. Abweichend von der sonst geltenden Zuständigkeit kann auch das BAMF selbst den Asylantrag registrieren, wenn dieser im Grenzverfahren geprüft wird. Die Gesamtarchitektur der Fristen, nämlich acht Wochen für das BAMF, eine Woche für die Einlegung und Begründung des Rechtsbehelfs sowie zwei Wochen für das Gericht im Rahmen des einstweiligen Rechtsschutzes, ist auf die **unionsrechtliche Zwölfwochenfrist** abgestimmt.[158]

311 Wird der Asylantrag **abgelehnt, verweigert die Grenzbehörde die Einreise.** Das BAMF droht vorsorglich für den Fall der Einreise die Abschiebung an und setzt eine Frist zur freiwilligen Ausreise. Die Entscheidungen des BAMF und der Grenzbehörde werden zusammen durch eine am Standort präsente Behörde zugestellt; dem zuständigen Verwaltungsgericht ist unverzüglich eine Kopie zu übermitteln. Die frühere Regelung, wonach die Grenzbehörde selbst zustellt, war wegen des dezentralen Standortkonzepts nicht mehr praktikabel.[159]

312 **Rechtsschutz** kann der Ausländer **innerhalb einer Woche** nach Zustellung durch Antrag auf vorläufigen Rechtsschutz suchen. Dies stellt eine deutliche Verlängerung gegenüber der bisherigen Dreitagefrist dar. Der Antrag ist zugleich **zu begründen.** Das Gericht soll innerhalb von zwei Wochen entscheiden. Eine fehlerhafte oder unterbliebene Rechts-

[157] Grundlegend EuGH, Urt. v. 10.10.1973 – 34/73, Variola, BeckRS 2004, 70873; näher Streinz/W. Schroeder, 3. Aufl. 2018, AEUV Art. 288 Rn. 43; zur legistischen Praxis BMJ, Handbuch der Rechtsförmlichkeit, 4. A. 2024, Rn. 228, https://hdr4.bmj.de/Webs/HDR/DE/Inhaltsuebersicht/Teil-B/Abschnitt-II/6/6.html.

[158] BR-Drs. 429/25, S. 110.

[159] BR-Drs. 429/25, S. 112 f.

behelfsbelehrung löst nach § 18a Abs. 4 Satz 4 AsylG n. F. iVm § 58 Abs. 2 VwGO eine Frist von einem Monat aus — eine Abweichung von der regulären Jahresfrist des § 58 Abs. 2 VwGO, die der Gesetzgeber mit dem Beschleunigungsgebot des Art. 51 Abs. 2 AsylVfVO begründet.[160]

Das BAMF ordnet nach § 18a Abs. 6 AsylG n. F. an, dass sich der **Ausländer nur an dem genau bezeichneten Standort aufhalten darf.** Diese Aufenthaltsbeschränkung ist auf die Dauer des Grenzverfahrens einschließlich des Rechtsbehelfsverfahrens begrenzt, mit einer bereits erwähnten Höchstdauer von zwölf Wochen, die sich bei Überstellungen nach Art. 67 Abs. 11 AMMVO auf 16 Wochen verlängert. Die Anordnung ist sofort vollziehbar nach § 80 Abs. 3 Satz 1 Nr. 3 VwGO iVm § 75 AsylG.[161] Das **Rückkehrgrenzverfahren** nach § 18a Abs. 6a AsylG n.F., das sich an eine Ablehnung im Asylgrenzverfahren anschließt, dauert seinerseits **bis zu zwölf Wochen.** Für dieses Verfahren bedarf es keiner individualisierten Anordnung; dem Ausländer ist jedoch der individuelle Fristbeginn schriftlich mitzuteilen. 313

Für **unbegleitete Minderjährige, deren Antrag ausnahmsweise im Grenzverfahren geprüft wird,** gelten nach § 18a Abs. 7 AsylG n. F. abweichende Fristen. Das BAMF entscheidet in diesen Fällen innerhalb von sechs Wochen. Die Klagebegründungsfrist beträgt zehn Tage, und das Gericht soll innerhalb von vier Wochen entscheiden. Die Zuständigkeit für das behördliche Verfahren zur Altersfeststellung liegt beim BAMF, das dabei die Feststellungen des zuständigen Jugendhilfeträgers nach § 42f SGB VIII einzubeziehen hat. 314

Die **Errichtung und der Betrieb der Einrichtungen für das Grenzverfahren** liegen entsprechend der Aufgabenverteilung nach Art. 83 GG in der **Zuständigkeit der Länder;** der Bund erstattet die durch das Grenzverfahren entstehenden Sonderbelastungen.[162] 315

c) Der Folgeantrag. Nach Art. 3 Nr. 19 AsylVfVO liegt in einem weiteren Antrag auf internationalen Schutz dann ein sog. **Folgeantrag** vor, wenn er in einem beliebigen Mitgliedstaat nach Erlass einer unanfechtbaren Entscheidung über einen früheren Antrag gestellt wird, auch dann, wenn der Erstantrag als ausdrücklich oder stillschweigend zurückgenommen abgelehnt wurde. Die erneute Antragstellung führt nach Art. 55 Abs. 2 AsylVfVO zu einer Prüfungspflicht des zuständigen Mitgliedstaats. Wird ein weiterer Antrag demgegenüber bereits vor Ergehen einer unanfechtbaren Entscheidung über den Erstantrag gestellt, gilt dies nur als „weitere Angabe", die Eingang in die bereits laufende Antragsprüfung oder in ein anhängiges Rechtsbehelfsverfahren findet, sofern das zuständige Gericht diese nachträgliche Angabe auch berücksichtigen kann, Art. 55 Abs. 1 AsylVfVO. 316

---

[160] BR-Drs. 429/25, S. 107.
[161] BT-Drs. 21/4321, S. 44.
[162] BT-Drs. 21/4321, S. 44.

317 Liegt ein Folgeantrag vor, muss die Asylbehörde im Rahmen einer ersten Prüfung feststellen, ob neue Umstände zutage getreten oder vom Antragsteller vorgebracht worden sind, durch die sich entweder die Wahrscheinlichkeit der Zuerkennung internationalen Schutzes „erheblich erhöht" oder die einen Zusammenhang zu einem Unzulässigkeitsgrund besitzen, wenn der Erstantrag als unzulässig abgelehnt wurde. Als „neu" gelten diese Umstände nur dann, wenn sie der Antragsteller unverschuldet im Erstverfahren nicht hat vorbringen können. Hätte er diese Umstände im Erstverfahren vorbringen können, müssen sie im Rahmen eines Folgeverfahrens nicht berücksichtigt werden, es sei denn, sie erhöhen „erheblich" die Wahrscheinlichkeit, dass sich der Antrag als zulässig erweist, dem Antragsteller ein Anspruch auf Gewähr internationalen Schutzes zukommt oder der Erstantrag nach Art. 41 AsylVfVO als stillschweigend zurückgenommen abgelehnt wurde.

318 Grundlage der ersten Prüfung des Folgeantrags bilden schriftliche Angaben des Antragstellers oder eine persönliche Anhörung, von der jedoch abgesehen werden kann, wenn bereits aus den schriftlichen Angaben „eindeutig" hervorgeht, dass keine neuen Umstände vorgebracht werden. Sind auch sonst keine „neuen Umstände" ersichtlich oder vom Antragsteller vorgetragen worden, ist der Antrag nach Art. 38 Abs. 2 AsylVfVO als unzulässig abzulehnen. Liegen neue Umstände vor oder sind solche vorgetragen worden, wird die Begründetheit des Antrags von der Asylbehörde geprüft, es sei denn, andere Unzulässigkeitsgründe nach Art. 38 Abs. 1 AsylVfVO sind einschlägig.

319 Für bestimmte Folgeanträge, nämlich solche, die nur zu dem Zweck eingereicht worden sind, die unverzügliche Abschiebung eines Antragstellers zu verzögern oder zu vereiteln und bei dem keine neuen Umstände vorgetragen werden, was zur Abweisung als unzulässig führt, sowie bei einem zweiten und allen weiteren Folgeanträgen, kann der Mitgliedstaat zudem eine Ausnahme vom Recht des Antragstellers auf Verbleib festlegen.

320 Im novellierten AsylG findet das Folgeantragsverfahren seine Regelung weiterhin in § 71 AsylG n.F.. Hinsichtlich des Verfahrensgangs verweist der Gesetzgeber auf das Asylverfahren und bestimmt das Bundesamt als zuständige Behörde. Ein Folgeantrag muss regelmäßig vom Antragsteller persönlich bei einer der Außenstellen des Bundesamts eingereicht werden.

6. Das Konzept des sicheren Staates

321 Mit dem in den Art. 57 ff. AsylVfVO normierten Konzept des „sicheren Staates" verfolgt der europäische Verordnungsgeber das Ziel, einen Antragsteller, der bereits anderweitig, d. h. in seinem Herkunftsland oder Teilen davon vor Verfolgung sicher ist oder aber in einem sonstigen Drittstaat Flüchtlingsschutz oder subsidiären Schutz erhalten hat bzw.

hätte erhalten können, auf diesen Staat für die Inanspruchnahme des Schutzes zu verweisen und damit die Schutzgewähr zu externalisieren. Grundvoraussetzung hierfür ist das Bestehen **wirksamer Schutzmöglichkeiten** in dem jeweiligen Drittstaat, die nach Art. 57 AsylVfVO entweder dann bestehen, wenn der Drittstaat die Genfer Konvention ratifiziert hat und achtet, oder aber – im Fall geographischer Vorbehalte bei der Konventionsanwendung – wenn einem Antragsteller ein Verbleiberecht im Hoheitsgebiet, Zugang zu ausreichenden Existenzmitteln nach dem jeweiligen Lebensstandard und Zugang zu Gesundheitsversorgung und Bildung nach den lokalen Bedingungen garantiert und diesen Schutz so lange zur Verfügung gestellt wird, bis eine dauerhafte Lösung für den Antragsteller gefunden werden kann. Lässt sich in Bezug auf einen Antragsteller ein Drittstaat als sog. „erster Asylstaat" bzw. als „sicherer Drittstaat" qualifizieren, führt dies nach Art. 38 Abs. 1 lit. a, b AsylVfVO regelmäßig zur Ablehnung des Antrags als unzulässig. Kommt der Antragsteller demgegenüber aus einem „sicheren Herkunftsland", wird sein Antrag zwar inhaltlich geprüft, findet jedoch angesichts der regelmäßig geringen Erfolgsaussichten des Schutzgesuchs das beschleunigte Verfahren nach Art. 42 Abs. 1 lit. e AsylVfVO Anwendung.

a) Der erste Asylstaat. Bezogen auf einen konkreten Antragsteller **322**
lässt sich ein Drittstaat nach Art. 58 Abs. 1 AsylVfVO dann als **erster Asylstaat** qualifizieren, wenn dieser vor seiner Einreise in die Europäische Union dort wirksamen Schutz nach Maßgabe der Genfer Flüchtlingskonvention oder jedenfalls nach den Vorgaben des Art. 57 Abs. 2 AsylVfVO gefunden hat und er diesen Schutz auch weiterhin in Anspruch nehmen kann, ihm in diesem Staat keine Verfolgung im Sinne der Genfer Flüchtlingskonvention droht oder dort für ihn auch keine tatsächliche Gefahr besteht, einen ernsthaften Schaden i. S. v. Art. 15 StatusVO zu erleiden. Darüber hinaus muss der Antragsteller in dem Drittstaat vor Zurückweisung geschützt sein, der Staat also das refoulement-Verbot beachten, und ihm muss von diesem Staat gegebenenfalls Abschiebungsschutz gewährt werden, der ihn auf völkerrechtlicher Grundlage vor Folter und einer grausamen, unmenschlichen oder erniedrigenden Behandlung schützt. In jedem Fall ist dem Antragsteller die Möglichkeit zu eröffnen, gegenüber der Asylbehörde im Rahmen einer Einzelprüfung Umstände vorzutragen, warum der in Rede stehende Staat gerade nicht als erster Asylstaat angesehen werden kann. Für unbegleitete Minderjährige wird die Anwendung des Konzepts des ersten Asylstaats weiter dahingehend eingegrenzt, dass der Verweis auf den ersten Asylstaat dem Kindeswohl nicht zuwiderlaufen darf und die Behörden des entsprechenden Drittstaats eine Zusicherung abgeben, dass sie den Minderjährigen betreuen und dass ihm dort unverzüglich wirksamer Schutz zuteil wird.

Lehnt die Asylbehörde einen Antrag auf Schutzgewähr unter Verweis **323**
auf den ersten Asylstaat als unzulässig ab, muss sie den Antragsteller

diesbezüglich nach Art. 36 AsylVfVO informieren und ihm ein Dokument aushändigen, dass die Behörden des Drittstaates über die Anwendung des Konzepts des ersten Asylstaats unterrichtet und zugleich erklärt, dass der Schutzantrag in der Sache nicht geprüft worden ist. Ist der Drittstaat nicht bereit, den Antragsteller in sein Hoheitsgebiet (wieder) aufzunehmen oder beantwortet er entsprechende Ersuchen innerhalb gesetzter Fristen nicht, erhält der Antragsteller Zugang zum Verfahren und damit regelmäßig zu einer materiellen Prüfung seiner Schutzgründe. Jenseits der Regelungen des Art. 58 AsylVfVO wurde die Anwendbarkeit des Konzepts des ersten Asylstaats lediglich bei der Normierung der Unzulässigkeitsgründe in § 29 Nr. 5 AsylG n. F. aufgegriffen.

„Länderlisten“ im Asylverfahren nach der GEAS-Reform		
Nationale Listen		
Sichere Drittstaaten Art. 16a Abs. 2 GG § 26a AsylG	Anhang I zum AsylG: • Norwegen • Schweden	§ 26a Abs. 1 S. 1, 2 AsylG => keine Anerkennung als Asylberechtigter
Sichere Drittstaaten Art. 59 Abs. 2 AsylVfVO § 27 Abs. 1 AsylG	Rechtsverordnung der BReg bislang -	§ 29 Nr. 4 AsylG => Asylantrag unzulässig
Sichere Herkunftsstaaten Art. 16a Abs. 3 GG § 29a AsylG	Anlage II zum AsylG: • Albanien • Bosnien-Herzegowina • Georgien • Ghana • Kosovo • Republik Moldau • Montenegro • Nordmazedonien • Senegal • Serbien	§ 29a Abs. 1 AsylG => Asylantrag offensichtlich unbegründet, es sei denn, ASt. legt verfolgungsbegründende Tatsachen und Beweismittel dar
Sichere Herkunftsstaaten Art. 61 Abs. 2 AsylVfVO § 29b Abs. 1 AsylG	Rechtsverordnung der BReg: bislang -	Art. 42 Abs. 1 lit. e AsylVfVO => Behandlung des Schutzantrags im beschleunigten Prüfungsverfahren Art. 44 Abs. 1 lit. b AsylVfVO => Entscheidung im Grenzverfahren

„Länderlisten“ im Asylverfahren nach der GEAS-Reform		
Unionsweite Listen		
Sichere Drittstaaten Art. 59 Abs. 2 AsylVfVO	Normsetzungsakt der EU: bislang -	§ 29 Abs. 4 AsylG => Asylantrag unzulässig
Sichere Herkunftsstaaten Art. 61 Abs. 2 AsylVfVO	VO(EU) 2026/464 in Bezug auf die Erstellung einer Liste sicherer Herkunftsländer auf EU-Ebene: Anhang II • Bangladesch • Kolumbien • Ägypten • Indien • Kosovo • Marokko • Tunesien Art. 62 Abs. 1b AsylVfVO – grundsätzlich alle Beitrittsstaaten	Art. 42 Abs. 1 lit. e AsylVfVO => Behandlung des Schutzantrags im beschleunigten Prüfungsverfahren Art. 44 Abs. 1 lit. b AsylVfVO => Entscheidung im Grenzverfahren
Staaten mit einer Schutzquote von unter 20 % im Jahresdurchschnitt Art. 42 Abs. 1 lit. j AsylVfVO	Liste von EUAA nach den Daten von Eurostat: https://ec.europa.eu/eurostat/documents/d/migration-asylum/countries-of-citizenship-with-an-asylum-recognition-rate-of-20-or-lower-1	Art. 42 Abs. 1 lit. j AsylVfVO => Behandlung des Schutzantrags im beschleunigten Prüfungsverfahren Art. 44 Abs. 1 lit. b AsylVfVO => Entscheidung im Grenzverfahren

b) Der sichere Drittstaat. Besondere praktische Relevanz kommt angesichts der aktuellen Diskussion über eine **„Externalisierung“ von Asylverfahren** der Regelung der AsylVfVO über das Konzept sicherer Drittstaaten zu[163], insb. angesichts der mit VO(EU) 2026/463 im Februar 2026 bereits erfolgten Änderung des Art. 59 AsylVfVO, die dessen Anwendungsbereich erheblich erweitert hat. 324

[163] Vgl. hierzu Berlit, Externalisierung des Asylrechtsschutzes – Das Konzept der „sicheren Drittstaaten“, InfAuslR 2025, 441–446; 2026, 1–6; Endres de Oliveira, „Drittstaatenlösungen“ – eine rechtliche Einordnung, Asylmagazin 2024, 326 ff.

325 Generell kann ein Drittstaat nach Art. 59 Abs. 1 AsylVfVO dann als sog. **sicherer Drittstaat** qualifiziert werden, wenn Nichtstaatsangehörige dort keiner Verfolgung im Sinne der Genfer Flüchtlingskonvention ausgesetzt sind, für Nichtstaatsangehörige dort keine tatsächliche Gefahr besteht, einen ernsthaften Schaden im Sinne von Art. 15 StatusVO zu erleiden, das Refoulement-Verbot der Genfer Flüchtlingskonvention beachtet und Abschiebungsschutz für den Fall gewährt wird, dass einem Betroffenen im Zielstaat der Abschiebung, Folter oder eine grausame, unmenschliche oder erniedrigende Behandlung oder Strafe droht, und schließlich in dem Drittstaat die Möglichkeit besteht, wirksamen Schutz zu beantragen und gegebenenfalls auch zu erhalten. Ob ein Drittstaat die genannten Voraussetzungen erfüllt, um als „sicher" zu gelten, kann sowohl auf Unionsebene wie auf nationaler Ebene festgelegt werden. Anders als nach den bisherigen Regelungen zu sicheren Drittstaaten, kann die „Sicherheit" im oben beschriebenen Sinne dabei auch **partiell,** d. h. entweder nur für bestimmte Teile des Hoheitsgebiets des Drittstaates oder nur für eindeutig bestimmbare Personengruppen festgelegt werden. Die Qualifizierung eines bestimmten Staates als sicherer Drittstaat verlangt die Heranziehung verschiedener einschlägiger und verfügbarer Informationsquellen, darunter zumindest die auf Seiten der Mitgliedstaaten verfügbaren Informationen, diejenigen der Europäischen Asylagentur, des Europäischen Auswärtigen Dienstes, des UNHCR, des Europarats und weiterer internationaler Organisationen.

326 Erfüllen bestimmte Drittstaaten die Anforderungen des Art. 59 Abs. 1 AsylVfVO können sie zunächst **unionsweit** zu sichere Drittstaaten bestimmt werden. Dies erfolgt im Rahmen des regulären europäischen Normsetzungsverfahrens; das entsprechende Initiativrecht liegt dabei bei der Europäischen Kommission, die auch die Prüfung der Lage in den entsprechenden Staaten mit Unterstützung der Europäischen Asylagentur vornimmt. Vorschläge für die Qualifizierung eines Staates als sicherer Drittstaat können jedoch auch die Mitgliedstaaten einreichen. Im Zuge der Überprüfung der Lage in einem spezifischen Drittstaat kann die Kommission die Europäische Asylagentur mit der Erstellung von Analysen und der Bereitstellung von Informationen beauftragen. Art. 63 AsylVfVO erlaubt der Kommission darüber hinaus, bei Lageänderung im Rahmen eines delegierten Rechtsakts die Qualifizierung eines Staates als sicherer Drittstaat für einen Zeitraum von sechs Monaten mit bestimmten Verlängerungsmöglichkeiten auszusetzen. Daneben eröffnet Art. 64 AsylVfVO den Mitgliedstaaten auf nationaler Ebene, sichere Drittstaaten zu benennen oder ein bereits bestehendes Konzept sicherer Drittstaaten beizubehalten. Dabei gilt vom Grundsatz her jedoch der Vorrang der Einordnung der Staaten auf Unionseben. Bis zum gegenwärtigen Zeitpunkt ist auf Unionseben allerdings noch keine normative Bestimmung sicherer Drittstaaten erfolgt.

Wird die Regelung (das „Konzept") über sichere Drittstaaten auf einen bestimmten Antragsteller zur Anwendung gebracht, führt dies nach Art. 38 Abs. 1 lit. b AsylVfVO ebenso wie bei der Anwendung des Konzepts des ersten Asylstaats zur **Unzulässigkeit** des Antrags auf Gewähr internationalen Schutzes, es sei denn, es erweist sich als offenkundig, dass der entsprechende Drittstaat den Antragsteller nicht übernimmt bzw. rückübernimmt. **327**

Grundvoraussetzung für die Anwendung des Konzepts des sicheren Drittstaats in einem konkreten Fall bildet nach Art. 59 Abs. 4 AsylVfVO der Umstand, dass entweder auf nationaler Ebene nach Art. 64 AsylVfVO oder auf Unionseben nach Art. 60 AsylVfVO ein Staat bereits als sicherer Drittstaat bezeichnet wurde, oder aber bei Fehlen einer entsprechenden Benennung jedenfalls individuell für einen bestimmten Antragsteller ein Staat als sicherer Drittstaat qualifiziert werden kann. Conditio sine qua non für die Anwendung des Konzepts sicherer Drittstaaten ist nach Art. 59 Abs. 5 lit. a AsylVfVO darüber hinaus, dass dem Antragsteller im Rahmen einer Einzelfallprüfung die Möglichkeit zukommt, Umstände vorzutragen, dic in seinem konkreten Fall gegen die Qualifizierung als sicherer Drittstaat sprechen. Weiterhin verlangt die Anwendung des Konzepts der sicheren Drittstaaten zwingend, dass eine der folgenden Bedingungen nach Art. 59 Abs. 5 lit. b AsylVfVO erfüllt ist: **328**

- Es besteht eine Verbindung zwischen dem Antragsteller und dem betreffenden Drittstaat, die es als sinnvoll erscheinen lässt, dass er sich dorthin begibt (sog. **Verbindungskriterium**).
- Der Antragsteller ist auf seinem Weg in die Europäische Union durch den betreffenden Drittstaat **gereist.**
- Es besteht ein **Abkommen** oder eine **Vereinbarung** zwischen der Europäischen Union oder einem oder mehreren Mitgliedstaaten und dem betreffenden Drittstaat, nach dem bzw. der eine Prüfung der Begründetheit von Anträgen auf wirksamen Schutz durch den Drittstaat erfolgt, soweit diese unter das Abkommen bzw. die Vereinbarung fällt.

Die letztgenannte Alternative, die das Verbindungskriterium für die Drittstaatenbestimmung aufgibt und damit den Raum öffnet für eine Externalisierung der Schutzgewähr nach dem Muster des sog **„Ruanda-Modells"** des Vereinigten Königreiches, ist erst mit der neuesten Änderung der AsylVfVO in Art. 59 Abs. 5 AsylVfVO eingefügt worden. Die ergänzte Bestimmung erhält darüber hinaus weitere Anforderungen an den Abschluss eines entsprechenden Abkommens. Keine Anwendung findet Art. 59 Abs. 5 lit. b iii AsylVfVO hingegen auf unbegleitete Minderjährige. Auch im Übrigen ist das Konzept sicherer Drittstaaten gegenüber unbegleiteten Minderjährigen nur dann anwendbar, wenn das Kindeswohl nicht entgegensteht und der entsprechende Drittstaat zusichert, dass der Minderjährige betreut wird und er unverzüglich Zugang zu einem wirksamen Schutz erhält. **329**

330 Lehnt die Asylbehörde einen Antrag auf Schutzgewähr unter Berufung auf das Konzept des sicheren Drittstaates ab, unterrichtet sie, ebenso wie im Fall der Anwendung des Konzepts des ersten Asylstaats, den Antragsteller nach Maßgabe von Art. 36 AsylVfVO und händigt ihm für die Behörden des Drittstaates ein Dokument aus, in dem diese über die Anwendung der Drittstaatenregelung und den Umstand, dass keine inhaltliche Prüfung des Antrags stattgefunden hat, informiert werden. Zeigt der entsprechende Drittstaat keine Bereitschaft, den Antragsteller in sein Hoheitsgebiet auf- bzw. wiederaufzunehmen, erhält der Antragsteller stattdessen Zugang zum Verfahren im zuständigen Mitgliedstaat.

331 Der deutsche Gesetzgeber differenziert bei der normativen Ausgestaltung des Konzepts sicherer Drittstaaten nach dem vom jeweiligen Antragsteller angestrebten Schutzziel. Soweit Art. 16a Abs. 1 GG politisch Verfolgten einen verfassungsrechtlichen Anspruch auf Asyl einräumt, diesen Anspruch aber für den Fall ausschließt, dass der Antragsteller aus einem Mitgliedstaat der Europäischen Union oder aus einem sicheren Drittstaat einreist, gilt nach wie vor das sog. **Konzept der normativen Vergewisserung,** d. h. der Bundesgesetzgeber muss die Qualifizierung eines Staates als sicher durch ein Gesetz vornehmen, das der Zustimmung des Bundesrats bedarf. Aktuell finden sich in der Anlage I des Asylgesetzes die Länder Norwegen und die Schweiz als sichere Drittstaaten im Sinne von Art. 16 Abs. 2 S. 2 GG aufgelistet. Die Regelung in § 26a AsylG nimmt ihrerseits allein sichere Drittstaaten im Sinne von Art. 16a Abs. 2 GG in Bezug. Konsequenz der Einreise aus einem sicheren Drittstaat im Sinne von Art. 16a Abs. 2 GG ist dann, dass ein Antragsteller nicht als Asylberechtigter im Sinne von Art. 16a Abs. 1 GG anerkannt wird; sein Asylantrag wird nach § 29 Nr. 3 AsylG n. F. als unzulässig abgelehnt. In Abgrenzung hierzu eröffnet § 27 AsylG n. F. der Bundesregierung, sichere Drittstaaten im Sinne der AsylVfVO **durch Rechtsverordnung** ohne Zustimmung des Bundesrats zu bestimmen. Die Bundesregierung muss dem Bundestag darüber hinaus alle zwei Jahre einen Bericht vorlegen, ob die Voraussetzungen für die unionsrechtliche Bezeichnung eines Staates als sicherer Drittstaat noch vorliegen, es sei denn, der entsprechende Staat ist unionsweit als sicherer Drittstaat benannt. Nach § 29 Nr. 3 AsylG n. F. ist auch in diesem Fall der Anwendung des Konzepts des sicheren Drittstaates der Schutzantrag unzulässig. Eine auf Unionsrecht gegründete Bestimmung sicherer Drittstaaten durch Rechtsverordnung der Bundesregierung ist bislang ebenso wenig erfolgt wie eine die Normierung einer unionsweiten Liste sicherer Drittstaaten.

332 **c) Der sichere Herkunftsstaat.** Mit dem in Art. 61 ff. AsylVfVO entwickelten und mit der jüngste Änderung durch die VO(EU) 2026/464

weiter ausgebauten Konzept des **sicheren Herkunftslands**[164] verfolgt der europäische Normgeber eine Beschleunigung der Schutzverfahren bei Staatsangehörigen, bei denen die Zuerkennung internationalen Schutzes aufgrund der Situation in ihrem Heimatstaat regelmäßig nicht oder nur in Ausnahmefällen in Betracht kommt. Stammt ein Antragsteller daher aus einem sicheren Herkunftsstaat, unterliegt er nach Art. 42 Abs. 1 lit. e AsylVfVO dem beschleunigten Prüfverfahren. Er unterfällt aufgrund der unionsweit grundsätzlich unter 20 % liegenden Anerkennungsquote dabei regelmäßig auch dem Grenzverfahren[165].

Voraussetzung der Bestimmung eines bestimmten Staates als sicheres **333** Herkunftsland ist nach Art. 61 Abs. 1 AsylVfVO, dass „sich anhand der dortigen Rechtslage, der Anwendung der Rechtsvorschriften in einem demokratischen System und der allgemeinen politischen Lage nachweisen lässt, dass dort keine Verfolgung im Sinne von Art. 9 der VO(EU) 2024/1347 stattfindet und keine tatsächliche Gefahr besteht, einen ernsthaften Schaden im Sinne der genannten Verordnung zu erleiden". Analog zum Konzept der sicheren Drittstaaten eröffnet Art. 61 Abs. 2 AsylVfVO die Möglichkeit, hierbei nach einzelnen Landesteilen oder eindeutig identifizierbaren Personengruppen zu differenzieren, mithin bestimmte Herkunftsländer lediglich **partiell** als sicher zu qualifizieren. Für die Beurteilung der Situation in einem spezifischen Herkunftsland sind ebenso wie bei den sicheren Drittstaaten alle einschlägigen und verfügbaren Informationsquellen, darunter insbesondere die Analysen der Europäischen Asylagentur heranzuziehen. Als wesentliche Kriterien, um beurteilen zu können, ob die entsprechenden Staaten Schutz vor Verfolgung und einem ernsthaften Schaden gewährleisten, gelten dabei nach Art. 61 Abs. 4 AsylVfVO

- die jeweils einschlägigen nationalen Rechts- und Verwaltungsvorschriften und die Art und Weise ihrer Anwendung;
- die Wahrung der Rechte und Freiheiten nach der Europäischen Menschenrechtskonvention, dem Internationalen Pakt über bürgerliche und politische Rechte und dem Übereinkommen der Vereinten Nationen gegen Folter;
- das Fehlen von Ausweisungen, Abschiebungen oder Auslieferungen in Drittstaaten, in die für die betroffene Person das ernsthafte Risiko der Todesstrafe, der Folter oder einer anderen unmenschlichen oder ernied-

---

[164] Vgl hierzu EuGH, U. v. 1.8.2025 – C-758/24, C-759/24 – Alace, Canpelli, BeckRS 2025, 18655 zu Bangladesch; U. v. 4.10.2024 – C-406/22 – CV, BeckRS 2024, 26377 zur Republik Moldau.

[165] Zum Konzept des sicheren Herkunftsstaats vgl. Groß, Gerichtliche Überprüfung und Legitimation der Einstufung als sicherer Herkunftsstaat, ZAR 2026, 147 ff.; Schulz-Bredemeier, Das Recht der sicheren Herkunftsstaaten – vor und nach der GEAS-Reform, InfAuslR 2026, 210 ff.; Thym Eine stille Revolution: rechtliche und praktische Fallstricke der Ausweitung sicherer Herkunftsländer auf EU-Ebene, NVwZ 2026, 873 ff.

rigenden Behandlung oder Bestrafung bestünde oder in der sie der Verfolgung im Sinne der Genfer Konvention oder dem Risiko einer Kettenabschiebung ausgesetzt wäre;
- die Gewährleistung wirksamer Rechtsbehelfe bei Verletzung der genannten Rechte und Freiheiten.

334 Die Erstellung einer Liste sicherer Herkunftsstaaten obliegt auf Unionsebene dem europäischen Normgeber im regulären Normsetzungsverfahren. Von der entsprechenden Kompetenz hat er mit der VO(EU) 206/464 vom 24.2.2026[166] Gebrauch gemacht und in Art. 62 AsylVfVO die Absätze 1a und 1b eingefügt sowie in Anhang II eine **Liste sicherer Herkunftsländer** festgeschrieben. Als sichere Herkunftsländer gelten danach Bangladesch, Kolumbien, Ägypten, Indien, das Kosovo, Marokko und Tunesien. Darüber hinaus erklärt Art. 62 Abs. 1b AsylVfVO diejenigen Drittstaaten zu sicheren Herkunftsländern, denen die Europäische Union den **Status eines beitrittswilligen Staates** zuerkannt hat. Dabei wird regelhaft davon ausgegangen, dass Beitrittskandidaten die Voraussetzungen des Art. 61 AsylVfVO grundsätzlich erfüllen[167]. Ausnahmen gelten dabei nur in den folgenden Fällen:
- In dem potentiellen Beitrittsstaat liegt eine ernsthafte Bedrohung des Lebens oder der Unversehrtheit einer Zivilperson durch willkürliche Gewalt im Rahmen eines internationalen oder innerstaatlichen bewaffneten Konflikts vor, also eine Situation, die zur Zuerkennung subsidiären Schutzes führen würde.
- Gegenüber dem potentiellen Beitrittsstaat wurden angesichts eines Vorgehens, dass die maßgeblichen Grundrechte und Grundfreiheiten beeinträchtigt, restriktive Maßnahmen nach Art. 215 AEUV ergriffen.
- Der Anteil der Entscheidungen der Asylbehörde, die Antragstellern aus dem potentiellen Beitrittsstaat internationalen Schutz gewährt, liegt nach den neuesten verfügbaren Daten von Eurostat unionsweit im Jahresdurchschnitt über 20 %.

335 Aktuell besitzen den offiziellen **Beitrittskandidatenstatus** neben den Westbalkanstaaten Albanien, Bosnien-Herzegowina, Montenegro, Nordmazedonien und Serbien die Länder Georgien und Moldau, die Türkei und die Ukraine. Letztere dürfte angesichts des Kriegs mit Russland unter Berücksichtigung der Ausschlusstatbestände gegenwärtig wohl nicht unter die sicheren Herkunftsländer fallen. Für problematisch wird die Qualifikation als sicheres Herkunftsland vor allem für die Türkei angesehen. Nach den aktuellen Zahlen der Europäischen Asylagentur liegt die unionsweite Schutzquote türkischer Antragsteller bei 17 %[168] und erreicht damit nicht die 20 %-Schwelle. Auch sind bislang gegen die Türkei

---

[166] ABl. L 2026/464 v. 26.2.2026, 1 ff.
[167] vgl. hierzu Erwägungsgrund 6 und 7 der VO(EU) 2026/464.
[168] Veröffentlicht unter https://www.euaa.europa.eu/latest-asylum-trends-monthly-overview/recognition-rates, Stand 12. Juni 2026.

keine Maßnahmen nach Art. 215 AEUV im Hinblick auf die Verletzung von Grundrechten ergriffen worden, sodass die Türkei gegenwärtig wohl als nach unionsrechtlichen Maßstäben sicheres Herkunftsland angesehen werden muss[169].

Die Europäischen Kommission trifft hinsichtlich der Qualifikation von **336** Drittstaaten als sichere Herkunftsländer eine Prüf- und Überwachungspflicht, wobei sie insbesondere durch Informationssammlungen und Analysen der Europäischen Asylagentur unterstützt wird. Parallel zum Konzept der sicheren Drittstaaten wird auch bei sicheren Herkunftsstaaten der Kommission die Befugnis übertragen, im Falle einer wesentlichen Lageänderung durch einen delegierten Rechtsakt auf der Basis von Art. 63 AsylVfVO den Status eines Drittstaats als sicheres Herkunftsland vollständig oder teilweise auszusetzen. Darüber hinaus ermöglicht Art. 64 Abs. 1 AsylVfVO es den Mitgliedstaaten, eigene Rechtsvorschriften zu einem Konzept sicherer Herkunftsstaaten entweder beizubehalten oder neu zu erlassen, wobei auch hier ebenso wie bei der Benennung sicherer Drittstaaten ein Vorrang der unionsweiten Qualifikation (oder deren Suspendierung) besteht.

Gegenüber einem konkreten Antragsteller kann das Konzept des si- **337** cheren Herkunftsstaats nach Art. 61 Abs. 5 AsylVfVO nur dann zur Anwendung kommen, wenn er die Staatsangehörigkeit des betreffenden Staates besitzt oder als Staatenloser zuvor seinen gewöhnlichen Aufenthalt in dem betreffenden Staat hatte, er nicht zu derjenigen Personengruppe rechnet, für die der Herkunftsstaat nicht als sicher gilt, und er keine Umstände vortragen kann, wonach das Konzept des sicheren Herkunftsstaats gerade auf ihn keine Anwendung findet, Art. 61 Abs. 5 AsylVfVO.

Auch bezüglich der Anwendung des Konzepts der sicheren Herkunfts- **338** staaten differenziert der deutsche Gesetzgeber nach den verfassungsrechtlichen Vorgaben des Art. 16a Abs. 3 GG und der unionsrechtlichen Regelung[170] in Art. 64 AsylVfVO[171]. Nach Art. 16a Abs. 3 GG werden im Wege normativer Vergewisserung durch Gesetz, das der Zustimmung des Bundesrats bedarf, Staaten bestimmt, bei denen auf Grund der Rechtslage, der Rechtsanwendung und der allgemeinen politischen Verhältnisse gewährleistet erscheint, dass dort weder politische Verfolgung noch eine unmenschliche oder erniedrigende Bestrafung oder Behandlung stattfindet. Kommt ein Antragsteller aus einem solchen Staat, wird vermutet, dass er dort nicht verfolgt wird, solange er keine Tatsachen vorträgt, die das Gegenteil belegen und damit diese Vermutung ent-

---

[169] Vgl. speziell zur Türkei als sicherer Herkunftsstaat Groß, ZAR 2026, 147, 148; Thym, NVwZ 2026, 873, 877 f.

[170] Vgl. hierzu Thym, Scheitert die Ausweitung sicherer Herkunftsländer am Europarecht, NVwZ 2025, 1377 ff.

[171] Vgl. Pichl, Die Reform des Europäischen Asylsystems, Asylmagazin 2024, 141, 146.

kräften. Nach § 29a Abs. 1 AsylG n. F. wird ein Asylantrag eines Antragstellers aus einem sicheren Herkunftsstaat im Sinne von Art. 16a Abs. 3 GG als offensichtlich unbegründet abgelehnt, es sei denn, von ihm vorgebrachte Tatsachen begründen die Verfolgungsgefahr oder die Gefahr einer unmenschlichen oder erniedrigenden Behandlung. § 29a Abs. 2 AsylG verweist auf die Anlage II zum AsylG, die neben den Westbalkanstaaten Albanien, Bosnien-Herzegowina, das Kosovo, Montenegro, Nordmazedonien und Serbien als weitere sichere Herkunftsländer Georgien, Ghana, die Republik Moldau und Senegal auflistet. Nach § 29b Abs. 2 AsylG n. F. kann die Bundesregierung – analog zur Regelung bei sicheren Drittstaaten – durch Rechtsverordnung ohne Zustimmung des Bundesrats sichere Herkunftsstaaten im Sinne von Art. 64 AsylVfVO benennen. Auch insoweit trifft die Bundesregierung in zweijährigem Abstand eine Berichts- und Prüfpflicht. Eine derartige Rechtsverordnung zur Benennung sicherer Herkunftsstaaten hat die Bundesregierung bislang nicht erlassen.

7. Das Verfahren zum Entzug des internationalen Schutzes

339 Die Gewähr internationalen Schutzes erfolgt auch nach der AsylVfVO grundsätzlich **nicht unbefristet,** sondern sie unterliegt der Überprüfung entweder durch die Asylbehörde oder durch ein nationales Gericht, sofern nach Art. 65 AsylVfVO „Umstände oder Erkenntnisse zutage treten“, die Anlass für eine Überprüfung des Fortbestands des internationalen Schutzes eines Antragstellers bieten. Die genannten Umstände oder Erkenntnisse müssen sich dabei insbesondere auf die in Art. 14 und Art. 19 StatusVO geregelten materiellen Voraussetzungen für den Entzug internationalen Schutzes beziehen.

340 Nach der Einleitung eines Verfahrens zum Entzug des Schutzstatus durch die Asylbehörde (oder ggf. ein nationales Gericht) muss der Betroffene nach Art. 66 Abs. 1 AsylVfVO zunächst schriftlich über die Überprüfung seines Schutzstatus und deren Gründe informiert werden. Zugleich ist er über seine Pflicht zur uneingeschränkten Zusammenarbeit mit der Asylbehörde oder anderen zuständigen Behörden zu unterrichten, insbesondere darüber, dass er eine schriftliche Erklärung abzugeben hat und zu einer persönlichen Anhörung (oder Verhandlung) erscheinen und Fragen beantworten muss, sowie über die entsprechenden Folgen der Verletzung der genannten Pflichten. Innerhalb einer angemessenen Frist ab dem Zugang der Überprüfungsmitteilung kommt dem Betroffenen die Möglichkeit zu, eine schriftliche Erklärung abzugeben bzw. in einer von der Asylbehörde anberaumten Anhörung Gründe gegen die Aberkennung des internationalen Schutzstatus vorzubringen. Kooperiert der schutzberechtigte Drittstaatsangehörige oder Staatenlose nicht mit der Asylbehörde, indem er ohne Begründung keine schriftliche Erklärung abgibt oder bei der persönlichen Anhörung nicht erscheint und Fragen nicht beantwortet, kann dies als widerlegbare Vermutung dafür angesehen werden, dass er internationalen Schutz nicht mehr in Anspruch nehmen möchte. Die fehlende Kooperation hindert die Asylbehörde allerdings nicht, über den Entzug des Schutzstatus zu entscheiden.

Die Entscheidung darüber, einem Drittstaatsangehörigen oder Staa- **341**
tenlosen den internationalen Schutz abzuerkennen, trifft die Asylbehörde unter vorheriger Einholung aktueller, verfügbarer und sachdienlicher Informationen so schnell wie möglich, ohne dass hierfür jedoch eine spezielle Frist gilt. Nach Ergehen der Entscheidung besitzt der Betroffene einen Anspruch auf Rechtsberatung und -vertretung nach Maßgabe der Art. 17 bis 19 AsylVfVO sowie Zugang zum Vertreter des UNHCR nach Art. 6 AsylVfVO.

Hat der schutzberechtigte Drittstaatsangehörige oder Staatenlose ein- **342**
deutig auf seine Anerkennung als international Schutzberechtigter verzichtet, die Staatsangehörigkeit eines Mitgliedstaats erworben oder nachträglich in einem anderen Mitgliedstaat internationalen Schutz erhalten, findet ein Verfahren zum Entzug des Schutzstatus nicht statt.

Der deutsche Gesetzgeber hat in § 72 AsylG n. F. Gründe für das **343**
Erlöschen der Asylberechtigung und des internationalen Schutzstatus normiert und dabei die entsprechenden Vorgaben der AsylVfVO aufgegriffen. § 73b AsylG n. F. regelt ergänzend zur AsylVfVO Gründe und Verfahren für den Entzug der asylrechtlichen Rechtsstellung, daneben aber auch für Widerruf und Rücknahme der Schutzgewährung. Reist ein Schutzberechtigter in den Verfolgerstaat, wird nach § 73b Abs. 1b AsylG n. F. regelmäßig vermutet, dass die Voraussetzungen für die Schutzgewähr nicht mehr vorliegen, es sei denn, die Reise erweist sich als sittlich geboten.

8. Inkrafttreten

Nach Art. 79 Abs. 2 AsylVfVO gilt die Verordnung in der Art und **344**
Weise, dass sie auf alle Verfahren für die Zuerkennung internationalen Schutzes Anwendung findet, die **ab dem 12. Juni 2026** eingereicht werden, Art. 79 Abs. 3 S. 1 AsylVfVO. Anträge auf internationalen Schutz, die vor diesem Zeitpunkt eingereicht worden sind, unterliegen dagegen weiterhin (allein) der Asylverfahrensrichtlinie 2013/32/EU. Gleiches gilt für Verfahren des Entzugs internationalen Schutzes, auf die die AsylVfVO Anwendung findet, wenn das entsprechende Überprüfungsverfahren ab dem 12. Juni 2026 begonnen wurde. Zugleich wird durch Art. 78 Abs. 1 AsylVfVO die Asylverfahrensrichtlinie 2013/32/EU mit Wirkung ab dem 12. Juni 2026 aufgehoben, soweit sie nicht für die Fälle des Art. 79 Abs. 3 AsylVfVO fortgilt. Die entsprechende nationale Regelung findet sich in § 87e AsylG n.F..

IV. Die Aufnahme von Schutzsuchenden (Aufnahmerichtlinie)

1. Die Bedeutung der Aufnahme und die innerstaatliche Zuständigkeit

345 Da für die Dauer des Anerkennungsverfahrens eine Anwesenheit der Schutzsuchenden erforderlich ist und diese in der Regel weder über die finanziellen Mittel noch die organisatorischen Voraussetzungen verfügen, ihren Lebensunterhalt selbst zu sichern, bedarf es einer staatlichen Aufnahme. Sie ist neben der Gewährung von Schutz vor Verfolgung und ernsthaften Schäden durch die Gewährung eines Aufenthaltsrechts der zweite wesentliche Bestandteil des internationalen Schutzes als Leistungsrecht.[172] Dieses bezieht sich auf die Bereitstellung einer Unterkunft sowie der zur Sicherung einer menschenwürdigen Existenz erforderlichen weiteren Leistungen. Die wesentlichen Inhalte der geschuldeten Leistungen werden in Art. 20 AufnRL konkretisiert.

346 Obwohl bei der Aufnahme die Gewährung von Schutz im Vordergrund steht, darf zugleich nicht übersehen werden, dass vor dem Hintergrund einer Unterbringung von zahlreichen Menschen in einer extrem schwierigen Lebenslage auf engem Raum auch in den Einrichtungen Konflikte und Gefahren entstehen können.[173] Das gilt besonders, aber nicht nur für Personen mit besonderen Bedürfnissen. Die Aufnahmerichtlinie und andere völkerrechtliche Rechtsakte, wie z. B. die Istanbul-Konvention[174], verpflichten deshalb die Staaten zur Etablierung von Gewaltschutzkonzepten (siehe dazu § 44 II AsylG).

347 Aus § 44 I AsylG folgt, dass die Länder für die Aufnahme und damit für die Bereitstellung von Unterkünften und den weiteren Leistungen zuständig sind. Die meisten Länder haben dazu eigene Aufnahmegesetze erlassen. Daraus folgt zugleich, dass die Länder – neben dem ebenfalls verpflichteten Bund – in erster Linie für die Umsetzung der Richtlinie zuständig und verantwortlich sind.

348 Die Aufnahmerichtlinie wurde nicht in eine Verordnung überführt. Darin kommt u. a. zum Ausdruck, dass der europäische Gesetzgeber den Mitgliedstaaten in diesem Bereich größere Gestaltungsspielräume belassen will. Die Richtlinie wurde in ihrer Grundstruktur und den wesentlichen Inhalten nicht verändert, aber in vielen Details weiterentwickelt.

---

[172] Zur Charakterisierung des Asylrechts als Leistungsrecht siehe *Kluth,* in: Stern/Becker, Grundrechte Kommentar, 4. Aufl. 2024, Art. 16a, Rn. 20.

[173] Siehe dazu vertiefend die Forschungsergebnisse auf https://www.vulner.eu.

[174] Übereinkommen des Europarats zur Verhütung und Bekämpfung von Gewalt gegen Frauen und häuslicher Gewalt v. 11. Mai 2011, BGBl. 2017 II S. 1026, 1027.

2. Anwendungsbereich

Diese Richtlinie gilt nach Art. 3 I AufnRL für alle Drittstaatsangehörigen und Staatenlosen, die im Hoheitsgebiet der Mitgliedstaaten, einschließlich an der Außengrenze, in den Hoheitsgewässern oder in den Transitzonen, einen Antrag auf internationalen Schutz stellen, solange diese Drittstaatsangehörigen und Staatenlosen als Antragsteller im Hoheitsgebiet verbleiben dürfen. Darüber wird im Anschluss an das Screeningverfahren entschieden. **349**

Die Richtlinie gilt auch für Familienangehörige eines Antragstellers, wenn sie nach nationalem Recht von diesem Antrag auf internationalen Schutz erfasst sind. **350**

Keine Anwendung findet die Richtlinie nach Art. 3 II, wenn in Vertretungen der Mitgliedstaaten um diplomatisches oder territoriales Asyl nachgesucht wird. **351**

Zudem können nach Absatz 3 die Mitgliedstaaten beschließen, diese Richtlinie auf Verfahren zur Bearbeitung von Ersuchen um andere Formen des Schutzes anzuwenden, als diejenigen im Rahmen der Verordnung (EU) 2024/1347. **352**

Die Richtlinie normiert Mindestanforderungen. Nach Art. 4 AufnRL können die Mitgliedstaaten günstigere Bestimmungen für die im Rahmen der Aufnahme gewährten Vorteile für Antragsteller sowie für Familienangehörige und nahe Verwandte von Antragstellern, die sich in demselben Mitgliedstaat aufhalten, wenn diese Familienangehörigen und nahen Verwandten von den Antragstellern abhängig sind, oder aus humanitären Gründen erlassen oder beibehalten, sofern diese Bestimmungen mit der Richtlinie vereinbar sind. **353**

3. Grundsätze der Organisation des Aufnahmesystems

a) Informationspflichten. Die Aufnahmerichtlinie geht davon aus, dass das Gebrauchmachen von Rechten eine klare Information über das Bestehen der Rechte voraussetzt (Transparenzgrundsatz). Entsprechend stellen nach Art. 5 I AufnRL die Mitgliedstaaten den Antragstellern Informationen über die gemäß dieser Richtlinie im Rahmen der Aufnahme gewährten Vorteile, darunter auch Informationen in Bezug auf ihre jeweiligen Aufnahmesysteme, so bald wie möglich und so rechtzeitig zur Verfügung, dass die Antragsteller die in dieser Richtlinie vorgesehenen Rechte effektiv in Anspruch nehmen und den darin festgelegten Pflichten nachkommen können. **354**

Nach Art. 5 I Uabs 3 tragen die Mitgliedstaaten dafür Sorge, dass die Antragsteller Informationen darüber erhalten, welche Organisationen oder Personengruppen einschlägige Rechtsberatung und -vertretung erbringen, darunter auch Organisationen oder Personengruppen, **355** die eine solche Rechtsberatung und -vertretung unentgeltlich erbringen (siehe § 12a AslG), sowie welche Organisationen ihnen im Zusammenhang mit den im Rahmen der Aufnahme gewährten Vorteilen, einschließlich medizinischer Versorgung, behilflich sein oder sie informieren können.

356 Diese Informationen sind besonders wichtig, weil diese Hilfeleistungen häufig von spezialisierten Nichtregierungsorganisationen angeboten werden, zu denen die aufgenommenen Personen leichter eine vertrauensvolle Beziehung aufbauen können, so dass ihre Beratung und Unterstützung oft wirksamer ist als diejenige durch staatliche Stellen.

357 Die Informationen sollen nach Art. 5 II AufnRL schriftlich in präziser, transparenter, verständlicher und leicht zugänglicher Form, unter Verwendung einer klaren und einfachen Sprache sowie in einer Sprache bereitgestellt werden, die der Antragsteller versteht oder von der vernünftigerweise angenommen werden darf, dass er sie versteht. Erforderlichenfalls müssen die Informationen auch mündlich oder gegebenenfalls bildlich, etwa anhand von Videos oder Piktogrammen, bereitgestellt und an die Bedürfnisse des Antragstellers angepasst werden.

358 **b) Aufnahmesystem und Zuweisung.** Die Mitgliedstaaten haben nach Art. 7 I AufnRL die Befugnis, ihre Aufnahmesysteme im Rahmen der zwingenden Vorgaben der Richtlinie frei zu gestalten.

359 Art. 31 I AufnRL verlangt, dass die Mitgliedstaaten Mechanismen etablieren, die eine geeignete Lenkung, Überwachung und Steuerung des Niveaus der im Rahmen der Aufnahme gewährten Vorteile – gemeint sind die Leistungen – sicherstellen. Dabei sind die von der Asylagentur nach Art. 13 VO (EU) 2021/2303 erlassenen Leitlinien (Stand 2016) zu beachten, die detaillierte Vorgaben als Best-Practice Orientierung vermitteln.[175]

360 Nach Art. 32 AufnRL ist jeder Mitgliedstaat verpflichtet, in Absprache mit lokalen und regionalen Gebietskörperschaften, Organisationen der Zivilgesellschaft und internationalen Organisationen, einen Notfallplan auszuarbeiten. In diesem werden die geplanten Maßnahmen festgelegt, die zur Gewährleistung einer angemessenen Aufnahme von Antragstellern nach dieser Richtlinie zu treffen sind, wenn der Mitgliedstaat mit einer unverhältnismäßig hohen Zahl von Personen, die internationalen Schutz beantragen, einschließlich unbegleiteter Minderjähriger, konfrontiert ist. Der Notfallplan enthält auch Maßnahmen, um die in Art. 20 X lit. b genannten Situationen möglichst zügig zu bewältigen.

361 Nach Art. 7 I AufnRL können sich die Antragsteller im Hoheitsgebiet des betreffenden Mitgliedstaats frei bewegen. Sofern alle Antragsteller

---

[175] Abrufbar unter: https://www.euaa.europa.eu/sites/default/files/Guidance-on-ReceptionConditions-DE.pdf.

ihre in dieser Richtlinie vorgesehenen Rechte effektiv wahrnehmen können, können die Mitgliedstaaten nach Art. 7 II den Antragstellern zur Steuerung ihrer Asyl- und Aufnahmesysteme eine bestimmte Unterkunft in ihrem Hoheitsgebiet zuweisen (siehe § 46 AsylG).

Darüber hinaus können die Mitgliedstaaten nach Art. 8 I AufnRL den **362** Antragstellern für die Dauer des Verfahrens zur Gewährung internationalen Schutzes gemäß der Verordnung (EU) 2024/1348 ein geografisches Gebiet innerhalb ihres Hoheitsgebiets zuweisen, in dem sie sich frei bewegen können.

Allerdings eröffnet Art. 8 II AufnRL den Mitgliedstaaten auch die **363** Möglichkeit, die Antragsteller einem geografischen Gebiet innerhalb ihres Hoheitsgebiets zuzuweisen, um eine zügige, effiziente und wirksame Bearbeitung ihrer Anträge sicherzustellen und somit die Bewegungsfreiheit einzuschränken. Von dieser Möglichkeit hat der deutsche Gesetzgeber in § 56 AsylG Gebrauch gemacht (Beschränkung der Aufenthaltsgestattung auf den Bezirk der Ausländerbehörde, in dem die für die Aufnahme des Ausländers zuständige Aufnahmeeinrichtung liegt).

Nach Art. 8 III AufnRL muss das zugewiesene geografische Gebiet **364** effektiven Zugang zu den Rechten nach dieser Richtlinie sowie zu den Verfahrensgarantien im Verfahren zur Gewährung internationalen Schutzes ermöglichen. Es muss ausreichend groß sein und den Zugang zu erforderlichen öffentlichen Infrastrukturen ermöglichen und darf die unveräußerliche Privatsphäre der Antragsteller nicht beeinträchtigen. Diese Vorgaben werden durch § 56 AsylG beachtet.

Neu geregelt wurde in Art. 7 III AufnRL, dass die Mitgliedstaaten bei **365** der Zuweisungsentscheidung objektive Faktoren wie etwa die in Artikel 14 genannte Familienzusammenführung sowie besondere Bedürfnisse der Antragsteller bei der Aufnahme berücksichtigen müssen. Da in mehreren Bundesländern Aufnahmeeinrichtungen errichtet wurden, in denen besondere Vorkehrungen für die Betreuung von Personen mit besonderen Bedürfnissen getroffen wurden, kann dem auf Landesebene entsprechend Rechnung getragen werden.

Rechtlich und praktisch besonders bedeutsam ist die Aussage in **366** Art. 7 IV AuflnRL. wonach die Mitgliedstaaten die Gewährung materieller Leistungen im Rahmen der Aufnahme davon abhängig machen, dass sich ein Antragsteller tatsächlich in der Unterkunft aufhält, die ihm zugewiesen wurde. Nach Art. 7 V AufnRL kann der tatsächliche Aufenthalt auch überwacht werden.

Art. 7 VII AufnRL stellt klar, dass die Mitgliedstaaten nicht verpflich- **367** tet sind, für die Zwecke dieses Artikels Verwaltungsentscheidungen zu erlassen. Das bedeutet aber nicht zwingend, dass die Zuweisungsentscheidung nicht als Verwaltungsakt zu qualifizieren ist. Sie kann auch als reine Verfahrenshandlung verstanden werden. In § 46 AsylG ist zwischen der Wirkung der Zuweisung gegenüber der Aufnahmeeinrichtung (reines Verwaltungsinternum) und gegenüber dem Ausländer (Verwaltungsakt) zu unterscheiden.[176]

368 **c) Antragsteller mit besonderen Bedürfnissen bei der Aufnahme.** Die Aufnahmerichtlinie betont an zahlreichen Stellen die Pflicht zur Berücksichtigung von besonderen Bedürfnissen von Personen im Rahmen der Aufnahme. In Kapitel IV (Art. 24 bis 28 AufnRL) wird der Personenkreis genauer bestimmt und es werden die Rechte dieser Personen und die korrespondierenden staatlichen Pflichten detailliert normiert. Hinter dieser Vorgabe stehen verschiedene menschenrechtliche und völkerrechtliche Vorgaben, die eng mit dem Konzept der vulnerablen Personen zusammenhängen.[177]

369 Der erfasste Personenkreis wird in der Neufassung durch Art. 24 I AufnRL in einer nicht abschließenden erweiterten Liste verdeutlicht, die der Bundesgesetzgeber auch in § 44 II AsylG[178] übernommen hat, und bezieht sich auf folgende Gruppen:

a) Minderjährige;
b) unbegleitete Minderjährige;
c) Personen mit Behinderungen;
d) ältere Menschen;
e) Schwangere;
f) Lesbische, schwule, bisexuelle, Trans- und intergeschlechtliche Personen;
g) Alleinerziehende mit minderjährigen Kindern;
h) Opfer von Menschenhandel;
i) Personen mit schweren Erkrankungen;
j) Personen mit psychischen Störungen, einschließlich posttraumatischer Belastungsstörung;
k) Personen, die Folter, Vergewaltigung oder sonstige schwere Formen psychischer, physischer oder sexueller Gewalt erlitten haben, wie z. B. Opfer geschlechtsspezifischer Gewalt, Opfer der Verstümmelung weiblicher Genitalien, Opfer von Kinderheirat oder Zwangsehen oder Opfer von Gewalt mit sexuellem, geschlechtsspezifischem, rassistischem oder religiösem Motiv.

370 Anknüpfend an die vorläufige Überprüfung nach der Screeningverordnung schreibt Art. 25 I AufnRL vor, dass die Mitgliedstaaten so bald wie möglich nach Stellung eines Antrags auf internationalen Schutz in

---

[176] VG Berlin BeckRS 2011, 49934; VG München BeckRS 2013, 45072; VG Schwerin BeckRS 2015, 46176; 2016, 44989; OVG Münster BeckRS 2014, 56196 Rn. 4; BeckOK AuslR/*Heusch,* 47. Ed. 1.1.2026, AsylG § 46 Rn. 6 ff.; a. A. VG München BeckRS 2010, 33330; VG Frankfurt (Oder) BeckRS 2013, 59089 (keine Außenwirkung und daher kein Verwaltungsakt).

[177] Dazu *Kluth,* ZAR 2020, 119 ff.

[178] Zur bisherigen Rechtslage NK-AuslR/*Bender/Bethke/Dorn,* 3. Aufl. 2023, AsylG § 44 Rn. 26 ff.

jedem Einzelfall beurteilen, ob der Antragsteller besondere Bedürfnisse bei der Aufnahme hat. Diese Beurteilung kann in die bestehenden nationalen Verfahren einbezogen werden.

Die Beurteilung wird auf der Grundlage sichtbarer Merkmale oder **371** Äußerungen oder Verhaltensweisen des Antragstellers oder gegebenenfalls Äußerungen der Eltern oder des Vertreters des Antragstellers eingeleitet (Anstoßfunktion).

Damit die Beurteilung gelingt, sind die Mitgliedstaaten verpflichtet, **372** entsprechend geschultes Personal in den Einrichtungen zu beschäftigen. Das Personal muss in der Lage sein, Anzeichen besonderer Bedürfnisse des Antragstellers bei der Aufnahme zu erkennen und den ermittelten Bedürfnissen angemessen Rechnung zu tragen.

Die Angaben über die Art der besonderen Bedürfnisse des Antragstel- **373** lers bei der Aufnahme werden in die von den zuständigen Behörden geführte Akte des Antragstellers aufgenommen.

Vor der **Umsetzung der Maßnahmen** bedarf es einer entsprechenden **374** Einwilligung der Antragsteller nach den Vorgaben des nationalen Rechts für die weitere Untersuchung ihres psychischen und körperlichen Zustands durch eine geeignete medizinische Fachkraft oder einen Psychologen. Zu diesem Zweck wird erforderlichenfalls eine mündliche Übersetzung durch einen ausgebildeten Dolmetscher zur Verfügung gestellt, um sicherzustellen, dass der Antragsteller mit dem medizinischen Personal kommunizieren kann. Falls ein ausgebildeter Dolmetscher nicht zur Verfügung steht und dies zu einer Verzögerung der Behandlung führen würde, kann die mündliche Übersetzung auch von einem anderen Erwachsenen zur Verfügung gestellt werden, sofern der Antragsteller damit einverstanden ist.

Ausführlich geregelt wird in Art. 28.AufnRL der **Umgang mit Opfern** **375** **von Folter und Gewalt.** Hier werden die Mitgliedstaaten verpflichtet, dafür zu sorgen, dass Personen, die Opfer von Menschenhandel waren oder Folter, Vergewaltigung oder andere schwere Gewalttaten psychischer, physischer oder sexueller Natur, einschließlich Gewalt, die sexuell, geschlechtsspezifisch, rassistisch oder religiös motiviert ist, erlitten haben, die medizinische und psychologische Behandlung und Betreuung, einschließlich Rehabilitationsdienste und Beratung, erhalten, die für den Schaden, welcher ihnen durch derartige Handlungen zugefügt wurde, erforderlich ist. Der Zugang zu einer solchen Behandlung und Betreuung ist so zügig wie möglich nach der Ermittlung der Bedürfnisse dieser Personen zu gewähren. Zudem muss nach Absatz 2 das Betreuungspersonal adäquat ausgebildet sein und sich angemessen fortbilden. Es unterliegt darüber hinaus in Bezug auf die Informationen, die es durch seine Arbeit erhält, der Schweigepflicht, wie sie im nationalen Recht und den anwendbaren berufsständischen Regeln definiert ist.

4. Leistungen im Rahmen der Aufnahme

376 Neben der Gewährung von Unterkunft im engeren Sinne ist die Aufnahme ganz wesentlich durch die Gewährung von materiellen Leistungen und Dienstleistungen geprägt. Dazu finden sich detaillierte Regelungen in den Art. 19 bis 22 AufnRL. In Art. 23 AufnRL wird die Möglichkeit von Kürzungen der Leistungen normiert.

377 Art. 19 enthält allgemeine Bestimmungen zu den materiellen Leistungen im Rahmen der Aufnahme und zur medizinischen Versorgung, fungiert also als Rahmenvorschrift. Entsprechende Ansprüche entstehen nach Absatz 1 mit der Antragstellung, wie es der Rechtsprechung des EuGH entspricht.[179] Ziel ist es nach Absatz 2, einen „angemessenen Lebensstandard" abzusichern, der den Lebensunterhalt sowie den Schutz der physischen und psychischen Gesundheit von Antragstellern gewährleistet und mit dem ihre Rechte gemäß der Charta geachtet werden.[180] Im Sinne einer Subsidiaritätsregel können die Mitgliedstaaten nach Absatz 3 die Gewährung aller oder bestimmter materieller Leistungen davon abhängig machen, dass die Antragsteller nicht über ausreichende Mittel für einen angemessenen Lebensstandard gemäß Absatz 2 verfügen. Dazu findet sich in § 7 AsylbLG eine entsprechende Regelung.

378 Die genaueren Modalitäten der im Rahmen der Aufnahme gewährten materiellen Leistungen werden in Art. 20 AufnRL bestimmt. Sofern die Mitgliedstaaten die Unterbringung als Sachleistung zur Verfügung stellen, wie das bei der Erstaufnahme in der Regel der Fall ist, sorgen sie dafür, dass durch eine solche Unterbringung dem Antragsteller ein angemessener Lebensstandard sowie die notwendige Unterstützung gewährt werden, um den besonderen Bedürfnissen von Antragstellern bei der Aufnahme Rechnung zu tragen.

379 Es kann zwischen den folgenden Unterbringungsmöglichkeiten oder eine Kombination davon gewählt werden:

a) Räumlichkeiten zur Unterbringung von Antragstellern für die Dauer der Prüfung eines an der Grenze oder in Transitzonen gestellten Antrags auf internationalen Schutz;
b) Unterbringungszentren;
c) Privathäuser, Wohnungen, Hotels oder andere für die Unterbringung von Antragstellern geeignete Räumlichkeiten.

380 Die Mitgliedstaaten müssen dafür Sorge tragen, dass

a) Antragstellern der Schutz ihres Familienlebens gewährleistet wird;
b) Antragsteller die Möglichkeit haben, mit Verwandten, Rechtsbeistand oder Beratern, Personen, die den UNHCR vertreten, und anderen einschlägig tätigen nationalen und internationalen Organisationen sowie Nichtregierungsorganisationen in Verbindung zu treten;

---

179 EuGH BeckRS 2018, 5023, Rn. 52 ff.
180 Siehe auch EuGH v. 4.6.2026 C-621/24.

c) Familienangehörige, Rechtsbeistände oder Berater, Personen, die den UNH- CR vertreten, und einschlägig tätige von dem betreffenden Mitgliedstaat anerkannte Nichtregierungsorganisationen Zugang zu der Unterbringung erhalten, um den Antragstellern zu unterstützen; der Zugang darf nur aus Gründen der Sicherheit der betreffenden Räumlichkeiten oder der Antragsteller eingeschränkt werden.

Entsprechende Regelungen finden sich in §§ 44 ff. AsylG und den Aufnahmegesetzen oder sonstigen Aufnahmeregelungen der Länder. **381**

Nach Absatz 4 müssen **Gewaltschutzkonzepte** erlassen und geeignete Maßnahmen ergriffen werden, um so weit wie möglich sicherzustellen, dass Übergriffe und Gewalt, einschließlich Gewalt, die sexuell, geschlechtsspezifisch, rassistisch oder religiös motiviert ist, verhindert werden. **382**

Das Bundesrecht verpflichtet die Länder bislang nicht ausdrücklich, für die Aufnahmeeinrichtungen **Schutzkonzepte** mit einem bestimmten Inhalt zu erlassen und anzuwenden. Durch die Neufassung von § 44 II AsylG ist das jetzt deutlicher vorgegeben worden. Die Länder sind dieser aus dem Unionsrecht abgeleiteten Verpflichtung in unterschiedlicher Art und Weise nachgekommen. Das gilt für die Regelungsform und den Regelungsinhalt. Mit Ausnahme von Hamburg und Berlin verfügen alle Bundesländer über ein Aufnahmegesetz. Die **Aufnahmegesetze** von Baden-Württemberg, Bayern und Brandenburg nehmen ausdrücklich auf die Umsetzung der Aufnahmerichtlinie und den Schutz der dort aufgeführten schutzbedürftigen Personengruppen Bezug, ohne aber die Vorgaben konkret zu normieren. **383**

Auf der Verordnungsebene nimmt das Land Brandenburg Bezug auf Gewaltschutz in Aufnahmeeinrichtungen. In § 8 Abs. 2 Durchführungsverordnung zum Landesaufnahmegesetz ist geregelt, dass Betreiber von Unterkünften ein Gewaltschutzkonzept (GSK) erstellen und für dessen Anwendung sorgen sollen. Damit findet sich dort eine konkrete Handlungsanweisung, wie für den in der AufnRL festgelegten Schutz zu sorgen ist. Das GSK soll dabei vor allem dem Schutz von Kindern und Frauen dienen. **384**

Unabhängig von den Regelungen in den Landesaufnahmegesetzen haben die meisten Länder Schutzkonzepte erlassen, denen deshalb funktional und rechtliche die größte Bedeutung zukommt. Neben Abweichungen in der inhaltlichen Ausgestaltung unterscheiden sich die von dem zuständigen Ministerium erlassenen Schutzkonzepte auch dadurch, dass einige für kommunale Aufnahmeeinrichtungen nur empfehlenden Charakter haben und nur für Einrichtungen des Landes strikt binden sind. Dadurch soll eine Auslösung von Finanzierungspflichten des Landes aufgrund der Konnexitätsregelungen der Landesverfassungen vermieden werden. **385**

Auch wegen dieser zentralen Steuerungsfunktion der Landesgewaltschutzkonzepte ist zu klären, ob auf diesem Wege den unionsrechtlichen **386**

Vorgaben genügt wird, also eine rechtverbindliche Umsetzung der Vorgaben aus Art. 20 IV AufnRL 2024 gewährleistet ist.

387 Zweifel bestehen insoweit deshalb, weil der EuGH u. a. für den Bereich des Umweltrechts entschieden hat, dass Verwaltungsvorschriften grundsätzlich nicht geeignet sind, um Richtlinien wirksam umzusetzen.[181] Vorliegend ist aber zu beachten, dass die Rechtsbeziehungen zwischen den Trägern der Aufnahmeeinrichtungen und den dort untergebrachten Schutzsuchenden in ein anstaltliches Benutzungsrechtsverhältnis[182] eingebunden sind, das innenrechtlich ausgestaltet ist und bei dem auch im Innenrechtsverhältnis wirksam Rechte und Leistungen geregelt werden können.[183]

388 Bei den **Schutzkonzepten** handelt es sich weder um Landesgesetze noch um Rechtsverordnungen, sondern um Verwaltungsvorschriften, die die Landesverwaltung sowie die Kommunen binden, soweit diese staatliche Aufgabe unter Fachweisung des Landes wahrnehmen, wie dies vorliegend der Fall ist. Die innenrechtliche Verbindlichkeit der Vorgaben folgt aus dem Wortlaut des Schutzkonzepts, der von einer Beachtung und Umsetzung durch die Einrichtungen bzw. deren Leitungen ausgeht. Die rechtlichen Auswirkungen des Schutzkonzepts auf die untergebrachten Personen erschließen sich aus der Analyse der organisationsrechtlichen Struktur der Aufnahmeeinrichtungen bzw. Unterbringungszentren.

389 Es handelt sich dabei um öffentliche Einrichtungen, d. h. zweckformierte Personen- und Sachgesamtheiten[184], die als nichtrechtsfähige Anstalten des öffentlichen Rechts zu qualifizieren sind.[185] Träger der Einrichtung ist entweder das Land (insbes. bei den Erstaufnahmeeinrichtungen) oder eine Kommune (Landkreis oder kreisfreie Stadt bei sonstigen Gemeinschaftsunterkünften). Die untergebrachten Personen sind Benutzer dieser Einrichtungen und stehen in einem öffentlich-rechtlichen Benutzungsverhältnis zu der Einrichtung bzw. dem Träger.[186] Das Benutzungsverhältnis ist ein besonderes verwaltungsrechtliches Rechtsverhältnis, das durch Rechte und Pflichten gekennzeichnet ist, wobei die Rechte oder Berechtigungen als subjektiv-öffentliche Rechte zu qualifizieren

---

181 *Ruffert,* in: Calliess/Ruffert (Hrsg.), EUV/AEUV, 6. Aufl. 2022, Art. 288 AEUV Rn. 27 ff.

182 Dazu *Korte,* in: Wolff/Bachof/Stober/Kluth, Verwaltungsrecht II, 8- Aufl. 2023, § 86 Rn. 68 ff.

183 Das gilt auch im Schulrecht sowie in vielen anderen Benutzungsrechtsverhältnissen. Anders als im Falle von Grundrechtseingriffen bedarf es zur Rechtsbegründung keiner gesetzlichen Rechtsgrundlage.

184 Zum Einrichtungsbegriff OVG Münster DVBl 1971, 218 und BeckRS 2015, 42643; *Dietlein* JURA 2002, 445 (446); *Schoch* NVwZ 2016, 257 (259).

185 Das folgt aus der hierarchischen Struktur und der Bereitstellung von Leistungen für Benutzer.

186 Zum Benutzungsrechtsverhältnis näher *Korte,* in: Wolff/Bachof/Stober/Kluth, Verwaltungsrecht II, 8- Aufl. 2023, § 86 Rn. 85 ff.

sind. Diese sind im Innenrechtsstreitverfahren vor den Verwaltungsgerichten auch justiziabel.[187]

Die Vorgaben des Landes sind in den Einrichtungen des Landes aufgrund der Vorgaben in der Verwaltungsvorschrift (Schutzkonzept) durch die Anstaltsleitung umzusetzen. Ob diese auch gegenüber den Kommunen, die Gemeinschaftsunterkünfte betreiben, wegen des Fachweisungsrechts in diesem Bereich Geltung beansprucht, ist im Wege der Auslegung zu klären. Soweit Schutzkonzepte den Kommunen die Anwendung nur empfehlen, um Finanzierungspflichten aus dem kommunalen Konnexitätsprinzip zu vermeiden, ist dies rechtlich problematisch, weil das Land damit seiner Umsetzungspflicht nicht hinreichend nachkommt. **390**

Die Leiter der Einrichtungen sind somit verpflichtet, die Vorgaben aus dem Schutzkonzept in den einzelnen Aufgabenbereichen umzusetzen. Das kann sich u. a. auf die folgenden Bereiche erstrecken: **391**

- die Umsetzung von Informationspflichten
- die Durchführung des Screenings
- die Formulierung von Vorgaben zur räumlichen Gestaltung, zu den materiellen Leistungen, zum Beschwerdemanagement, zur Kooperation mit anderen Stellen usw.
- die Gewährleistung der Personalschulung
- die Etablierung eines Monitorings

Das Benutzungsrechtsverhältnis ist nach diesen Vorgaben durch eine Benutzungs- oder Hausordnung auszugestalten. In diesem Rahmen ist auch die Begründung von subjektiven öffentlichen Rechten auf Information, besondere Leistungen usw. möglich, so dass die verbindliche Umsetzung der Vorgaben aus der Aufnahmerichtlinie durch den Erlass eines Schutzkonzepts der Einrichtung, das sich auf das Benutzungsrechtsverhältnis auswirkt, als möglich anzusehen ist. **392**

Ein weiterer Aspekt der Umsetzung betrifft die Übertragung der Erbringung von Dienstleistungen in Unterbringungszentren auf private Dienstleister. Soweit diese Dienstleister auch in der Einrichtung und gegenüber den Bewohnern tätig werden, sind diese rechtlich als Verwaltungshelfer einzuordnen[188] mit der Folge, dass der Träger der Einrichtung die Einhaltung der gesetzlichen Vorgaben, die für sein eigenes Handeln gelten, durch diese sicherstellen muss.[189] **393**

In Bezug auf die medizinische Versorgung verpflichtet Art. 22 AufnRL die Mitgliedstaaten, die erforderliche medizinische Versorgung **394**

---

[187] *Ehlers/Schneider,* in: Schoch/Schneider, 46. EL August 2024, VwGO § 40 Rn. 300.

[188] Dazu näher *Stober,* in: Wolff/Bachof/Stober/Kluth, Verwaltungsrecht II, 8. Aufl. 2023, § 91; *Burgi,* Funktionale Privatisierung und Verwaltungshilfe, 1999.

[189] Zur Steuerungs- und Kontrollpflicht der beauftragenden Behörde *Kluth,* in: in: Wolff/Bachof/Stober/Kluth, Verwaltungsrecht I, 13. Aufl. 2017, § 59, Rn. 95 ff.; *Burgi,* Funktionale Privatisierung und Verwaltungshilfe, 1999, S. 340 ff.

erhalten. Diese kann durch Allgemeinmediziner oder erforderlichenfalls durch Fachärzte erfolgen. Die erforderliche medizinische Versorgung hat von angemessener Qualität zu sein und zumindest die Notversorgung und die unbedingt erforderliche Behandlung von Krankheiten, einschließlich schwerer psychischer Störungen, sowie die zur Behandlung von schweren körperlichen Beschwerden erforderliche Gesundheitsversorgung im Bereich der sexuellen und reproduktiven Gesundheit zu umfassen. Die Vorgaben werden durch §§ 4, 6 AsylbLG umgesetzt, die richtlinien- und verfassungskonform auszulegen und anzuwenden sind.[190]

395 Die Mitgliedstaaten sanktionieren Gesetzesverstöße und Verstöße gegen Mitwirkungspflichten während des Verfahrens gerne mit Leistungskürzungen. Dafür formuliert Art. 23 AufnRL den zulässigen Rahmen sehr detailliert. Die Grenzen für Leistungskürzungen werden in Absatz 4 normiert. Danach gewährleisten die Mitgliedstaaten im Einklang mit Artikel 22 Zugang zur medizinischen Versorgung und einen Lebensstandard für alle Antragsteller, der mit dem Unionsrecht, einschließlich der Charta, und internationalen Verpflichtungen in Einklang steht. Nach der Rechtsprechung des EuGH gehört dazu die Bereitstellung von Kleidung und eine Mindestgeldbetrag, über den frei verfügt werden kann.[191]

396 Nach Absatz 5 gewährleisten die Mitgliedstaaten, dass im Rahmen der Aufnahme gewährte materielle Leistungen nicht entzogen oder gekürzt werden, bevor eine Entscheidung nach Maßgabe von Absatz 2 ergeht.

5. Zugang zu Bildung und Beschäftigung

397 Neben den materiellen Leistungen ist für die Schutzsuchenden auch der Zugang zu Bildung und Beschäftigung sehr wichtig, weil davon ihre persönliche Entwicklung und Integrationschancen abhängen. Das gilt vor allem für Minderjährige, die noch der allgemeinen Schulpflicht unterliegen und ein menschenrechtliches Recht auf schulische Bildung besitzen.[192]

398 Der Zugang zur Schulbildung wird durch Art. 16 AufnRL abgesichert. Danach steht minderjährigen Kindern von Antragstellern und minderjährigen Antragstellern der gleiche Zugang zu Bildung zu wie Deutschen unter ähnlichen Bedingungen, solange keine Ausweisungsmaßnahme gegen diese Minderjährigen oder ihre Eltern tatsächlich vollstreckt wird. Dem tragen die Schulgesetze der Länder Rechnung.

399 Umstritten ist immer wieder, wie der Schulzugang auszugestalten ist, insbesondere ob eine getrennte Beschulung vorzugswürdig ist. Hierzu sagt die Richtlinie, dass grundsätzlich der Unterricht für Minderjährige in

---

[190] Zu Einzelheiten *Spitzlei,* in: BeckOK AuslR, 47. Ed. 1.1.2026, AsylbLG § 4 Rn. 10 ff.

[191] EuGH v. 4.6.2026, C-621/24.

[192] Dazu BVerfGE 159, 355 ff.

denjenigen der eigenen Staatsangehörigen der Mitgliedstaaten zu integrieren ist und von gleicher Qualität zu sein hat.

Allerdings ignoriert die Richtlinie auch nicht die besonderen Umstände **400** hinsichtlich der Teilnahmevoraussetzungen an einem solchen Unterricht. Deshalb werden weitere Maßgaben formuliert. So müssen die Mitgliedstaaten dafür sorgen, dass den Minderjährigen der Zugang zum Bildungssystem so bald wie möglich gewährt wird und dass die Gewährung dieses Zugangs nicht um mehr als zwei Monate, nachdem der Antrag auf internationalen Schutz eingereicht wurde, verzögert wird, wobei die Schulferien zu berücksichtigen sind. Als vorübergehende Maßnahme und für einen Zeitraum von höchstens einem Monat können die Mitgliedstaaten diesen Unterricht jedoch außerhalb des regulären Bildungssystems anbieten.

Bei Bedarf sollen Minderjährigen zudem Vorbereitungskurse, ein- **401** schließlich Sprachkurse, angeboten werden, um ihnen den Zugang zum und die Teilnahme am regulären Bildungssystem zu erleichtern.

Auch der Zugang zur Beschäftigung wird geregelt. Art. 17 AufnRL **402** sieht hier vor, dass Antragsteller spätestens sechs Monate nach Registrierung des Antrags auf internationalen Schutz Zugang zum Arbeitsmarkt erhalten. Dieser Vorgabe wird § 61 AsylG gerecht, der in seiner neuen Fassung einen Zugang bereits nach drei Monaten eröffnet.

6. Freiheitsbeschränkende Maßnahmen

Maßnahmen zur Beschränkung der Bewegungsfreiheit sowie der In- **403** haftnahme kommt in den letzten Jahren eine wachsende Bedeutung zu. Entfaltete die Rückführungsrichtlinie 2008/115/EG aus dem Jahr 2008 noch eine eher restriktive Wirkung[193], so finden sich inzwischen in fast allen Rechtsakte des GEAS umfangreiche Regelungen sowohl zur Beschränkung der Bewegungsfreiheit als auch zur Haft. Dabei steht die effektive Rückführung von Personen ohne Schutzanspruch und Aufenthaltsrecht im Vordergrund der Rechtfertigung dieser Verschärfungen der gesetzlichen Regelungen. Wie groß die tatsächlichen Effekte sind, ist jedoch schwer zu ermitteln. So ist vor allem die Zahl der Plätze in den Abschiebhafteinrichtungen (ca. 500 in 14 Einrichtungen) in den letzten Jahren nur wenig gestiegen. Die Zahl der in Haft genommenen Personen ist allerdings nach einem Rückgang ab 2008 ab dem Jahr 2020 wieder deutlich gestiegen. Im Jahr 2024 wurden 6200 Personen in Abschiebungshaft[194] genommen.[195]

---

[193] Dazu *Hörich,* Abschiebungen nach europäischen Vorgaben, 2015.

[194] Zum Vergleich: Untersuchungshaft wird in Deutschland jährlich ca. in 14.000 Fällen angeordnet.

[195] https://mediendienst-integration.de/news/mehr-ausreisepflichtige-menschen-werden-inhaftiert/.

404 Die Aufnahmerichtlinie unterscheidet wie die anderen Rechtsakte zwischen Beschränkungen der Bewegungsfreiheit, die ohne richterliche Anordnung erfolgen können, und der Inhaftnahme, für die eine richterliche Anordnung nach Art. 104 II GG erforderlich ist.

405 Den Rechtsrahmen für Beschränkungen der Bewegungsfreiheit normiert Art. 19 AufnRL Danach können die Mitgliedstaaten erforderlichenfalls aus Gründen der öffentlichen Ordnung oder, wenn Fluchtgefahr besteht, zur wirksamen Verhinderung einer Flucht des Antragstellers eine Entscheidung treffen, dass sich ein Antragsteller nur an einem bestimmten Ort aufhalten darf, der zur Unterbringung von Antragstellern geeignet ist. Das gilt insbesondere bei Fällen der sog. Sekundärmigration. Der deutsche Gesetzgeber hat von dieser Möglichkeit durch § 68 AsylG bereits Gebrauch gemacht. Dabei ist jedoch die widerlegbare Vermutung der Fluchtgefahr durch Absatz 2 problematisch und für die Begründung der Freiheitsbeschränkung nicht ausreichend.

406 Die Voraussetzungen für die Anordnung einer Haft werden in Art. 10 AufnRL näher geregelt. Die abschließenden Haftgründe werden in Absatz 4 normiert. Dabei geht es vor allem um die Sicherung der Identitätsklärung, die Sicherung von Mitwirkungspflichten und die Reaktion auf das Bestehen von Fluchtgefahr.

407 Durch Art. 11 werden konkrete Garantien für in Haft befindliche Antragsteller normiert, die den Vorgaben zur Abschiebungshaft weitgehend entsprechen. Das gilt auch für die Vorgaben für die Haftbedingungen, die in Art. 12 AufnRL konkretisiert werden.

408 Besonders ausführlich sind schließlich in Art. 13 AufnRL die Vorgaben geregelt, die bei der Inhaftnahme von Antragstellern mit besonderen Bedürfnissen bei der Aufnahme zu beachten sind. Dabei muss die Gesundheit, einschließlich der psychischen Gesundheit, der in Haft genommenen Antragsteller mit besonderen Bedürfnissen bei der Aufnahme ein vorrangiges Anliegen der nationalen Behörden sein. In Fällen, in denen die Inhaftnahme von Antragstellern mit besonderen Bedürfnissen bei der Aufnahme ihre körperliche und psychische Gesundheit ernsthaft gefährden würde, dürfen diese Antragsteller nicht in Haft genommen werden. Auch [1]Minderjährige werden grundsätzlich nicht in Haft genommen. [2]Sie werden gemäß den Artikeln 26 und 27 in geeigneten Unterkünften untergebracht.

V. Die Zuständigkeitsprüfung und die Sekundärmigration (Asyl- und Migrationsmanagement-Verordnung)

1. Einordnung der Verordnung in das reformierte GEAS

Die Asyl- und Migrationsmanagement-Verordnung (AMMVO) bildet ein zentrales Element der GEAS-Reform. Ebenso wie andere Teile des Gesamtpakets ist der **materiell-rechtliche Regelungsgehalt weitgehend mit dem vorherigen Recht identisch.** Wie bei den anderen Teilen des Reformpakets wurden insbesondere die Grundprinzipien der Vorgängerregelung beibehalten. Die **Weiterentwicklung** des europäischen Asylrechts geschah also **inkrementell.** Neuerungen wie der Solidaritätsmechanismus und die erstmals verrechtlichten Verfahren zur Entwicklung und Fortschreibung allgemeiner migrationspolitischer Strategien auf Mitgliedstaaten- und Unionsebene wurden in die bisherige Logik des Dublin-Rechts eingefügt. Sie erfüllen keine Ersatz-, sondern Ergänzungsfunktion und sollen die Durchsetzbarkeit der gegebenen Regelungsprinzipien verstärken und Defizite ausgleichen. **409**

Diese **Grundprinzipien** können, soweit die AMMVO betroffen ist, wie folgt beschrieben werden: **410**

1. Der **internationale Schutz** wird **unionsweit einheitlich gewährleistet** und begründet gegenüber dem gesamtstaatlichen Gefüge, bestehend aus der EU und den Mitgliedstaaten, ein **subjektives Recht** der zu schützenden Personen.
2. Die **räumliche Wirkung** des Schutzrechts beschränkt sich hingegen auf den **zuständigen Mitgliedstaat.** Der Schutz gewährleistet **kein unionsweites Aufenthaltsrecht.**
3. Schutzberechtigte Personen genießen grundsätzlich **keinen Anspruch auf Aufenthalt in einem Mitgliedstaat ihrer Wahl.** Die Entscheidung, in welchem Staat ihnen der Schutz gewährt wird, ist hoheitlicher Natur, die **grundsätzlich keine subjektiv-rechtliche Gegenposition** findet. Zu berücksichtigende Interessen des **Zusammenlebens im Familienverbund** bilden hier eine **Ausnahme von der Regel.**

Neu geschaffen und in der AMMVO nunmehr verankert sind die folgenden beiden Prinzipien: **411**

1. Die Mitgliedstaaten und die Union betten das Asylrecht in eine **kohärente gemeinsame Migrationspolitik** ein. Diese wird „bottom-up" entwickelt, indem zunächst jeder Mitgliedstaat seine Prioritäten definiert und der Europäischen Kommission mitteilt, woraufhin diese eine hierzu kohärente politische Strategie für die Unionsebene erstellt.
2. Nach einer komplexen Berechnungsmethode werden **Quoten für jeden Mitgliedstaat** erstellt, wodurch die Belastungen durch Asylaufnahmen mit einer hinreichenden Gleichmäßigkeit erfolgen sollen. Der **Ausgleich zwischen den Mitgliedstaaten** erfolgt durch die Aufnahme

von Antragstellern oder Schutzberechtigten oder zweckgebundenen Geldzahlungen.

412 **a) Funktion der AMMVO im GEAS.** Die AMMVO unterscheidet sich von den übrigen zum GEAS zählenden Rechtsakten dahingehend, dass sie nicht nur auf der Individualebene Verfahren oder Schutzvoraussetzungen und -bedingungen regelt, sondern auch **auf einer Metaebene institutionelle Vorschriften enthält,** die **Verfahren zur Politikformulierung** zum Gegenstand haben (Art. 3 bis 8 AMMVO), im politikwissenschaftlichen Sinne also nicht zur „policy", sondern zur „polity" gehören. Diese **Bestimmungen zur Politikentwicklung** stehen gleichsam als allgemeiner Teil vor den Vorgaben zur Berechnung der aus einem Lagebericht zu entwickelnden Solidaritätsbeiträge der Mitgliedstaaten (Art. 9 bis 15 AMMVO) und vor den folgenden, thematisch nicht unmittelbar passenden Vorschriften zur Bestimmung des zuständigen Mitgliedstaats für die Bearbeitung und Schutzgewährung eines einzelnen Antragstellers (Art. 16 bis 55 AMMVO). Erst in einem dritten Teil werden diese Elemente miteinander verbunden, indem bestimmt wird, wie individuelle Personen zur Umsetzung des Solidaritätsausgleichs zwischen Mitgliedstaaten überstellt werden (Art. 56 bis 70 AMMVO). Die Verordnung endet mit einem kurzen Artikel zur finanziellen Unterstützung (Art. 71 AMMVO) und allgemeinen Verfahrens-, Schluss- und Änderungsvorschriften (Art. 72 bis 85 AMMVO).

413 Von besonderer Bedeutung ist die auf Grundlage der AMMVO erlassene **Durchführungsverordnung (EU) 2025/2055** (im Folgenden: AMM-DVO),[196] die unter anderem die zwischenstaatlichen Verfahren zur Zuständigkeitsbestimmung und Überstellung im Einzelnen regelt. Die entsprechenden Vorschriften weisen eine **Bedeutung** auf, die **über reine Vollzugstechnik hinausreicht,** indem sie detaillierte Kataloge dazu enthalten, welche Dokumente, Registereintragungen und Auskünfte als Beweismittel gelten, und welche Kommunikationen einen Indizcharakter aufweisen. Die Vorgängervorschrift, nämlich die als Durchführungsrechtsakt zur damaligen Dublin-II-Verordnung erlassene Verordnung (EG) Nr. 1560/2003 der Kommission, die durch Durchführungsverordnung (EU) Nr. 118/2014 der Kommission im Jahr 2014 an Rechtsänderungen insbesondere zum Eurodac-System angepasst worden war, enthielt derartige Regelungen in geringerer Dichte als die neuen Bestimmungen. Durchführungsrechtsakte entsprechen funktional in etwa allgemeinen Verwaltungsvorschriften. Sie gehen inhaltlich nicht über den Bezugsrechtsakt hinaus, können aber in ihrer Ausgestaltung entscheidend sein, weil die in ihnen enthaltenen Einzelheiten sich unmittelbar auf die Effektivität der Ausführung des Hauptrechtsakts auswirken können. Für die Verwaltungen sind sie bindend.

---

[196] ABl. L v. 12.11.2025.

414 **b) Verhältnis zu anderen Rechtsakten des GEAS.** Die AMMVO ist, abgesehen von den übergreifenden Elementen zur Politikformulierung und der Solidarität, im System des GEAS **von anderen Rechtsakten abhängig.** Im Ablauf des Verfahrens zur Gewährung internationalen Schutzes nimmt sie eine frühe Stellung ein – die Zuständigkeit wird vor der materiellen Schutzberechtigung geprüft. Die bedeutendsten Verbindungen zu anderen Rechtakten werden nachfolgend dargestellt.

415 Der Zuständigkeitsbestimmung geht ein **Screening nach der ScreenVO** voraus, das nach Art. 1 Abs. 2 der ScreenVO der Identitätssicherung, der Feststellung einer etwaigen Gefahr für die öffentliche Sicherheit und der Prüfung von Vulnerabilitäten dient; dabei findet auch eine Gesundheitsuntersuchung statt. Das Screening erfolgt **auch zu Personen, die irregulär in das Hoheitsgebiet der Mitgliedstaaten einreisen** oder dort nach einem unbefugten Überschreiten der Außengrenze aufgegriffen werden, aber keinen Antrag auf internationalen Schutz stellen.

416 Die AsylVfVO bildet den **verfahrensrechtlichen Rahmen** für den gesamten Verwaltungsablauf bei der Bearbeitung von Schutzersuchen. Sie regelt unter anderem den Erstkontakt zu Asyl- und anderen Behörden desjenigen Mitgliedstaates, in dem erstmals ein Schutzersuchen geäußert wird. Ob es zu einem Zuständigkeitsbestimmungsverfahren nach der AMMVO kommt, ist unter anderem davon abhängig, ob anstelle eines regulären Asylverfahrens ein Grenzasylverfahren durchgeführt wird, das mit einer Einreiseuntersagung und einer besonderen Beschleunigung einhergeht, aber auch kontingentiert ist.

417 In Art. 21 der AufnRL ist vorgesehen, dass ab dem Zeitpunkt der Wirksamkeit einer Überstellungsentscheidung **materielle Leistungsansprüche Schutzsuchender nur noch von dem zuständigen Mitgliedstaat** erfüllt werden, wohingegen die Zuständigkeit des Aufenthaltsstaates für solche Leistungen endet, außer für Leistungen zur Wahrung der Menschenwürde (Art. 21 Abs. 1 S. 2 AufnRL).

418 Die EurodacVO **weitet Eurodac** zu einer **biometrischen Datenbank zur Erfassung von Personen in verschiedenen relevanten Lagen** aus, die ein Asylverfahren durchlaufen oder – wie etwa illegal aufhältige Drittstaatsangehörige (Art. 23 EurodacVO) oder aber auch Resettlement-Flüchtlinge (Art. 20 EurodacVO) und Begünstigte vorübergehenden Schutzes (derzeit Ukrainerinnen und Ukrainer nach der RL 2001/55/EG) – ansonsten als relevant im Asylverfahrenskontext angesehen werden. Neben der reinen Registrierung der Identität und des Verfahrensstatus werden auch **Kontextdaten zu Sicherheitsgesichtspunkten** (etwa Bewaffnung, Gewalttätigkeit, Terrorismusbezug) hinterlegt. Auch bei **Übernahmen** nach der AMMVO werden sowohl die Übernahmeverpflichtung als auch die Ankunft im Übernahmestaat in Eurodac hinterlegt (Art. 25 EurodacVO).

2. Ersetzung der bisherigen Dublin-III-Verordnung

419 **a) Kontinuität und Systemwechsel.** Die Reform des Gemeinsamen Europäischen Asylsystems führt in Fortschreibung des bisherigen Dublin-Systems[197] hauptsächlich zu verfahrenstechnischen Änderungen. Prägend sind in Verfahrenshinsicht zwei Elemente: **Die stärkere Nutzung vernetzter informationstechnischer Systeme und straffere Fristen.**

420 Die Zuständigkeitsbestimmung bleibt auch unter der AMMVO grundsätzlich nach einem **hierarchisch aufgebauten Kriterienkatalog** organisiert; Art. 24 Abs. 1 AMMVO. Die Zuständigkeit wird weiterhin primär anhand **objektiver Anknüpfungspunkte** bestimmt, und zwar vor allem anhand des Einreisestaates, aber auch etwa familiärer Bindungen, erteilter Visa oder Aufenthaltstitel. Neu ist die Berücksichtigung von Bildungsabschlüssen.

421 Diese **Kontinuität** zeigt sich insbesondere in den **Zuständigkeitskriterien** der Art. 26 bis 33 AMMVO. Die Regelungsstruktur entspricht weitgehend der Logik des bisherigen Dublin-Systems: Vorrang genießen familiäre Beziehungen (Art. 26–28 AMMVO), gefolgt von Zuständigkeitsanknüpfungen aufgrund erteilter Aufenthaltstitel oder Visa (Art. 29 AMMVO) sowie Kriterien im Zusammenhang mit der Einreise oder dem Aufenthalt im Hoheitsgebiet eines Mitgliedstaats (Art. 30–33 AMMVO). Auch die subsidiäre Zuständigkeit des Mitgliedstaats der Antragstellung bleibt als Auffangregel erhalten (Art. 16 Abs. 2 AMMVO).

422 Gleichzeitig enthält das reformierte System jedoch Elemente eines Systemwechsels. Diese betreffen weniger die materiellen Zuständigkeitskriterien als vielmehr die **Organisation des Verfahrens und die Einbettung der Zuständigkeitsprüfung in ein breiteres migrationspolitisches Steuerungssystem.** Insbesondere wird das Zuständigkeitssystem enger mit vorgelagerten Verfahren der Registrierung und Identitätsfeststellung sowie mit unionsweiten Informationssystemen verknüpft. So knüpfen mehrere Zuständigkeitsnormen ausdrücklich an Informationen an, die im Rahmen der Registrierung oder in unionsweiten Datenbanken erhoben werden.

423 Hinzu tritt eine stärkere **Integration der Zuständigkeitsbestimmung in den unionsweiten Solidaritätsmechanismus.** Während das **Dublin-System primär als lastenblinde Zuständigkeitszuweisung** zwischen Mitgliedstaaten konzipiert war, verbindet die AMMVO die Zuständigkeitsregelungen nun mit Instrumenten der Lastenteilung zwischen den Mitgliedstaaten. Diese funktionale Verknüpfung führt dazu, dass die Zuständigkeitsbestimmung nicht mehr isoliert betrachtet werden kann, sondern Teil einer umfassenderen Steuerungsarchitektur der europäischen Migrationspolitik ist.

[197] Vgl. die Verweisung auf das bisherige Recht in Erwägungsgrund 40 AMMVO.

b) Wichtigste verfahrenstechnische Änderungen. Die Reform verändert trotz des inkrementellen Ansatzes die Funktionsweise des Zuständigkeitssystems auch in organisatorischer und verfahrensrechtlicher Hinsicht in einer derart prägenden Weise, dass sie über die Einzelbestimmungen der AMMVO hinaus die **Gesamtwirksamkeit des Asylverfahrenssystems** zu beeinflussen geeignet ist. Sie greift nämlich in Details, die aber erfolgsentscheidend für die Geschehenssteuerung sein können, bisherige Vollzugsdefizite auf. **424**

Ein zentrales derartiges Element ist die stärkere **Standardisierung der Beweisführung im Zuständigkeitsverfahren.** Die AMM-DVO enthält in ihrem Anhang I detaillierte Beweislisten, die festlegen, welche Tatsachen als Beweismittel oder Indizien für die Anwendung einzelner Zuständigkeitskriterien gelten. Dazu zählen unter anderem Treffer in unionsweiten Informationssystemen wie dem Visa-Informationssystem oder Eurodac. Diese Regelungen konkretisieren die Voraussetzungen, unter denen Mitgliedstaaten ihre Zuständigkeit geltend machen können, und schaffen daher eine Leitlinie für die Sachverhaltserforschung und die zwischenstaatliche Antragskommunikation; dass Beweisregeln für den Ausgang von Verfahren entscheidend sein können, stellt eine forensische Alltagserkenntnis dar, die auch in zwischenstaatlichen Verfahren im Migrationskontext gilt. **425**

Beweismittel haben nur dann einen Wert, wenn sie erhoben werden und dem Beweisbelasteten zugänglich sind. In diesem Sinne wird die Zuständigkeitsprüfung **enger mit den nun systematischer geregelten Verfahren der Registrierung und des Screenings** verbunden. Die ScreenVO verpflichtet die Mitgliedstaaten zur Durchführung eines standardisierten Vorprüfungsverfahrens bei irregulärer Einreise oder nach Aufgriff im Inland. In diesem Rahmen werden Identitäts- und Reisedaten erhoben sowie Sicherheits- und Gesundheitsprüfungen durchgeführt. Die dabei gewonnenen Informationen bilden eine zentrale Grundlage für die spätere Zuständigkeitsbestimmung nach der AMMVO. **426**

Eine weitere strukturelle Neuerung betrifft die **stärkere Integration des Zuständigkeitssystems in das Grenzverfahren.** Die AsylVfVO sieht vor, dass bestimmte Anträge im Grenzverfahren geprüft werden können. Die Zuständigkeitsprüfung erfolgt in diesen Fällen innerhalb eines stark verkürzten zeitlichen Rahmens und unter enger Verzahnung mit den Verfahren der Registrierung und Datenerfassung. Da der Staat, der das Grenzverfahren durchführt, in der Regel auch der zuständige Staat ist, ist eine andere Zuständigkeit nach der AMMVO nur in Fällen einer familiären Beziehung (Art. 26–28 AMMVO) denkbar, denn nach Art. 43 Abs. 1 S. 1 AsylVfVO ist der Anwendungsbereich des Grenzverfahrens nicht eröffnet, wenn der Antragsteller die Einreisevoraussetzungen des Art. 6 Schengener Grenzkodex erfüllt. Insbesondere ist dies der Fall, wenn er ein Visum oder einen Aufenthaltstitel eines Mitglied- **427** staates besitzt, weshalb der Fall des Art. 29 AMMVO faktisch ausgeschlossen ist.

Es verbleiben noch die Fälle der Nichterfüllung der Einreisevoraussetzungen wegen des Fehlens eines gültigen Reisedokuments (Art. 6 Abs. 1 lit. a Schengener Grenzkodex), was in Fällen, in denen ein Visum vorliegt, praktisch nicht denkbar ist, weil Visa nur in ein solches Reisedokument eingeklebt werden. Realistischer ist es, die fehlende Möglichkeit, den Zweck und die Umstände des Aufenthalts zu belegen, und die Mittel zum Bestreiten des Lebensunterhalts nachzuweisen (Art. 6 Abs. 1 lit. c Schengener Grenzkodex), als fehlende Einreisevoraussetzung anzunehmen; hierzu wird die Rechtsprechung entscheiden müssen, ob dieser Umstand, der bei Asylantragstellern mit Visum stets vorliegen wird, als erfüllt anzusehen ist. Die Ausschreibung zur Einreiseverweigerung im SIS (Art. 6 Abs. 1 lit. d Schengener Grenzkodex) und das Bestehen einer Gefahr für die öffentliche Ordnung, die öffentliche Sicherheit, die öffentliche Gesundheit oder die internationalen Beziehungen eines Mitgliedstaates (Art. 6 Abs. 1 lit. e Schengener Grenzkodex) wären hingegen als Fallgruppen anzusehen, in denen eine Einreise auch bei der Stellung eines Asylantrages an der Grenze normzweckgerecht verweigert werden muss und ein Grenzverfahren durchgeführt werden sollte, wenn die übrigen Voraussetzungen für dessen Durchführung vorliegen. Die bisherige Konsequenz eines Asylantrags an der Grenze, wonach (bei klassischer Lesart des Rechts) auch in diesen Fällen faktisch die Einreise erlaubt werden und die Sicherheitsrisiken hingenommen würden, die durch Art. 6 Abs. 1 lit. d und e Schengener Grenzkodex gerade ausgeschlossen werden sollten, würden somit nicht mehr ohne Weiteres hingenommen werden. Das durch das GEAS-Anpassungsgesetz geänderte deutsche AsylG sieht in seinem § 69 Abs. 1 Nr. 5 die Möglichkeit einer Asylverfahrenshaft vor, „wenn von dem Ausländer eine erhebliche Gefahr für Leib und Leben Dritter oder bedeutende Rechtsgüter der inneren Sicherheit ausgeht“; diese Inhaftierungsmöglichkeit ist nicht deckungsgleich mit den Gründen der Einreiseversagung, weil eine Haftanordnung einen stärkeren Grundrechtseingriff darstellt als die Versagung der Einreise und somit an strengere Anforderungen gebunden wird.

428 Schließlich wird das Zuständigkeitssystem durch einen **unionsweiten Solidaritätsmechanismus** ergänzt. Dieser ermöglicht unter bestimmten Voraussetzungen eine Umverteilung von Schutzsuchenden oder alternative Solidaritätsmaßnahmen zwischen Mitgliedstaaten. Die Zuständigkeitsentscheidung kann daher künftig auch im Kontext solcher Solidaritätsmaßnahmen stehen.

429 **c) Überblick über zentrale Neuerungen im Zuständigkeitsbestimmungsverfahren.** Auch im Verfahrensrecht der Zuständigkeitsbestimmung selbst ergeben sich Neuerungen. Die AMMVO führt eine teilweise **neu strukturierte Fristenordnung** für das Zuständigkeitsverfahren ein. Die Fristen für Aufnahme- und Wiederaufnahmegesuche sowie für deren Beantwortung sind weiterhin in den entsprechenden Verfahrensvorschriften der Verordnung geregelt. Ziel der neuen Regelungen ist im Vergleich zum bisherigen Recht eine Beschleunigung der Zuständigkeitsfeststellung und eine stärkere Vorhersehbarkeit des Verfahrensablaufs.

430 Die **grundlegende Struktur der Zuständigkeitskriterien** bleibt erhalten, wurde jedoch punktuell angepasst. Die familiären Zuständigkeitsnormen der Art. 26 bis 28 AMMVO wurden präzisiert und teilweise

erweitert. Zudem enthält Art. 29 AMMVO weiterhin eine Zuständigkeitsanknüpfung an erteilte Visa oder Aufenthaltstitel.

Hinsichtlich des **Anwendungsbereichs** der AMMVO bei bereits anerkannten Schutzberechtigten ist es gegenüber der Dublin-III-VO zu einer Änderung gekommen. Der entscheidende Systemwechsel liegt darin, dass die AMMVO in Art. 36 Abs. 1 lit. c die im Rahmen von Neuansiedlungs- und humanitären Aufnahmeprogrammen Schutzberechtigten ausdrücklich erfasst und die Wiederaufnahmepflicht für die übrigen Anerkannten aus Art. 36 Abs. 1 lit. b iVm der EurodacVO folgt. Damit sind die sogenannten Anerkannten-Fälle nicht mehr außerhalb des Dublin-Systems zu behandeln, sondern lösen eine Wiederaufnahmepflicht des anerkennenden Mitgliedstaats aus – mit Wiederaufnahmemitteilung nach Art. 41 AMMVO und Abschiebungsanordnung nach § 34a Abs. 1 AsylG n. F. Die frühere Konstruktion über § 34a Abs. 1 Satz 4 iVm § 35 AsylG a. F. ist somit gegenstandslos, und in der Konsequenz wurde § 35 AsylG durch das GEAS-Anpassungsgesetz gestrichen.[198] **431**

Die materiellrechtliche Substanz der in diesem Zusammenhang ergangenen EuGH-Rspr. (näher → Rn. 442 ff.) bleibt dagegen vollständig relevant. Die Frage, ob die **Lebensverhältnisse im Anerkennungsstaat eine Art. 4 GRCh-widrige Behandlung** begründen, stellt sich unter der AMMVO genauso wie zuvor. Sie ist nun allerdings verfahrensrechtlich anders eingebettet. Denn § 34a Abs. 2 AsylG n. F. verpflichtet das BAMF ausdrücklich zur Prüfung der Abschiebungsverbote nach § 60 Abs. 5 und 7 AufenthG, was der bisherigen Rechtsprechungslinie des BVerwG Rechnung trägt. **432**

3. Korrespondenztabelle Dublin-III-VO – AMMVO

Grundstruktur und Prinzipien **433**

Dublin-III-VO	AMMVO	Verhältnis	Änderungstyp	Einordnung
Art. 1 (Gegenstand)	Art. 1	erweitert	Systemergänzung	Zuständigkeitsbestimmung bleibt Bestandteil, wird aber ausdrücklich in einen umfassenden Rahmen des Asyl- und Migrationsmanagements integriert
Art. 2 (Definitionen)	Art. 2	weitgehend identisch	Ausdifferenzierung	zentrale Begriffe bleiben, werden um systembezogene Begriffe ergänzt (z. B. „Migrationsdruck“)

[198] Zum bisherigen Recht näher BeckOK MigR/Vollrath, 24. Ed. 1.1.2026, Dublin III-VO Art. 18 Rn. 3.

Dublin-III-VO	AMMVO	Verhältnis	Änderungstyp	Einordnung
Art. 3 Abs. 1 (ein Staat zuständig)	Art. 16 Abs. 1	erhalten	systematische Einordnung	Grundprinzip unverändert, aber nicht mehr als isolierte Einstiegsvorschrift formuliert
Art. 3 Abs. 2 (systemische Mängel)	Art. 16 Abs. 3	erhalten	Einbettung	weiterhin zentrale Schranke für Überstellungen

434 Informations- und Mitwirkungssystem

Dublin-III-VO	AMMVO	Verhältnis	Änderungstyp	Einordnung
Art. 4 (Information)	Art. 19	erhalten	Ausdifferenzierung	erhebliche Erweiterung der Informationsinhalte und stärkere Verknüpfung mit Pflichten
Art. 5 (Interview)	Art. 22	erhalten	Präzisierung	Anhörung bleibt zentrales Element, wird strukturierter geregelt
implizite Mitwirkung	Art. 17	explizit	Systematisierung	Mitwirkungspflichten erstmals eigenständig normiert
keine ausdrücklichen Sanktionsfolgen	Art. 18	neu strukturiert	Ergänzung	Folgen fehlender Mitwirkung werden ausdrücklich geregelt

435 Zuständigkeitskriterien

Dublin-III-VO	AMMVO	Verhältnis	Änderungstyp	Einordnung
Art. 7 (Rangfolge)	Art. 24	erhalten	unverändert	Hierarchieprinzip bleibt identisch
Art. 8–11 (Familie)	Art. 26–28	weitgehend identisch	Präzisierung	systematische Ausdifferenzierung, insbesondere bei Familienkonstellationen
Art. 12 (Aufenthaltstitel/Visa)	Art. 29	erhalten	Formalisierung	stärkere Strukturierung und spätere Verknüpfung mit Beweisregeln
Art. 13 (irreguläre Einreise)	Art. 33	erhalten	Integration	enger Bezug zu Registrierung und Datenerhebung

Dublin-III-VO	AMMVO	Verhältnis	Änderungstyp	Einordnung
Art. 14 (Visafreiheit)	Art. 31	erhalten	Zusammenführung	systematisch integriert
Art. 15 (abhängige Personen)	Art. 34	erhalten	Präzisierung	weiterhin subsidiäres Kriterium
Art. 16 (humanitäre Klausel)	Art. 35 Abs. 2	erhalten	leichte Modifikation	Ermessensspielraum bleibt bestehen
Art. 17 (Selbsteintritt)	Art. 35 Abs. 1	erhalten	systematische Neuverortung	weiterhin politisches Instrument

Verfahrensstruktur der Zuständigkeitsbestimmung 436

Dublin-III-VO	AMMVO	Verhältnis	Änderungstyp	Einordnung
Art. 20 (Einleitung)	Art. 36	erhalten	Formalisierung	stärker standardisierter Verfahrensbeginn
Art. 21–22 (Aufnahmegesuch)	Art. 38–39	erhalten	Präzisierung	Fristen und Verfahren detaillierter geregelt
Art. 23–25 (Wiederaufnahme)	Art. 40–41	erhalten	Präzisierung	systematisch vereinheitlicht
Art. 26 (Überstellungsentscheidung)	Art. 42	erhalten	Systematisierung	Entscheidungsstruktur klarer gefasst
Art. 27 (Rechtsbehelf)	Art. 43	erhalten	Präzisierung	Umfang und Fristen detaillierter geregelt
Art. 28 (Haft)	Art. 44 ff.	erhalten	Differenzierung	stärker systematisch eingebettet
Art. 29 (Fristen)	Art. 43, 46	erhalten	Verfahrensverdichtung	präzisere und stärker verzahnte Fristenregelung

437 **Zusammenarbeit und Informationssysteme**

Dublin-III-VO	AMMVO	Verhältnis	Änderungstyp	Einordnung
Art. 34 (Informationsaustausch)	Art. 46 ff.	erhalten	Technisierung	stärkere Einbindung unionsweiter Datenstrukturen
Art. 35 (Behörden)	Art. 52	erhalten	Konkretisierung	organisatorische Präzisierung
Art. 36 (Kosten)	Art. 47	erhalten	unverändert	keine wesentliche Änderung

438 **Systemebene (neu strukturierte Elemente)**

Dublin-III-VO	AMMVO	Verhältnis	Änderungstyp	Einordnung
–	Teil II (Art. 3–15)	neu	Systemergänzung	Einführung eines gemeinsamen Rahmens für Asyl- und Migrationsmanagement
–	Art. 7–8 (Strategien)	neu	Ergänzung	nationale und unionsweite Steuerungsebene
–	Teil IV (Solidarität)	neu	Systemergänzung	Mechanismus zur Verteilung von Verantwortung
–	Integration mit anderen VO (Screening, Verfahren)	neu	Systemintegration	engere Verzahnung verschiedener Verfahrensstufen

4. Grundstruktur des Systems der Zuständigkeitsbestimmung

439 Da die **Grundstruktur des Systems der Zuständigkeitsbestimmung im Kern erhalten** geblieben ist, soll die nachstehende Darstellung besonders auf Besonderheiten der Neuregelung im Zuge der GEAS-Reform eingehen. Grundlegende Fragestellungen und Diskussionen zum bisherigen Recht werden ebenfalls dargestellt, um einen Überblick zu gewährleisten.

440 **a) Grundprinzip: Ein Mitgliedstaat zuständig.** Das GEAS geht in Art. 16 Abs. 1 AMMVO von dem **Prinzip** aus, dass **genau ein Mitgliedstaat** für die Bearbeitung eines Antrags auf Schutzgewährung **zuständig** ist,[199] und dass dieser Mitgliedstaat, wenn nicht ausnahmsweise ein Übergang der Zuständigkeit stattfindet, einmalig festgelegt wird.[200] Wegen der EU-weiten Vereinheitlichung des Verfahrens- und des materiel-

[199] Vgl. etwa OVG Weimar, Urt. v. 6.12.2024 – 3 KO 151/24, BeckRS 2024, 44087.
[200] Erwägungsgrund 43 AMMVO.

len Asylrechts soll es sich idealerweise, also nach dem Leitbild des Systems, bei dem Verteilungssystem um eine **reine Regelung der örtlichen Zuständigkeit** für die Bearbeitung des Antrages und, je nach Ergebnis, die anschließende Aufnahme oder die anschließende Rückführung handeln. Die Schutzsuchenden sind nach diesem Leitbild keinen wesentlich unterschiedlichen Rechtssystemen ausgesetzt, und zwar sowohl in materieller als auch in verfahrenstechnischer Hinsicht. Die Antragstellenden sollen daher nicht durch ihr Verhalten in der Lage sein, einen Zuständigkeitswechsel selbst herbeizuführen.[201]

Nach Art. 24 Abs. 2 AMMVO ist entsprechend dem bisherigen Recht **441** in zeitlicher Hinsicht die **Sachlage zur erstmaligen Registrierung** eines Antrages auf internationalen Schutz für die Zuständigkeitsbestimmung entscheidend, so dass spätere Veränderungen des Sachstands im Grundsatz keine Rolle spielen (sog. Sachverhaltsversteinerungsprinzip).[202] Der Registrierungszeitpunkt ergibt sich aus der Eurodac-Datenbank.

b) Grundlegendes Prinzip: Gleichwertigkeit des Schutzes. Dem **442** **Prinzip der normativen Vergewisserung**[203] sowie dem unionsrechtlichen **Grundsatz des gegenseitigen Vertrauens**[204] liegt die widerlegbare **Vermutung** zugrunde, dass sämtliche Mitgliedstaaten der Europäischen Union die Vorgaben der Genfer Flüchtlingskonvention, der Europäischen Menschenrechtskonvention sowie der EU-Grundrechtecharta bei der Behandlung von Asylsuchenden einhalten.

Weil diese **Vermutung widerleglich** ist, obliegt den nationalen Ge- **443** richten die Prüfung, ob im betreffenden Mitgliedstaat **systemische Defizite des Asylverfahrens oder der Aufnahmebedingungen** bestehen, die eine tatsachengestützte ernsthafte Gefahr begründen, dass der oder die Betroffene im Falle einer Überstellung einer gegen Art. 4 GRCh bzw. Art. 3 EMRK verstoßenden unmenschlichen oder erniedrigenden Behandlung ausgesetzt wäre.[205] Die Anforderungen an die Feststellung derartiger systemischer Mängel sind hoch; vereinzelte Grundrechtsverletzungen oder punktuelle Verstöße gegen Art. 3 EMRK genügen hierfür nicht. Systemische Mängel sind erst dann anzunehmen, wenn Asylverfahren oder Aufnahmebedingungen ein solches Ausmaß an Defiziten aufweisen, dass dem oder der Asylsuchenden im konkreten Einzelfall mit beachtlicher Wahrscheinlichkeit eine unmenschliche oder erniedrigende Behandlung droht.[206]

---

[201] Erwägungsgrund 59 AMMVO.
[202] Vgl. VGH Mannheim, B. v. 30.5.2022 – A 4 S 2954/21, BeckRS 2022, 15265.
[203] BVerfG, Urt. v. 14.5.1996 – 2 BvR 1938/93, BeckRS 1996, 119714.
[204] EuGH, Urt. v. 21.12.2011 – C-411/10 und C-493/10, EZAR NF 65 Nr. 8.
[205] EuGH, Urt. v. 21.12.2011 – C-411/10 und C-493/10, EZAR NF 65 Nr. 8.
[206] BVerwG, B. v. 19.3.2014 – 10 B 6.14, NVwZ 2014, 1039.

444 Mit Urteil vom 19. März 2019[207] hat der **EuGH** – unter Hinweis auf den absoluten und allgemeinen Charakter von Art. 4 GRCh, der Asylsuchende wie anerkannte Schutzberechtigte gleichermaßen erfasst – die für Dublin-Überstellungen maßgeblichen Maßstäbe **weiter konkretisiert.** Danach ist eine Rücküberstellung in den nach der Dublin-III-VO zuständigen Mitgliedstaat grundsätzlich zulässig, sofern nicht ausnahmsweise zu erwarten steht, dass die betreffende Person dort über einen längeren Zeitraum einem **realen Risiko extremer materieller Not** ausgesetzt wäre. Eine solche Lage wäre mit dem Verbot unmenschlicher oder erniedrigender Behandlung nach Art. 4 GRCh bzw. dem inhaltsgleichen Art. 3 EMRK unvereinbar, namentlich wenn sie die physische oder psychische Gesundheit der Person beeinträchtigt oder einen Zustand der Verelendung begründet, der mit der Menschenwürde nicht zu vereinbaren ist.[208]

445 Die vom EuGH geforderte besonders hohe Erheblichkeitsschwelle wäre insbesondere dann überschritten, wenn **behördliche Gleichgültigkeit im Zielstaat** dazu führte, dass eine vollständig auf staatliche Unterstützung angewiesene Person – ohne Rücksicht auf ihren eigenen Willen oder ihre Entscheidungen – in eine Lage extremer materieller Not geriete, in der sie nicht einmal ihre **elementarsten Grundbedürfnisse** – Nahrung, Körperhygiene, Unterkunft – befriedigen könnte, und die ihre physische oder psychische Gesundheit schädigte oder sie in einen der Menschenwürde widersprechenden Zustand der Verelendung brächte.[209] Diese Schwelle ist nicht schon dann erreicht, wenn die Lebensverhältnisse der betreffenden Person von Armut geprägt oder erheblich verschlechtert sind, sofern dies nicht mit einer extremen materiellen Not einhergeht, die eine Gleichsetzung mit unmenschlicher oder erniedrigender Behandlung rechtfertigt. Denkbar ist allerdings auch eine individuelle Perspektive, wonach eine asylsuchende oder international schutzberechtigte Person das Vorliegen außergewöhnlicher Umstände darzulegen vermag, aufgrund derer sie sich infolge einer eigenen besonderen Vulnerabilität im Falle der Überstellung – unabhängig von Willen und persönlichen Entscheidungen – in einer Situation extremer materieller Not befände.

446 **c) Verhältnis zu nationalem Recht.** Wie bereits vor der GEAS-Reform ist das „Dublin-Recht" durch eine Verordnung der EU geregelt, die **unmittelbar anzuwenden** ist. Der Bundesgesetzgeber hat keine Möglichkeit, abweichendes oder auch nur konkretisierendes nationales Recht zu schaffen, um eigene politische Interessen zur Geltung zu bringen. Dies ist vergleichbar mit der fehlenden Möglichkeit der Länder

---

[207] EuGH v. 19.3.2019 – C-163/17 – Jawo, NVwZ 2019, 712.

[208] Vgl. VGH Mannheim, Urt. v. 29.7.2019 – A 4 S 749/19, BeckRS 2019, 18065, Rn. 38 ff. zu Italien: keine systemische Mängel.

[209] EuGH v. 19.3.2019 – C-163/17 – Jawo, NVwZ 2019, 712, Rn. 92.

im deutschen Verfassungsgefüge, abweichende materiellrechtliche Regelungen zu treffen. Freilich enthält die AMMVO, wie auch ihre Vorgängerregelung, **Regelungsaufträge an den nationalen Gesetzgeber.** Abgesehen von der Bestimmung der zuständigen Behörden zählt hierzu auch – nach wie vor – die Definition der Kriterien für eine Fluchtgefahr, die nach Art. 2 Abs. 18 AMMVO vom nationalen Gesetzgeber geschaffen werden muss; → Rn. 572 ff.

5. Die einzelnen Zuständigkeitskriterien

Die Zuständigkeitskriterien richten sich nach Art. 24 Abs. 1 AMMVO nach der **Reihenfolge, in der sie in der AMMVO aufgezählt sind.** Dabei ist die **Situation der ersten Registrierung eines Antrages auf internationalen Schutz in einem Mitgliedstaat entscheidend** (Art. 24 Abs. 2 AMMVO), so dass **durch nachfolgendes Verhalten keine Zuständigkeitsänderung** eintritt, wodurch ein sog. „Asylshopping", also vor allem die Möglichkeit, sich einen Mitgliedstaat mit erwünschten Aufnahmebedingungen auszusuchen, eingeschränkt werden soll.[210] Die Reihenfolge der Kriterien ist nach Artikeln und deren Absätzen maßgeblich.[211] 447

Bei **unbegleiteten Minderjährigen** sind ausschließlich (Art. 25 Abs. 1 AMMVO) die Kriterien des Art. 25 Abs. 2 bis 5 AMMVO anzuwenden; hierzu später → Rn. 504 ff. Ansonsten sind die in Art. 26 bis 33 AMMVO aufgeführten Kriterien anzuwenden. 448

a) Familienbezogene Zuständigkeitstatbestände. Vorrangiges Kriterium für die Zuständigkeit ist nach Art. 26 der **legale Aufenthalt eines Familienangehörigen,** der in einem Mitgliedstaat entweder als Begünstigter internationalen Schutzes zum Aufenthalt berechtigt ist oder eine langfristige Aufenthaltsberechtigung besitzt. 449

Im ersten Fall ist Voraussetzung, dass neben dem internationalen Schutz ein **Aufenthaltsrecht** in Form eines – wenn auch befristeten – Aufenthaltstitels besteht.[212] In der Fallkonstellation, dass zwar die Schutzberechtigung besteht, aber nicht zugleich ein Aufenthaltsrecht, ist das Kriterium nicht erfüllt. Diese Fallkonstellation eines bestehenden internationalen Schutzes bei gleichzeitigem Fehlen eines Aufenthaltsrechts kann insbesondere nach einer Ausweisung eintreten und hat im 450

---

[210] OVG Berlin-Brandenburg, Urt. v. 22.11.2016 – OVG 3 B 2/16, BeckRS 2016, 110325.

[211] BeckOK MigR/Thomann, 24. Ed. 1.1.2026, Dublin III-VO Art. 7 Rn. 14.

[212] Dabei ist der Begriff „Aufenthaltstitel" nicht eng zu verstehen; es genügt die Einräumung der Möglichkeit eines legalen Aufenthalts durch den Mitgliedstaat; so zutreffend Pfersich, ZAR 2023, 388 zu EuGH, Urt. v. 21.9.2023, C-568/21 (Staatssecretaris van Justitie en Veiligheid ./. E., S.), ZAR 2023, 387 (Ausstellung eines Diplomatenpasses durch einen Mitgliedstaat ZAR 2023, 387).

deutschen Recht die Erteilung einer Duldung zur Folge.[213] Unter „internationalem Schutz“ ist nach Art. 2 Abs. 7 AMMVO iVm Art. 3 Nr. 4 StatusVO sowohl die Flüchtlingseigenschaft als auch der subsidiäre Schutz zu verstehen. Aus der Rechtsprechung des EuGH geht hervor, dass der Wortlaut „in seiner Eigenschaft als Begünstigter … aufenthaltsberechtigt ist“ nicht dahin gehend zu verstehen ist, dass es sich bei dem Aufenthaltsrecht um einen Titel handeln muss, der Begünstigten internationalen Schutzes vorbehalten ist.[214]

451 Die zweite Fallkonstellation betrifft das Bestehen eines **langfristigen Aufenthaltsrechts,** und zwar grundsätzlich nach der RL 2003/109/EG. Nur in Mitgliedstaaten, in denen die genannte RL nicht gilt, und zwar Dänemark und Irland,[215] ist ein nationales Daueraufenthaltsrecht ausreichend. Für Deutschland bedeutet dies etwa, dass eine Niederlassungserlaubnis nicht für die Erfüllung des Zuständigkeitstatbestandes ausreicht, sondern lediglich eine Erlaubnis zum Daueraufenthalt – EU.

452 In beiden Fällen ist die **schriftliche Bestätigung** des Wunsches zur Familienzusammenführung durch die **„betreffenden Personen“** für die Begründung der Zuständigkeit erforderlich. Damit sind der Antragsteller sowie die Bezugsperson gemeint. Ein späteres Zusammenleben ist nicht erforderlich, denn zu dem nach Art. 24 Abs. 2 AMMVO maßgeblichen Zeitpunkt kann noch nicht bekannt sein, ob es tatsächlich zu einem Zusammenleben kommen wird, und spätere Sachverhalte bleiben bei der Zuständigkeitsbestimmung unberücksichtigt. Die schriftliche Erklärung kann freilich erst nach dem in Art. 24 Abs. 2 AMMVO genannten Zeitpunkt vorliegen, so dass ausnahmsweise die nachträgliche Erklärung zu berücksichtigen ist;[216] diese Möglichkeit entfällt allerdings hE entsprechend dem Grundsatz der Endgültigkeit der Zuständigkeit nach Bestandskraft der Zuständigkeitsentscheidung.

453 Für die **Nachweisführung** enthält Anhang I der AMM-DVO für Art. 26 AMMVO eine **zweigeteilte Struktur.** Zum Nachweis des rechtmäßigen Aufenthalts der Bezugsperson gelten als förmliche Beweismittel der ausgestellte Aufenthaltstitel oder ein gleichwertiges digitales Dokument sowie bei Begünstigten internationalen Schutzes ein nach Art. 25 der StatusVO ausgestelltes Reisedokument **(Reiseausweis für Flüchtlinge).** Daneben sind als **Indizien** Angaben des Antragstellers, Mitteilungen internationaler Organisationen und Suchdienste sowie sonstige amtliche Dokumente zum Aufenthalt berücksichtigungsfähig. Für die Beurteilung der familiären Beziehung gelten als Beweismittel insbesondere Heiratsurkunden, Geburtsurkunden und Registerauszüge aus

---

[213] So ausdrücklich BR-Drs. 367/22, S. 46.

[214] Vgl. EuGH, Urt. v. 21.9.2023, C-568/21 (Staatssecretaris van Justitie en Veiligheid ./. E., S.), ZAR 2023, 387.

[215] Erwägungsgründe 25 und 26 der RL 2003/109/EG.

[216] BeckOK MigR/Thomann, 24. Ed. 1.1.2026, Dublin III-VO Art. 7 Rn. 26.

einem Mitgliedstaat oder des Herkunfts- oder eines Transitlandes. Steht kein anderes förmliches Beweismittel zur Verfügung und sind die Indizien nicht kohärent, nachprüfbar und hinreichend detailliert, kommt subsidiär ein DNA- oder Bluttest in Betracht.

Als **Familienangehörige** gelten nach Art. 2 Abs. 8 AMMVO **Ehegatten und minderjährige unverheiratete Kinder** der antragstellenden Person. **Nicht eheliche Partner** sind dann den Ehegatten gleichgestellt, wenn sie **im möglichen Zielmitgliedstaat „ausländerrechtlich in rechtlicher oder faktischer Hinsicht vergleichbar behandelt werden wie verheiratete Paare“.** Auf die Rechtslage im Herkunftsstaat kommt es nicht an. Ob eine qualifizierende Partnerschaft vorliegt, ist nicht trivial zu ermitteln. Dass ein Mitgliedstaat eine ausländerrechtliche Gleichstellung an eine andere Registrierung als diejenige einer Ehe koppelt, ist unschädlich, sofern die betroffenen Personen diese Registrierung tatsächlich vorgenommen haben.[217] Eine rein religiöse Eheschließung genügt für eine Zuständigkeit Deutschlands nicht, auch wenn die Absicht einer standesamtlichen Eheschließung besteht.[218] Eine Nachholung der Eheschließung nach der Registrierung der Antragstellung hat wegen des weiterhin geltenden Sachverhaltsversteinerungsprinzips (Art. 24 Abs. 2 AMMVO) keine Auswirkungen auf die Zuständigkeitsbestimmung. **454**

„Familienangehöriger“ ist zudem ein **minderjähriges unverheiratetes Kind** des Antragstellers. Ob das Kind eine aufenthaltsrechtlich relevante Partnerschaft unterhält, ist in diesem Zusammenhang ebenso unerheblich wie die Frage, wie das Kindschaftsverhältnis entstanden ist. Die Minderjährigkeit bestimmt sich nach Art. 2 Abs. 10 AMMVO, sie endet ohne Rücksicht auf das Recht des Herkunftsstaates mit Vollendung des 18. Lebensjahres. **455**

Bei einem **minderjährigen unverheirateten Antragsteller** – auch wenn er nicht unbegleitet ist – gelten der Vater und die Mutter als verwandt, ebenso wie jeder andere Erwachsene, der rechtlich oder nach den Gepflogenheiten des Aufenthaltsstaates des Erwachsenen für den Minderjährigen verantwortlich ist. **456**

Mit Art. 26 Abs. 2 AMMVO wird der Fall geregelt, in dem die Bezugsperson Begünstigte internationalen Schutzes und ihr der Aufenthalt in einem Staat erlaubt war, wo sie unmittelbar im Anschluss an die Inhaberschaft dieses Status **eingebürgert worden** ist. In der Vorgängervorschrift war diese Fallkonstellation nicht ausdrücklich geregelt. **457**

Durch Art. 26 Abs. 3 AMMVO ist schließlich klargestellt, dass auch Kinder, die nach der Ankunft ihres Familienangehörigen (also idR Vater oder Mutter) **nachgeboren** werden, von den Zuständigkeitsregelungen zur Familieneinheit profitieren. **458**

---

[217] BeckOK AuslR/Nuckelt, 47. Ed. 1.1.2026, AsylG § 29 Rn. 45.
[218] VG Ansbach, B. v. 6.10.2022 – AN 17 S 22.50150, BeckRS 2022, 28090.

459 Während Art. 26 in größerem Detaillierungsgrad als das bisherige Recht Sachverhalte erfasst, in denen ein Verwandter des Antragstellers einen Aufenthaltsstatus nach oder – im Falle eines Daueraufenthaltsrechts – möglicherweise ohne Durchlaufen eines Asylverfahrens einen Aufenthaltsstatus in einem Mitgliedstaat besitzt, regelt Art. 27 AMMVO im Gleichklang mit dem bisherigen Recht den Fall, dass zum maßgeblichen Zeitpunkt der Antragstellung (Art. 24 Abs. 2 AMMVO) der **Antrag auf internationalen Schutz eines Verwandten bereits anhängig,** über ihn aber **noch nicht entschieden** worden ist. Dabei muss im Sinne der „Stabilität" der Zuweisungsentscheidung die Zuständigkeit des anderen Mitgliedsstaats für das Verfahren des Familienangehörigen bereits feststehen.[219] Ist ein Rechtsmittel gegen eine Ablehnung des Schutzantrages noch anhängig, findet Art. 27 AMMVO weiterhin Anwendung, da theoretisch noch eine Änderung der Behördenentscheidung möglich ist und das System der AMMVO wie die Vorgängerregelung darauf ausgerichtet ist, an endgültige Sachverhalte anzuknüpfen.[220]

460 Für die **Nachweisführung** bei Art. 27 AMMVO ist nach Anhang I der AMM-DVO der Nachweis der **Anwesenheit und Identität des Familienangehörigen** im ersuchten Mitgliedstaat erforderlich. Als förmliches Beweismittel gilt das diesem gemäß der AsylVfVO ausgehändigte Verfahrensdokument sowie Informationen, die im Wege des Informationsaustauschs nach Art. 51 AMMVO erlangt wurden. Für den Beziehungsnachweis gelten dieselben urkundlichen Kategorien wie bei Art. 26 AMMVO, ergänzt durch Fotos und Zeugenaussagen als Indizien.

461 Unverändert geblieben ist das sog. **Familienverfahren,** das nun in Art. 28 AMMVO geregelt ist. Bei einer Registrierung von Anträgen von Verwandten sowie unverheirateten minderjährigen Geschwistern, die **gleichzeitig oder zeitlich in derartiger Nähe** gestellt werden, dass eine **gemeinsame Entscheidung möglich** ist, wird eine Trennung vermieden, indem der Mitgliedstaat zuständig ist, der nach den sonst gegebenen Kriterien für den größten Teil der Mitglieder dieser Gruppe zuständig wäre. Kann danach kein Mitgliedstaat bestimmt werden, ist der Mitgliedstaat zuständig, der nach den sonst gegebenen Kriterien für den ältesten der Familienmitglieder zuständig ist. In der Gruppe mitgezählt werden nur Familienmitglieder und Geschwister, zu denen noch keine Entscheidung über die Zuständigkeit vorliegt. Sachlogisch ist Art. 28 AMMVO gegenüber den übrigen Zuständigkeitsregelungen in Abweichung von Art. 24 Abs. 2 AMMVO vorrangig.

462 Anders als nach der Dublin-III-VO muss die **Familie** nicht bereits im Herkunftsland bestanden, sondern **kann sich auch während der Flucht gebildet haben.**

---

[219] BeckOK MigR/Thomann, 24. Ed. 1.1.2026, Dublin III-VO Art. 10 Rn. 4.

[220] Ebenso mit anderer Begr. OVG Berlin-Brandenburg, B. v. 3.9.2019 – OVG 6 N 58.19, BeckRS 2019, 20367.

b) Aufenthaltsrechtliche Anknüpfungspunkte. Im Anschluss an die grundrechtlich determinierten Zuständigkeitsregelungen, die auf eine Wahrung der Familieneinheit gerichtet sind, folgen die demgegenüber nachrangigen Zuständigkeitsbestimmungen, die sich aus **aufenthaltsrechtlichen Sachverhalten** ableiten. **463**

Nach Art. 29 Abs. 1 AMMVO ist ein Mitgliedstaat, der einem Antragsteller einen **Aufenthaltstitel erteilt** hat, der zum maßgeblichen Zeitpunkt (Art. 24 Abs. 2 AMMVO) noch gültig ist, für das Asylverfahren zuständig. Der **Begriff des Aufenthaltstitels** ist dabei nach der Rspr. des EuGH weit zu verstehen im Sinne einer jeden legalen Möglichkeit zum Aufenthalt.[221] Diese weite Auslegung entspricht der – im Übrigen dokumenten- und nicht verwaltungsaktbezogenen – Definition des Begriffs in Art. 2 Abs. 13 AMMVO. Diese Definition nimmt allerdings ausdrücklich Visa und (eigentlich zirkulär formuliert) Aufenthaltstitel aus dem Begriff aus, die während des Verfahrens der Zuständigkeitsbestimmung, der Prüfung eines Schutzantrages oder auch vorläufig vor der Erteilung eines Antrags auf Gewährung eines Aufenthaltstitels erteilt werden. Auf das deutsche Dokumentenwesen übertragen bedeutet dies, dass **Aufenthaltsgestattungen und Fiktionsbescheinigungen nicht zu den „Aufenthaltstiteln" zählen.** Entgegen einer anderen Auffassung in der Literatur[222] zählt eine **Duldung ebenfalls nicht** zu diesen Rechtspositionen: Der EuGH differenziert in seiner Rspr. durchaus zwischen legalen Aufenthalten einerseits und andererseits einer bestehenden Rückkehrverpflichtung, deren Vollziehung in Form der Abschiebung aus rechtlichen Gründen ausgesetzt ist.[223] Zudem setzt die Definition in Art. 2 Abs. 13 AMMVO nun voraus, dass das erteilte Dokument eine „Genehmigung des Aufenthalts im Hoheitsgebiet" verkörpert, was bei der Duldung gerade nicht der Fall ist. Im Umkehrschluss aus Art. 29 Abs. 2 AMMVO sind nach Art. 29 Abs. 2 AMMVO nur Aufenthaltstitel relevant, die im Inland ausgegeben worden sind. **464**

Anhang I der AMM-DVO konkretisiert, welche Dokumente und Registrierungen den Nachweis eines gültigen Aufenthaltstitels im Sinne des Art. 29 Abs. 1 AMMVO erbringen. Als **förmliche Beweismittel** gelten demnach der Aufenthaltstitel selbst oder ein gleichwertiges digitales Dokument, ein vom Visa-Informationssystem übermittelter Treffer nach Art. 22j der VIS-VO sowie ein entsprechend markierter Eurodac-Treffer. Darüber hinaus sind detaillierte und nachprüfbare Erklärungen des Antragstellers sowie Bestätigungen internationaler Organisationen auf Grund der AMM-DVO als **Indizien** anerkannt. **465**

---

[221] EuGH, Urt. v. 21.9.2023, C-568/21 (Staatssecretaris van Justitie en Veiligheid ./. E., S.), ZAR 2023, 387.

[222] BeckOK MigR/Hönlinger/Kirchner, 24. Ed. 1.1.2026, Dublin III-VO Art. 2 Rn. 27.

[223] Vgl. EuGH, Urt. v. 3.6.2021, C-546/19 (Westerwaldkreis), ZAR 2021, 252, Rn. 59.

466 Im Rang nach der Ausstellung eines gültigen Aufenthaltstitels begründet die **Ausstellung eines Visums** nach Art. 29 Abs. 2 AMMVO eine Zuständigkeit. Der Begriff „Visum" ist in Art. 2 Abs. 14 AMMVO als eine Erlaubnis oder Entscheidung eines Mitgliedstaats, die „für die Durchreise oder Einreise" in diesen Mitgliedstaat oder – mit Blick auf die Schengen-Regelungen in mehrere Mitgliedstaaten „verlangt wird", definiert. Erfasst sind Visa für einen längerfristigen Aufenthalt (Art. 2 Abs. 14 lit. a AMMVO), Visa für Kurzaufenthalte (Art. 2 Abs. 14 lit. b AMMVO) sowie Flughafentransitvisa, also Visa, die verlangt werden, um im luftseitigen internationalen Bereich eines Flughafens zwischen Flügen umsteigen zu dürfen, ohne die Einreisekontrolle zu passieren (Art. 2 Abs. 14 lit. c AMMVO).

467 Für den Visumnachweis nach Art. 29 Abs. 2 AMMVO nennt Anhang I der AMM-DVO als **Beweismittel** das erteilte Visum selbst in jeder Form (gültig, annulliert, aufgehoben oder entzogen), einen VIS-Treffer nach Art. 21 der VIS-Verordnung sowie amtliche Dokumente mit Informationen über das Visum. Die nach Art. 29 Abs. 4 AMMVO relevanten abgelaufenen oder entzogenen Aufenthaltstitel und Visa unterliegen denselben Beweiskategorien. In beiden Fällen sind ergänzend Erklärungen des Antragstellers und Berichte internationaler Organisationen als **Indizien** berücksichtigungsfähig.

468 Zu den Visa zählen **nur die von den Auslandsvertretungen** ausgestellten Visa, aber nicht die Verlängerungsvisa nach Art. 33 Visakodex, weil diese nicht „für die Durchreise oder Einreise", sondern ausschließlich für den verlängerten Aufenthalt im Hoheitsgebiet ausgestellt werden. **An der Grenze ausgestellte Visa** nach Art. 35 f. Visakodex sind hingegen Visa, weil diese der Einreise (Passieren der Grenzkontrollstelle in Richtung des Inlandes) dienen. Im Falle der konsularischen Vertretung eines Mitgliedstaats durch einen anderen Mitgliedstaat nach Art. 8 Visakodex ist die Visumausstellung ausdrücklich dem vertretenen Mitgliedstaat zuzurechnen; Art. 29 Abs. 2 AMMVO.

469 In Art. 29 Abs. 3 AMMVO werden die **Fälle einer Kollision** mehrerer zum maßgeblichen Zeitpunkt (Art. 24 Abs. 2 AMMVO) vorhandener gültiger **Aufenthaltstitel oder Visa** dahin gehend aufgelöst, dass in der folgenden Reihenfolge entscheidend sind: Die Gültigkeitsdauer mehrerer Aufenthaltstitel, der zeitlich am spätesten liegende Ablauf des Aufenthaltstitels, das zuletzt ablaufende Visum, die Gültigkeitsdauer des Visums und das letzte Ablaufdatum des Visums im Vergleich zu den anderen Visa. Wegen der Reihenfolge der Absätze des Art. 29 AMMVO sind Aufenthaltstitel gegenüber allen Visa vorrangig.

470 Ebenfalls wegen der Reihenfolge der Absätze des Art. 29 AMMVO nachrangig gegenüber gültigen Visa und Aufenthaltstiteln begründen nach Art. 29 Abs. 4 AMMVO **Aufenthaltstitel, die weniger als drei Jahre abgelaufen sind und Visa, die vor weniger als 18 Monaten abgelaufen sind,** eine Zuständigkeit, des jeweiligen Ausstellerstaates;

bei der Vorgängerregelung betrug diese Frist für Aufenthaltstitel lediglich zwei Jahre (Art. 12 Abs. 4 S. 2 Dublin III-VO).

In beiden Fällen des Art. 29 AMMVO muss die **letzte Einreise** in den Schengen-Raum **auf Grund des Aufenthaltstitels oder Visums** erfolgt oder der **Aufenthaltstitel nach der letzten Einreise erteilt** worden sein. Ansonsten ist die unerlaubte Einreise maßgeblich, wenn keine vorrangigen familiären Zuständigkeitsgründe gegeben sind.[224] **471**

Eine **Täuschung über die Identität oder die Nutzung gefälschter, falscher oder ungültiger Dokumente,** die zur Ausstellung des maßgeblichen Aufenthaltstitels oder Visums führte, ist für die Zuweisung der Zuständigkeit an den betreffenden Mitgliedstaat unschädlich (Art. 29 Abs. 5 S. 1 AMMVO). Ist hingegen eine **„betrügerische Handlung"** des Antragstellers nach der Erteilung des Aufenthaltstitels oder Visums ein Grund für eine aufenthaltsrechtliche Entscheidung gewesen (der Begriff „Betrug ist nicht im Sinne des deutschen § 263 StGB zu verstehen), ist diese für die Zuweisung schädlich. Diese muss freilich vor dem nach Art. 24 Abs. 2 AMMVO maßgeblichen Zeitpunkt erfolgt sein. **472**

c) Bildungsbezogene Zuständigkeiten. Eine neue Regelung sieht eine Zuweisung der Zuständigkeit aus dem Grund vor, dass ein Antragsteller ein **„Zeugnis oder einen Befähigungsnachweis"** eines Staates besitzt, der, bezogen auf den Zeitpunkt der Antragstellung, vor weniger als sechs Jahren ausgestellt worden ist (Art. 30 Abs. 1 AMMVO). Dem jeweiligen Staat wird ein Zeugnis oder ein Befähigungsnachweis zugerechnet, wenn die jeweilige Bildungseinrichtung dort „niedergelassen" ist. Grund für die Regelung ist nach Erwägungsgrund 55 AMMVO die daraus resultierende „wichtige Bindung" zum Ausstellerstaat des Bildungsnachweises. **473**

Die **Begriffe „Zeugnis oder Befähigungsnachweis" sowie „Bildungseinrichtung"** sind in Art. 2 Abs. 15 und 16 AMMVO näher definiert. Die Definition in Art. 2 Abs. 15 irritiert etwas, da in der deutschen Sprachfassung schlicht von einem „Studium" die Rede ist. Die **englische Originalfassung**[225] ist hier klarer: **474**

„'diploma or qualification' means a diploma or qualification which is obtained and attested in a Member State after a period of at least one academic year of study on the territory of a Member State in a recognised state or regional programme of education or vocational training at least equivalent to level 2 of the International Standard Classification of

---

[224] Vgl. VG Düsseldorf, Urt. v. 14.2.2019 – 12 K 10426/18.A, BeckRS 2019, 54019.

[225] Die AMMVO wurde, wie alle anderen Rechtsakte des GEAS-Reformpakets, in englischer Sprache verhandelt; auch wenn alle Sprachfassungen formal die gleiche Geltung haben, ist anhand der englischen Sprachfassung die Intention des Gesetzgebers am deutlichsten sichtbar.

Education, operated by an education establishment pursuant to the legislative, regulatory or administrative provisions of that Member State and excluding online training or other forms of distance learning"

475 Im Englischen ist ***study*** **weiter zu verstehen als das Wort „Studium" im Deutschen** und schließt auch **schulisches Lernen und Berufsausbildungen** mit ein. Das „akademische Jahr" kann auch ein Schuljahr sein; es beginnt praktisch niemals am 1. Januar und ist zumeist kürzer als 365 Tage, weil die Sommer- oder Semesterferien hinwegzudenken sind. Die **Stufe 2 der Internationalen Standardklassifikation bezieht sich auf mindestens das Niveau der Sekundarstufe I,** so dass sämtliche deutsche Abschlüsse ab dem Hauptschulabschluss ausreichend sind. Eine wichtige Einschränkung bildet die Maßgeblichkeit der gesetzlichen, regulatorischen oder Verwaltungsvorschriften des betreffenden Mitgliedstaates, denen die schulische oder berufliche Ausbildung oder der Schulbesuch unterliegen muss. **Ausgeschlossen sind damit „freie" Bildungsangebote im weitgehend unregulierten Bereich der Erwachsenenbildung,** Sprachzertifikate privatrechtlicher Vereine, wenn diese nicht von staatlichen Einrichtungen stammen und zwar faktisch, nicht aber auf Grund einer Rechtsvorschrift als Sprachnachweis gelten, sowie Zeugnisse und Befähigungsnachweise von Einrichtungen, die ausschließlich Befähigungsnachweise nach dem Recht eines anderen als des Mitgliedstaates erteilen, wie etwa die nach § 124a des Berliner Hochschulgesetzes in Berlin niedergelassenen Hochschulen anderer Mitgliedstaaten oder ausländischen Rechts. Niederlassungen von Hochschulen anderer deutscher Länder in einem deutschen Land sind hingegen einheitlich als inländisch anzusehen, da das Unionsrecht üblicherweise hinsichtlich der staatlichen Untergliederung eines Mitgliedstaates „blind" ist. **Anerkannt sein** muss nicht nur das Zeugnis oder Abschlusszertifikat, sondern auch **der Bildungsgang selbst,** wie es etwa nach dem Berufsbildungsgesetz, dem Hochschulrecht oder für Privatschulen, deren Besuch nach Landesrecht zur Erfüllung der Schulpflicht genügt, für schulischen Unterricht der Fall ist. Auch der Begriff der „Bildungseinrichtung" ist eng reguliert; die Einrichtung muss entweder durch den Mitgliedstaat selbst (staatliche Untergliederungen werden dem Mitgliedstaat zugerechnet) errichtet worden oder aber staatlich anerkannt sein. **Nicht ausreichend sind Fernunterricht oder Online-Kurse.** Hybridformen sind nicht ausdrücklich geregelt, aber gemäß dem Sinn der Regelung, wonach die Bindung zum Mitgliedstaat durch eine mindestens einjährige (im Sinne eines akademischen Jahrs) Studienphase erzielt worden sein muss, wird hier eine mindestens einjährige durchgehende Präsenzphase im Mitgliedstaat erforderlich sein, wobei dann einzelne Online- oder Fernunterrichtsphasen bei Erfüllung dieser Mindestvoraussetzung unschädlich sein werden.

Anhang I der AMM-DVO bestimmt für Art. 30 AMMVO als förmliche **Beweismittel** das Zeugnis oder den Befähigungsnachweis selbst sowie einen Registerauszug der Bildungseinrichtung, aus dem die Ausstellung hervorgeht. Daneben gilt auch ein zu Studienzwecken ausgestellter Aufenthaltstitel des betreffenden Mitgliedstaats als Beweismittel. Als **Indizien** anerkannt sind eine Aufnahmebestätigung der Bildungseinrichtung, Registerauszüge über die Einschreibung, ein Studierendenausweis, ein Mietvertrag eines Studierendenwohnheims sowie detaillierte nachprüfbare Erklärungen des Antragstellers. Die Indizienstruktur spiegelt damit den praktischen Umstand wider, dass Zeugnisse und Bescheinigungen in manchen Fällen nicht mehr verfügbar sind. **476**

d) Reguläre visafreie Einreise. Nach Artikel 31 Abs. 1 AMMVO begründet eine **visumfreie Einreise** in den Geltungsbereich der AMMVO über einen Mitgliedstaat, für den keine Visumpflicht besteht, eine Zuständigkeit dieses Mitgliedstaates der Einreise. Eine wichtige Ausnahme stellt Artikel 31 Abs. 2 AMMVO dar: Wenn der **Antrag in einem anderen Mitgliedstaat gestellt wird, für den der Antragsteller ebenfalls kein Visum benötigt,** verschiebt sich die Zuständigkeit *nicht* vom Antragstellerstaat zum Einreisestaat. Da die Visumerfordernisse innerhalb des Schengen-Raums nach der VO (EU) 2018/1806 harmonisiert sind, greift diese Ausnahme im Verhältnis zwischen Schengen-Staaten fast immer. Lediglich **national regelbare fallspezifische Ausnahmen,** vor allem nach Art. 6 VO (EU) 2018/1806, können hier zu einer Zuständigkeitsänderung führen, wenn der Einreisestaat für die spezielle Fallgruppe keine Visumpflicht anordnet, der Staat der Antragstellung dies hingegen tut, und wenn der Antragsteller zudem nachweislich über den Staat eingereist ist, in dem die Befreiung gilt. Entsprechende Ausnahmen nach Art. 6 VO (EU) 2018/1806, wie sie etwa für Deutschland die nationale Regelung des § 19 AufenthV iVm Anlage B AufenthV enthält, sind also berücksichtigungsfähig.[226] Denn der Wortlaut der Vorschrift stellt darauf ab, dass die Ausnahme von der Visumpflicht „für ihn" gilt, also den Antragsteller, und nicht allgemein für alle Staatsangehörigen des betreffenden Staates im Hinblick auf Kurzaufenthalte. Irrelevant sind hingegen Visumpflichten für andere als Kurzaufenthalte oder der Umstand, dass andere Einreisevoraussetzungen nach dem Schengener Grenzkodex nicht erfüllt worden sind. **477**

Die **Beweisführung** für eine visumfreie Einreise nach Art. 31 AMMVO stützt sich nach Anhang I der AMM-DVO primär auf Informationen aus dem Einreise-/Ausreisesystem **(EES)** zu den in Art. 17 der EES-VO genannten Personen sowie auf Einreisestempel im Reisedokument. Ausreisestempel eines an einen Mitgliedstaat angrenzenden Staates können unter Berücksichtigung der Reiseroute und des Grenzübertrittsdatums als **478**

[226] Vgl. VG Düsseldorf, Urt. v. 15.3.2019 – 12 K 183/19.A, BeckRS 2019, 55677.

Beweismittel herangezogen werden. Gesetzlich festgelegte **Indizien** sind Fahrausweise, die eine Einreise über eine Außengrenze belegen, Ausweise für den Zugang zu Einrichtungen, Terminbestätigungen sowie Nachweise über die Inanspruchnahme von Reisebürodienstleistungen.

479 **e) Schutzantrag im Transitbereich eines Flughafens.** Wird ein **Schutzantrag im internationalen Transitbereich eines Flughafens** gestellt, ergibt sich daraus – nachrangig nach den zuvor besprochenen Zuständigkeitsregeln – die Zuständigkeit des Staates, in dem der Flughafen belegen ist (Art. 32 AMMVO). Die Bearbeitung erfolgt dann in einer zur Transitzone gehörenden Einrichtung, und die Einreise ist grundsätzlich nicht zuzulassen.

480 Hat der Flughafen **Ausgänge zu mehreren Staaten,** wie etwa der Flughafen Basel/Mulhouse oder der Flughafen Genf, und sind Behörden aller dieser Staaten auf dem Flughafen vertreten, spielt es keine Rolle, bei den Behörden welchen Staates der Antrag gestellt wird; es kommt auf die territoriale Belegenheit des Flughafens selbst an.

481 Zur **internationalen Transitzone** gehören alle Bereiche eines Flughafens, die luftseitig ohne Grenzkontrolle von außerhalb des Schengen-Gebietes erreicht werden können; im Falle der Nicht-Schengen-Staaten Irland und Zypern stellt der Bereich vor der Kontrolle der Einreise in das Territorium des jeweiligen Mitgliedstaates diese Zone dar. Keine Transitzone besteht begrifflich, wenn an dem Flughafen überhaupt nicht ohne Einreisekontrolle von einem Flug auf einen anderen gewechselt werden kann.

482 **f) Irreguläre Einreise.** Bedeutsam ist das letztrangige Zuständigkeitskriterium der **irregulären Einreise.** Hierzu verweist die AMMVO in Art. 33 Abs. 1 ausdrücklich auf die in Art. 40 Abs. 4 AMMVO genannten Durchführungsbestimmungen, also die Durchführungsverordnung (EU) 2025/2055, sowie die EurodacVO. Für eine **Dauer von 20 Monaten** zwischen der irregulären Einreise und der nach Art. 24 Abs. 2 AMMVO maßgeblichen Antragstellung bleibt diese irreguläre Einreise zuständigkeitsbegründend. In der Vorgängerregelung des Art. 13 Abs. 1 Dublin III-VO wurde der Tatbestand mit dem Begriff „illegale Einreise" umschrieben.[227] Mit dem Begriff „irreguläre Einreise" wird lediglich klargestellt, dass eine Einreise mit dem Ziel der unverzüglichen Stellung eines Schutzersuchens auch bei der Nichterfüllung anderer Einreisevoraussetzungen wegen Art. 33 Abs. 1 GFK nicht illegal ist.

483 Nach Art. 33 Abs. 2 AMMVO begründet mit Nachrang gegenüber einer irregulären Einreise die **Ausschiffung nach einer Such- und Rettungsaktion** die Zuständigkeit des Staates der Ausschiffung. Von wo aus die Such- und Rettungsaktion gesteuert wurde, und unter welcher

[227] Zur Auslegung etwa EuGH, Urt. v. 26.7.2017 – C-646/16 – Jafari, BeckRS 2017, 118287.

Flagge das Rettungsschiff fährt, ist unerheblich. Die Zuständigkeit auf Grund des Ausschiffens bleibt **für 12 Monate** nach dem Betreten von Land bestehen.

Nur eine klarstellende Funktion weist der Hinweis in Art. 33 Abs. 3 AMMVO auf, wonach eine Übernahme auf Grund des Solidaritätsmechanismus (Art. 67 ff. AMMVO) die Zuständigkeiten auf Grund illegaler Einreise und Ausschiffung aufhebt – zum Ausgleich insbesondere der durch die Zuständigkeitsmechanismen entstehenden Härten für Grenz- und Hafenmitgliedstaaten wurde dieser Mechanismus maßgeblich geschaffen. **484**

Anhang I der AMM-DVO enthält für die irreguläre Einreise nach Art. 33 Abs. 1 AMMVO **zwei Fallgruppen.** Bei einer irregulären Überschreitung einer Außengrenze gilt ein von Eurodac übermittelter Treffer zu einem nach Art. 22 der EurodacVO gespeicherten Datensatz als förmliches **Beweismittel,** ebenso ein dem Antragsteller nach dem Screening ausgehändigtes Überprüfungsformular sowie Einreisestempel in einem echten oder gefälschten Reisedokument. Als **Indizien** kommen Erklärungen des Antragstellers, Fahrausweise, Hotelbuchungen oder sonstige reisebezogene Belege sowie Bestätigungen durch andere Mitgliedstaaten oder internationale Organisationen in Betracht. Für den Fall der Ausschiffung nach einem Such- und Rettungseinsatz (Art. 33 Abs. 2 AMMVO) ist der Eurodac-Treffer zu einem nach Art. 24 der EurodacVO gespeicherten Datensatz das vorrangige Beweismittel, ergänzt durch ein nach der Ausschiffung ausgestelltes Dokument des aufnehmenden Mitgliedstaats. **485**

g) Persönliche Abhängigkeit. Art. 34 AMMVO sieht vor, dass Mitgliedstaaten in bestimmten Fallkonstellationen, in denen eine **persönliche Abhängigkeit** einer Person von einer anderen, mit ihr auf bestimmte Weise verwandten, Person besteht, in der Regel ein Zusammenleben dieser beteiligten Personen ermöglichen. Allerdings knüpft der Gesetzgeber, anstatt eine Blankettnorm zu erlassen, diese Möglichkeit an eine Reihe von Tatbestandsvoraussetzungen. **486**

Als **relevante Ursache der Abhängigkeit** nennt Art. 34 Abs. 1 AMMVO Schwangerschaft, ein neugeborenes Kind, eine schwere psychische oder physische Erkrankung, eine Schwerbehinderung, ein schweres psychologisches Trauma oder das hohe Alter der bedürftigen Person. Weil diese Liste nicht als beispielhaft gekennzeichnet ist, besitzt sie abschließenden Charakter. **487**

Die Abhängigkeit muss sich auf eine Person beziehen, die **zum Antragsteller in einem Verhältnis** steht, das in Art. 34 Abs. 1 AMMVO genannt ist. Entweder muss der Antragsteller von der Unterstützung seines Kindes, eines seiner Geschwister oder eines Elternteils, das sich rechtmäßig in einem Mitgliedstaat aufhält, angewiesen sein, oder aber **488** eine Person aus diesem Kreis muss von der Unterstützung des Antragstellers abhängig sein.

489 Weitere Voraussetzung für die Berücksichtigung der Abhängigkeit ist die voraussichtlich bestehende **Fähigkeit der unterstützenden Person, der unterstützten Person Unterstützung zu leisten,** sowie der **schriftlich geäußerte Wunsch** der Beteiligten daran, nicht getrennt oder aber zusammengeführt zu werden. In diesem Fall gilt in der Regel folgendes:

- Wenn sich der Antragsteller in dem Mitgliedstaat aufhält, wo sich die andere Person rechtmäßig aufhält, stellt der Mitgliedstaat keinen Überstellungsantrag.
- Wenn der Antragsteller in der Lage ist, in den Mitgliedstaat zu reisen, wo sich die andere Person aufhält, wird der Anwesenheitsstaat zuständig.
- Besteht diese Reisefähigkeit nicht, ist der Aufenthaltsstaat des Antragstellers zuständig, wobei dieser Staat nicht verpflichtet ist, die andere Person aufzunehmen.

490 Es handelt sich um einen **Regeltatbestand,** was bedeutet, dass die Zuständigkeitsregel bei Erfüllung des Tatbestandes im beschriebenen Sinne durchgeführt wird, wenn der Fall keine Besonderheiten aufweist, die beteiligten Mitgliedstaaten allerdings hiervon aus nachvollziehbaren Gründen, die in Besonderheiten eines Einzelfalls oder Situation begründet sein können, absehen dürfen.

491 Für das **Verfahren zur Feststellung** und Geltendmachung der persönlichen Abhängigkeit nach Art. 34 AMMVO sieht die AMM-DVO **kein gesondertes Beweismittelverzeichnis** in Anhang I vor, sondern einen eigenen **Informationsaustausch über das Standardformular** nach Anhang VII. Für Informationsersuchen an andere Mitgliedstaaten sind dabei insbesondere ärztliche Atteste sowie die schriftliche Bestätigung der betroffenen Personen, dass sie in der Lage und willens sind, füreinander zu sorgen, beizufügen. Der ersuchte Mitgliedstaat hat das Ersuchen grundsätzlich binnen zwei Wochen zu beantworten; bei stichhaltigen Hinweisen auf weiteren Klärungsbedarf verlängert sich die Frist um weitere zwei Wochen.

492 **h) Ermessenstatbestände. aa) Selbsteintritt.** In Art. 35 AMMVO, der dem bisherigen Art. 17 Dublin III-VO entspricht, sind **zwei Tatbestände** genannt, bei deren Erfüllung die Mitgliedstaaten eine von der gesetzlich vorbestimmten Zuständigkeitsverteilung **abweichende Zuständigkeit für die Bearbeitung des Schutzantrages** festlegen können. Art. 35 Abs. 1 AMMVO ermöglicht es einem Mitgliedstaat, in dem der Schutzantrag gestellt worden ist, **voraussetzungslos selbst die Zuständigkeit zu übernehmen.** Dieses **Selbsteintrittsrecht** ist nach der st. Rspr. des EuGH zwar nach **Ermessen** auszuüben, das allerdings **durch das Unionsrecht nicht inhaltlich beschränkt** ist. Wörtlich führt der EuGH aus, dass „die Ausübung dieser Befugnis an keine besondere

Bedingung geknüpft" und dass der Selbsteintritt „aus politischen, humanitären oder praktischen Erwägungen" zulässig sei.[228]

Angesichts des Umfangs des den Mitgliedstaaten auf diese Weise **493** gewährten Ermessens ist es Sache des betreffenden Mitgliedstaats, die Umstände zu bestimmen, unter denen er von der Befugnis, die durch die Ermessensklausel in Art. 17 I der Dublin-III-VO eingeräumt wird, Gebrauch machen möchte, und zu entscheiden, ob er sich bereit erklärt, einen Antrag auf internationalen Schutz, für den er nach den in dieser Verordnung definierten Kriterien nicht zuständig ist, selbst zu prüfen.

Im Zusammenhang mit der Frage, ob die Überstellung in einen **494** anderen bestimmten Mitgliedstaat wegen der dortigen Verhältnisse, denen Schutzantragsteller unterworfen sind, unzulässig ist (näher → Rn. 442 ff.), wurde **in der Vergangenheit erörtert,** ob sich das mitgliedstaatliche Ermessen dahin gehend verdichten könne, dass eine **Ermessensreduzierung auf Null** zugunsten eines Selbsteintritts besteht.[229] Nachdem das BVerwG im Falle Griechenlands eine Unzumutbarkeit der Überstellung verneint hat,[230] **findet diese Überlegung aktuell ohnehin auf keinen Mitgliedstaat Anwendung.**[231] Im Übrigen **enthält Art. 16 Abs. 3 AMMVO für solche Fälle inzwischen eine besondere Regelung** (dazu → Rn. 498 f.).

bb) Übernahmeersuchen aus humanitären Gründen. Nach Art. 35 **495** Abs. 2 AMMVO kann ein **Übernahmeersuchen** an einen anderen Mitgliedstaat gestellt werden **„aus humanitären Gründen,** die sich insbesondere aus wichtigen Bindungen in Bezug auf den familiären, sozialen oder kulturellen Kontext ergeben". Das Ersuchen richtet sich darauf, einen Antragsteller „aufzunehmen, um in einer **verwandtschaftlichen Beziehung** stehende Personen zusammenzuführen". Der Tatbestand ist hinsichtlich der näheren Gründe, aus denen der ersuchende Mitgliedstaat den Zusammenführungsvorschlag unterbreiten kann, sehr vage gehalten; lediglich die humanitäre Stoßrichtung ist vorgegeben, während die denkbaren „Kontexte" **weit formuliert** und wegen der Verknüpfung über die Angabe „insbesondere" zudem **nur beispielhaft** aufgeführt sind. Es handelt sich also nicht um Tatbestandsmerkmale, unter die strikt subsumiert werden kann, sondern um **Leitbegriffe,** die im Rahmen der

---

[228] EuGH, Urt. v. 30.5.2013 – C-528/11C-528/11, NVwZ-RR 2013, 660 Rn. 36– Halaf; EuGH, Urt. v. 4.10.2018 – C-56/17, BeckRS 2018, 23563 Rn. 53 – Fathi; EuGH, Urt. v. 23.1.2019 – C-661/17 – M. A., S. A., A. Z.; NVwZ 2019, 297.

[229] Ablehnend VGH Mannheim, Urt. v. 29.7.2019 – A 4 S 749/19, BeckRS 2019, 18065 mwN.

[230] BVerwG, Urt. v. 23.10.2025 – 1 C 11.25, NVwZ 2026, 248. Zu Italien vgl. EuGH, Urt. v. 19.12.2024 – C-185/24, C-189/24 – Tudmur, BeckRS 2024, 35908; VGH München, Urt. v. 11.7.2024 – 24 B 24.50010, BeckRS 2024, 28754.

[231] Zu den allgemeinen Kriterien der Unzumutbarkeit der Überstellung wegen der Verhältnisse in einem anderen Mitgliedstaat vgl. EuGH v. 19.3.2019 – C-163/17 – Jawo, NVwZ 2019, 712.

heuristischen Entscheidungsfindung bei der Ermessensausübung durch die beteiligten Mitgliedstaaten berücksichtigt werden können. **Abschließend geregelt** ist hingegen, **welche Personen** durch die Vereinbarung einer abweichenden Zuständigkeitsverteilung **zusammengeführt werden können.** Der **Begriff der „Verwandten"** ist in Art. 2 Abs. 9 AMMVO legaldefiniert. Es handelt sich um „den volljährigen Onkel, die volljährige Tante oder einen Großelternteil des Antragstellers, der/die sich im Hoheitsgebiet eines Mitgliedstaats aufhält". Dass sich der Begriff der „Verwandten" ausschließlich auf weiter entfernte Personen erstreckt, mag zunächst überraschen. Grund ist, dass Personen, deren Bande näher beieinander liegen, bereits durch den Begriff der „Familienangehörigen" in Art. 2 Abs. 8 AMMVO abgedeckt sind. Für sie gilt die Ermessensregelung des Art. 35 Abs. 2 AMMVO aus zwei Gründen nicht. Zum einen bezieht sich die Vorschrift entsprechend der Legaldefinition des Art. 2 Abs. 9 AMMVO nur auf „Verwandte"; dass bei dieser Definition „Familienangehörige" ausgeschlossen sind, wird wegen der außergewöhnlichen Ausgestaltung der Definition kein gesetzgeberisches Versehen gewesen sein. Zudem verweist Art. 35 Abs. 2 AMMVO auf diejenigen Bestimmungen, die für die Zusammenführung von Familienangehörigen gelten, und zwar in der Weise, dass zum Ausdruck kommt, dass sie gegenüber Art. 35 Abs. 2 AMMVO vorrangig sind. Hieraus folgt, dass Art. 35 Abs. 2 AMMVO kein Auffangtatbestand für den Fall ist, dass die Voraussetzungen für die Zusammenführung von Familienangehörigen iSd Definition des Art. 2 Abs. 8 AMMVO nicht erfüllt sind, sondern eine ergänzte Personengruppe betrifft.

496 In Einzelfällen kann sich die Ermessensregelung zu einer gerichtlich **überprüfbaren und einklagbaren Schutzpflicht verdichten,** so dass ein Übernahmeersuchen positiv zu bescheiden ist.[232]

497 **i) Auffangzuständigkeit des Antragsstaates.** Nach Art. 16 Abs. 2 AMMVO ist der **erste Mitgliedstaat, in dem ein Schutzantrag registriert wurde,** für die Prüfung des Antrages zuständig, wenn kein anderer Staat als zuständig bestimmt werden kann.

498 **j) Zuständigkeit bei Unzumutbarkeit der Überstellung.** Die Problematik, dass die **Überstellung unzumutbar** ist (näher → Rn. 442 ff.),[233] wird in Art. 16 Abs. 3 AMMVO erstmals legislativ aufgegriffen. Die Voraussetzungen werden als „ernstliche Gründe für die Annahme […] einer tatsächlichen Gefahr einer Verletzung [der] Grundrechte" des Antragstellers beschrieben. Diese Gründe müssen zu einer unmenschlichen oder entwürdigenden Behandlung iSd Art. 4 Grundrechtecharta führen – eine anderweitige Grundrechtsgefährdung genügt nicht zur

---

[232] Vgl. VG Ansbach, B. v. 18.6.2021 – AN 17 E 21.50114, BeckRS 2021, 16829.
[233] Zu den sehr engen Kriterien vgl. EuGH v. 19.3.2019 – C-163/17 – Jawo, NVwZ 2019, 712.

Verhinderung einer Überstellung, sondern muss im jeweiligen Mitgliedstaat abgewehrt werden. Die mit ernsthaften Gründen angenommene Gefahr muss zudem tatsächlicher Art sein; reine Mutmaßungen genügen nicht. Zudem muss sich die Gefahr auf einen bestimmten Mitgliedstaat beziehen.

Sind diese sehr engen Voraussetzungen erfüllt, wird die Prüfung durch **499** den antragsbearbeitenden Mitgliedstaat bei gleichzeitigem **„Überspringen" des für eine Überstellung disqualifizierten Mitgliedstaates** fortgesetzt, um einen anderen Staat zu finden, der (nachrangig) zuständig ist. Sind die entsprechenden Kriterien erfüllt, wird jener Staat zuständig. Erst wenn sich kein anderer Staat findet, wird der Antragsstaat der zuständige Mitgliedstaat. Die Zuständigkeit des disqualifizierten Staates wird dann also nicht gleichsam ebenso wie die Antragsbearbeitung suspendiert, sondern der Antragsstaat erhält eine echte, dauerhafte Zuständigkeit. Zugleich führt die Unzumutbarkeit der Überstellung nicht automatisch zu einer Verbleibsmöglichkeit im Antragsstaat, so dass eine etwaige verfahrenstaktisch motivierte Geltendmachung von Unzumutbarkeiten nicht zu einem solchen gewünschten Effekt führen müsste und sich Befassungen von Behörden und Gerichten zu Zuständen in anderen Mitgliedstaaten eher auf Fälle einer echten Besorgnis von Menschenrechtsverletzungen konzentrieren würden.

k) Verfahren bei Sicherheitsbedenken nach der ScreenVO. Eben- **500** falls neu berücksichtigt ist der Fall, dass sich anhand des Screenings nach der ScreenVO **Sicherheitsbedenken** ergeben. Hierzu regelt Art. 16 Abs. 4, Unterabs. 1 AMMVO, dass der Staat des ersten registrierten Antrages prüft, ob der Antragsteller eine **Bedrohung für die innere Sicherheit** darstellt, sofern ein Screening nach der ScreenVO bereits durchgeführt worden ist. Bestehen „berechtigte Gründe für eine Prüfung, ob es vernünftige Gründe für die Annahme gibt, dass der Antragsteller eine Bedrohung für die innere Sicherheit darstellt" – also mit anderen Worten, besteht ein **begründeter Gefahrenverdacht** –, so führt der Antragsstaat nach Art. 16 Abs. 4, Unterabs. 2 AMMVO diese entsprechende Sicherheitsüberprüfung durch. Sofern sich entsprechende Sicherheitsbedenken ergeben, wird der Staat für die weitere Bearbeitung des Antrages zuständig, der die Sicherheitsüberprüfung durchgeführt hat (Art. 16 Abs. 4, Unterabs. 3 AMMVO). Nach Art. 16 Abs. 5 AMMVO behält jeder Mitgliedstaat unter Beachtung des Refoulementverbotes und der anderen rechtlichen Garantien der AsylVfVO das Recht, den Antragsteller in einen sicheren Drittstaat zurück- oder auszuweisen.

6. Sonderregelungen für Minderjährige

Minderjährige Schutzantragsteller unterliegen **besonderen Schutzge- 501 währleistungen.** Regelmäßig **wiegt der Schutz** der Interessen von

Kindern und Jugendlichen (abgekürzt als „Kindeswohl" bezeichnet) in der gesetzgeberischen Wertung **schwerer als Ordnungsgesichtspunkte.** Zugleich erweisen sich naive Vorstellungen von einer Gleichförmigkeit der Interessen von Minderjährigen als wenig praxistauglich; gesetzliche Regelungen, die dieses Thema betreffen, müssen daher hinreichend flexibel ausgestaltet sein, um die vielen denkbaren, voneinander sich unterscheidenden Einzelfälle zu berücksichtigen. Ebenso sind mit zunehmendem Alter der Minderjährigen deren Wünsche und selbst artikulierten Interessen auch mit steigender Maßgeblichkeit zu berücksichtigen; hier ist die Balance zwischen sich positiv auswirkender Fürsorge und interessenwidrig einschränkendem Paternalismus zu wahren. Auch bei Minderjährigen ist also trotz der altersbedingt zu unterstellenden Vulnerabilität davon auszugehen, dass mit zunehmendem Alter ihre selbst vorgetragenen Interessen berücksichtigungswürdiger werden und bei fast Volljährigen einen entscheidenden Anknüpfungspunkt für Entscheidungen bilden.

502 Vorbildlich ausgestaltet sind in dieser Hinsicht die **§§ 42 ff. SGB VIII,** in denen die **Inobhutnahme von Kindern und Jugendlichen** durch die Jugendämter geregelt ist, und zwar konkret in den §§ 42a ff. SGB VIII mit Blick auf **einreisende ausländische Kinder und Jugendliche.** Diese Regelungen sind mit Blick auf Deutschland denjenigen des GEAS praktisch vorgeschaltet, weil die **Inobhutnahme logisch vor der Schutzantragstellung erfolgt.** Dies kommt insbesondere in § 42 Abs 2 S. 5 SGB VIII zum Ausdruck, wonach es zu den **Aufgaben des Jugendamtes** gehört, einen Schutzantrag für das Kind oder die jugendliche Person zu stellen, wenn „Tatsachen die Annahme rechtfertigen, dass das Kind oder der Jugendliche internationalen Schutz […] benötigt." Durch diese Formulierung wird zugleich klargestellt, dass ein aussichtsloser Schutzantrag vom Jugendamt auch nicht gestellt werden muss.

503 In der Praxis wird das Jugendamt eine **Rechtsanwältin oder einen Rechtsanwalt** mit der Schutzantragstellung und der entsprechenden Beratung beauftragen. Dabei ist auf eine **ausreichende Expertise der anwaltlichen Vertretung** zu achten, da eine **leichtfertige Schutzantragstellung** beispielsweise in Fällen, in denen ein Schutzgrund nicht auf der Hand liegt, aber ein Anspruch auf Familiennachzug zu in Deutschland lebenden engen Verwandten nach § 29 AufenthG in Betracht kommt, wegen § 10 Abs. 3 AufenthG zu einem **Verlust einer legalen Aufenthaltsmöglichkeit** für das Kind oder die jugendliche Person führen kann. Auf Migrationsrecht spezialisierte anwaltliche Vertreter erkennen derartige in vielfältiger Weise denkbare Konstellationen eher als allgemeiner praktizierende Rechtsanwältinnen und Rechtsanwälte. Wesentliche Erkenntnisse können im Zuge der anwaltlichen Beratung auch durch die in § 42 Abs 2 S. 5, Hs. 2 SGB VIII zwingend vorgesehene Beteiligung des Kindes oder der jugendlichen Person gewonnen werden. Dem Jugendamt ist es zuzumuten, die anwaltliche Betätigung zu überwachen; wegen der Expertise, die die Behörde anders als kraft Berufes eine Rechtsanwältin oder ein Rechtsanwalt insbesondere bei der Ermittlung der Interessen des Kindes oder der jugendlichen Person aufweisen muss, reicht es nicht aus, gleichsam entlastend auf die bloße Tatsache einer Anwaltszulassung zu verweisen. Zum Verteilungsverfahren → Rn. 522 ff.

a) Zuständigkeitsbestimmung bei unbegleiteten Minderjährigen. 504
Auf die Bestimmung des zuständigen Mitgliedstaates findet bei **unbegleiteten Minderjährigen** (wegen Art. 25 Abs. 1 AMMVO) **ausschließlich Art. 25 AMMVO** Anwendung.

In Art. 2 Abs. 11 AMMVO ist eine **Legaldefinition des Begriffs des „unbegleiteten Minderjährigen"** enthalten. Um „unbegleiteter Minderjähriger" iSd AMMVO zu sein, muss die antragstellende Person 505
- minderjährig sein, also das 18. Lebensjahr noch nicht vollendet haben (Art. 2 Abs. 10 AMMVO);
- in dem „betreffenden Mitgliedstaat" – dies ist hier der Mitgliedstaat der Antragstellung, nicht der Geltungsbereich der Verordnung insgesamt – ohne Begleitung einer verantwortlichen erwachsenen Person
  - „angekommen", also eingereist oder
  - zurückgelassen worden sein,
- wobei sich die Verantwortung nach dem Recht oder „den Gepflogenheiten" des „betreffenden Mitgliedstaates" – nicht des Heimatstaates – richtet,
- und sich nach der Einreise in den Mitgliedstaat oder dem Zurücklassen nicht in die Obhut eines solchen Erwachsenen begeben haben.

Nach Art. 25 Abs. 2 S. 1 AMMVO genießt bei der Zuständigkeitsbestimmung nach dem Antrag eines Drittstaatsangehörigen, der diese Voraussetzungen erfüllt, ein Mitgliedstaat Vorrang, in dem sich ein **Familienangehöriger oder eines der Geschwister** des Minderjährigen aufhält. In diesem Zusammenhang ist die speziell auf minderjährige unverheiratete Antragsteller bezogene Definition des Begriffs „Familienangehörige" in Art. 2 Abs. 8 lit. c AMMVO entscheidend. Familienangehörige sind demnach **der Vater oder die Mutter oder ein anderer Erwachsener,** der für den Minderjährigen **verantwortlich** ist, wobei hier der Aufenthaltsstaat des Erwachsenen (Art. 2 Abs. 8 lit. c AMMVO) und nicht der Aufenthaltsstaat des Minderjährigen (vgl. Art. 2 Abs. 8 lit. d AMMVO, der für Schutzbegünstigte und nicht für Antragstellende gilt) für die Frage der Verantwortlichkeit entscheidend ist. 506

Art. 25 Abs. 2 S. 2 AMMVO enthält eine Sonderregelung für **verheiratete unbegleitete Minderjährige** – hiernach gilt dieselbe Zuständigkeitsregelung, soweit sie dem Kindeswohl nicht widerspricht; ansonsten gilt nach Art. 2 Abs. 8 lit. a AMMVO der Ehegatte (oder auch der unverheiratete, aber nach der Rechtsordnung des Aufenthaltsstaates ausländerrechtlich anerkannte andere Partner) als vorrangiger Verwandter. 507

508 In Art. 25 Abs. 3 AMMVO ist nachrangig eine **Zuständigkeitsbestimmung wegen des Aufenthalts eines Verwandten** vorgesehen. Zum Begriff der „Verwandten" vgl. → Rn. 495. Hier kommt es auf den rechtmäßigen Aufenthalt der Bezugspersonen nicht an, sondern darauf, ob die Bezugsperson in der Lage ist, für den Minderjährigen zu sorgen.

509 In **Kollisionsfällen,** wenn sich nämlich Bezugspersonen iSd Art. 25 Abs. 2 und 3 AMMVO in mehreren Mitgliedstaaten aufhalten, bestimmt sich der zuständige Mitgliedstaat nach dem Kindeswohl, das nach Art. 23 Abs. 4 AMMVO anhand eines Kriterienkataloges zu bestimmen ist; dazu → Rn. 512.

510 Als **Auffangzuständigkeit** sieht Art. 25 Abs. 5 AMMVO den Staat der ersten Registrierung des Schutzantrags der minderjährigen Person vor.

511 In allen Fällen des Art. 25 AMMVO steht die **Zuweisung unter der Bedingung, dass sie dem Kindeswohl nicht nachweislich widerspricht.** Abweichend von Art. 26 f. AMMVO ist die „Familienzusammenführung" Minderjähriger nicht von dem ausdrücklichen Wunsch der Beteiligten abhängig. Vielmehr wird sie funktional durch die Kindeswohlklausel ersetzt, wobei bei der Feststellung des Kindeswohls gem. Art. 23 Abs. 4 lit. d AMMVO die Meinung des Minderjährigen entsprechend seinem Alter und seiner Reife zu berücksichtigen ist.

512 **b) Kindeswohlprinzip; Bestimmung und Kriterien.** Das **Kindeswohlprinzip** ist materiell in Art. 23 Abs. 4 AMMVO **näher bestimmt.** Der Katalog ist umfassend, nicht abschließend (vgl. Art. 23 Abs. 4 lit. f AMMVO) und berücksichtigt Möglichkeiten der Familienzusammenführung, kurz-, mittel- und langfristige Lebensperspektiven, die Meinung der betroffenen minderjährigen Person, die Angaben eines vorhandenen Vertreters des Minderjährigen.

513 Neben dieser materiellen Dimension enthält Art. 23 AMMVO eine Reihe **verfahrensbezogener Garantien,** die im Kontext von Dublin-Überstellungen von erheblicher praktischer Bedeutung sind.

514 Für **unbegleitete Minderjährige** sieht Art. 23 Abs. 2 AMMVO eine **zweistufige Vertretungsregelung** vor. Sobald ein Antrag von einer unbegleiteten Person gestellt wird, die minderjährig ist oder bei der objektive Anhaltspunkte für Minderjährigkeit bestehen, benennen die zuständigen Behörden zunächst unverzüglich eine **vorläufig unterstützende Person,** die bis zur förmlichen Vertreterbestellung das Wohlergehen des Minderjährigen wahrt und ihm die Ausübung seiner Rechte nach der Verordnung ermöglicht. Die **förmliche Bestellung eines Vertreters hat sodann spätestens 15 Arbeitstage nach Antragstellung** zu erfolgen; bei unverhältnismäßig hohem Aufkommen oder anderen Ausnahmesituationen **verlängert sich diese Frist um weitere zehn Werktage.** Der Vertreter muss über die erforderlichen Ressourcen, Qualifikationen und Fachkenntnisse sowie über die notwendige Unabhängigkeit

verfügen; er erhält Zugang zur Akte und hält den Minderjährigen über den Verfahrensfortgang auf dem Laufenden. Bestellt die Behörde eine Organisation zur Vertreterin, hat diese eine konkret verantwortliche Einzelperson zu benennen.

Die vertretende Person ist gemäß Art. 23 Abs. 3 AMMVO in das **515** gesamte Zuständigkeitsbestimmungsverfahren **einzubeziehen.** Sie unterstützt den Minderjährigen bei der Bereitstellung kindeswohlrelevanter Informationen, bei der Wahrnehmung des Anhörungsrechts sowie gegebenenfalls bei der Zusammenarbeit mit Organisationen, die Familienangehörige ausfindig machen. Die Vertraulichkeitspflicht gegenüber dem Minderjährigen ist dabei stets zu wahren.

Besonders praxisrelevant ist die **Vorüberstellungsregelung** des **516** Art. 23 Abs. 5 AMMVO. Danach hat der überstellende Mitgliedstaat den Ziel- bzw. Übernahmemitgliedstaat vor der Überstellung zu benachrichtigen; dieser bestätigt seinerseits, dass alle nach der AufnRL und der AsylVfVO erforderlichen Maßnahmen – einschließlich der Vertreterbestellung im Zielstaat – unverzüglich ergriffen werden. **Jeder Überstellungsentscheidung muss eine individuelle Kindeswohlprüfung vorausgehen,** die sich auf die einschlägigen Faktoren des Abs. 4 stützt und deren Ergebnisse in der Überstellungsentscheidung ausdrücklich darzulegen sind. Die Prüfung ist von entsprechend geschultem Personal vorzunehmen.

Schließlich verpflichtet Art. 23 Abs. 6 AMMVO den Mitgliedstaat, in **517** dem der Antrag des unbegleiteten Minderjährigen erstmals registriert wurde, sofort geeignete Schritte zur **Ermittlung von Familienangehörigen, Geschwistern oder Verwandten** in anderen Mitgliedstaaten zu unternehmen. Hierbei kann er internationale oder andere einschlägige Organisationen um Unterstützung ersuchen und dem Minderjährigen den Zugang zu deren Suchdiensten erleichtern. Die mit der Bearbeitung dieser Fälle befassten Behördenmitarbeitenden sind durch geeignete Schulungen auf die besonderen Bedürfnisse Minderjähriger vorzubereiten.

Dieser unionsweite **Informationsaustausch** zur Ermittlung von Fami- **518** lienangehörigen, Geschwistern oder Verwandten unbegleiteter Minderjähriger ist durch **Art. 11 AMM-DVO konkretisiert.** Der Mitgliedstaat, in dem der unbegleitete Minderjährige seinen Antrag gestellt hat, ermittelt demnach nach der persönlichen Anhörung, die gem. Art. 22 AMM-VO durchgeführt wird, zunächst alle verfügbaren Informationen über die persönliche Lage und Reiseroute des Minderjährigen sowie etwaige Familienangehörige. Verfügt er über hinreichende Anhaltspunkte, konsultiert er andere Mitgliedstaaten und tauscht mit diesen Informationen aus, die der Identifizierung und Auffindung von Familienangehörigen, Geschwistern oder Verwandten dienen, der Feststellung einer nachgewiesenen familiären Bindung sowie der Beurteilung, ob ein etwaiger Verwandter tatsächlich in der Lage ist, für den Minderjährigen zu sorgen.

Ergibt der Austausch, dass sich potenzielle Bezugspersonen in mehreren Mitgliedstaaten aufhalten, arbeiten die betroffenen Staaten zusammen, um zu klären, in wessen Obhut der Minderjährige am besten gegeben werden sollte; Kriterien sind dabei die Stärke der jeweiligen familiären Bindung, die Betreuungskapazität der in Betracht kommenden Personen sowie das konkrete Kindeswohl im Einzelfall.

519 Für diesen Informationsaustausch ist gemäß Art. 11 Abs. 4 AMM-DVO iVm Anhang VII das dort vorgesehene **Standardformular** zu verwenden. Es gliedert sich in zwei Teile: Der ersuchende Mitgliedstaat füllt Teil I aus, der neben den Identitätsdaten des unbegleiteten Minderjährigen (einschließlich etwaiger Altersbestimmungsverfahren) die verfügbaren Angaben zur gesuchten Person enthält – deren mutmaßliche Beziehung zum Minderjährigen, Kontaktdaten sowie beizufügende Nachweise wie Lichtbilder oder amtliche Dokumente. Der ersuchte Mitgliedstaat beantwortet das Ersuchen in Teil II, indem er mitteilt, ob die gesuchte Person ermittelt werden konnte, die familiäre Bindung bestätigt und eine Einschätzung zur Betreuungsfähigkeit abgibt. Die **Antwortfrist beträgt grundsätzlich zwei Wochen;** bei Vorliegen stichhaltiger Hinweise, dass weitere Nachforschungen sachdienlichere Informationen erbringen würden, kann sie **um weitere zwei Wochen verlängert** werden. Die für das Zuständigkeitsbestimmungsverfahren geltenden Fristen nach Art. 39 Abs. 1 und Art. 40 Abs. 1 AMMVO bleiben von dieser Verlängerungsmöglichkeit unberührt. Der gesamte Austausch erfolgt über DubliNet und ist in der Referenznummernklassifikation der AMM-DVO als Übermittlungstyp 08 („Informationsaustausch über die Familie, ein Geschwister oder einen Verwandten eines unbegleiteten Minderjährigen") zu kennzeichnen, wobei gem. Art. 5 Abs. 2 AMM-DVO stets der Prioritätsbuchstabe „P" hinzuzufügen ist.

520 **c) Bundesrechtliche Regelungen zur innerdeutschen Verteilung im SGB VIII.** Die vorstehend beschriebenen unionsrechtlichen Garantien des Art. 23 AMMVO **korrespondieren im deutschen Recht auch in diesem Zusammenhang mit den Regelungen der §§ 42 ff. SGB VIII,** die für unbegleitete ausländische Minderjährige ein eigenständiges, aufeinander aufbauendes System aus Inobhutnahme, Vertretung und **Verteilung innerhalb des Bundesgebietes** vorsehen. Zu den grundsätzlichen Regelungen → Rn. 502.

521 Sobald die unbegleitete Einreise eines ausländischen Kindes oder Jugendlichen nach Deutschland festgestellt wird, ist das Jugendamt gemäß § 42a Abs. 1 SGB VIII berechtigt und verpflichtet, diesen **vorläufig in Obhut** zu nehmen. Unbegleitet ist ein Minderjähriger grundsätzlich dann, wenn er ohne Personensorge- oder Erziehungsberechtigte eingereist ist, wobei auch verheiratete Minderjährige von dieser Regelung erfasst werden. Während der vorläufigen Inobhutnahme nimmt das Jugendamt gemäß § 42a Abs. 2 SGB VIII gemeinsam mit dem Kind oder

Jugendlichen eine **Einschätzung** vor, ob das **Wohl des Kindes durch die Durchführung eines Verteilungsverfahrens gefährdet würde,** ob sich verwandte Personen im In- oder Ausland aufhalten, ob eine **gemeinsame Unterbringung mit Geschwistern** geboten ist und ob der Gesundheitszustand eine Verteilung innerhalb von 14 Werktagen zulässt. Diese Einschätzung bildet die Grundlage für die Entscheidung über die Anmeldung zur Verteilung oder deren Ausschluss.

An die vorläufige Inobhutnahme schließt sich bei entsprechendem **522** Ergebnis **das Verteilungsverfahren nach § 42b SGB VIII** an. Das Bundesverwaltungsamt benennt binnen zwei Werktagen das aufnahmepflichtige Land nach Maßgabe der Aufnahmequote gemäß § 42c SGB VIII, wobei vorrangig das Land zu benennen ist, in dessen Bereich das zunächst tätig gewordene Jugendamt liegt. Die zuständige Landesstelle weist das Kind oder den Jugendlichen sodann einem **Jugendamt zur regulären Inobhutnahme** nach § 42 Abs. 1 Satz 1 Nr. 3 SGB VIII zu; dabei sind die spezifischen Schutzbedürfnisse des Minderjährigen maßgeblich. Eine Verteilung ist ausgeschlossen, wenn sie das Kindeswohl gefährden würde, der Gesundheitszustand entgegensteht, eine kurzfristige Familienzusammenführung möglich ist oder das Verfahren nicht innerhalb eines Monats nach Beginn der vorläufigen Inobhutnahme abgeschlossen werden kann. Geschwister dürfen grundsätzlich nicht getrennt werden.

Im Kontext von **Dublin-Überstellungen** kommt § 42b Abs. 4 Nr. 3 **523** SGB VIII besondere Bedeutung zu: Danach ist ein **Verteilungsverfahren ausgeschlossen,** wenn die **Zusammenführung** mit einer verwandten Person – etwa aufgrund der AMMVO – kurzfristig erfolgen kann und dies dem Kindeswohl entspricht. Damit **verzahnt das nationale Recht das Inobhutnahme- und Verteilungsverfahren ausdrücklich mit dem unionsrechtlichen Zuständigkeitsbestimmungsverfahren.** Hält sich eine verwandte Person innerhalb oder außerhalb des Bundesgebietes auf, hat das Jugendamt gemäß § 42a Abs. 5 Satz 2 SGB VIII auf eine Zusammenführung hinzuwirken, sofern dies dem Kindeswohl entspricht; der Minderjährige ist an dieser Entscheidung angemessen zu beteiligen.

Im Rahmen der regulären Inobhutnahme nach § 42 SGB VIII ist das **524** Jugendamt berechtigt und verpflichtet, alle **zum Wohl des Kindes oder Jugendlichen notwendigen Rechtshandlungen vorzunehmen.** Dazu gehört gemäß § 42 Abs. 2 Satz 5 SGB VIII insbesondere die unverzügliche Stellung eines Asylantrags, wenn Tatsachen die Annahme rechtfertigen, dass der Minderjährige internationalen Schutz benötigt – und nur in diesem Falle; das Jugendamt ist nicht berechtigt oder sogar verpflichtet, trotz geringer Aussicht auf Erfolg einen Asylantrag zu stellen, um dem Minderjährigen einen verfahrensbedingten weiteren Verbleib im Bundesgebiet oder in der Europäischen Union zu ermöglichen. Unverzüglich ist zudem die Bestellung eines Vormunds oder Pflegers zu veranlassen (§ 42 Abs. 3 Satz 4 SGB VIII), der die Funktion des nach

Art. 23 Abs. 2 AMMVO geforderten Vertreters im Sinne des Unionsrechts übernimmt.

525 Bestehen **Zweifel an der Minderjährigkeit,** greift § 42f SGB VIII ein, der ein gestuftes behördliches Verfahren zur Altersfeststellung vorsieht. Zunächst ist eine Inaugenscheinnahme vorzunehmen. In Zweifelsfällen kann eine ärztliche Untersuchung veranlasst werden, die jedoch der Einwilligung der betroffenen Person und ihres Vertreters bedarf. Diese Regelung entspricht dem in Art. 23 Abs. 2 UAbs. 4 AMMVO vorgesehenen Vorbehalt, wonach die Behörde nicht zur Vertreterbestellung verpflichtet ist, wenn sie zweifelsfrei von der Volljährigkeit des Antragstellers überzeugt ist. Widerspruch und Klage gegen eine auf die Altersfeststellung gestützte Ablehnung oder Beendigung der Inobhutnahme haben keine aufschiebende Wirkung (§ 42f Abs. 3 SGB VIII).

7. Informationsrechte und Verfahrensgarantien

526 Die dargestellten materiellrechtlichen Zuständigkeitsregeln sind von umfassenden prozeduralen Regelungen begleitet. Diese dienen dem **Rechtsschutz der Betroffenen und der Ordnungsmäßigkeit des Verfahrens.** Aufgliedern lassen sie sich in Informationsrechte, Verfahrensgarantien und Gebote zum Datenaustausch zwischen den Mitgliedstaaten.

527 **a) Informationspflichten der Behörden.** Die AMMVO begründet in Art. 19 f. ein ausdifferenziertes System behördlicher Informationspflichten, das den Antragsteller in die Lage versetzen soll, das Zuständigkeitsbestimmungsverfahren als **informierter Verfahrensbeteiligter** zu begleiten. In Art. 21 AMMVO ist dies um einen Anspruch auf **unentgeltliche Rechtsauskunft** ergänzt. Beides stellt gegenüber dem früheren Rechtsrahmen eine erhebliche Weiterentwicklung dar. Denn die Dublin-III-VO enthielt zwar in ihrem Art. 4 eine Informationspflicht, sah jedoch kein eigenständiges Recht auf unentgeltliche Rechtsauskunft im Zuständigkeitsbestimmungsverfahren vor. Die nunmehr in Art. 21 AMMVO verankerte Beratungsgarantie ist damit eine genuine Neuerung des reformierten GEAS.

528 Die **Pflicht zur Unterrichtung entsteht** spätestens mit dem Tag der Registrierung des Antrags auf internationalen Schutz (Art. 19 Abs. 1 Satz 1 AMMVO), wobei die Formulierung **„so bald wie möglich"** klarstellt, dass eine frühestmögliche Information anzustreben ist. Inhaltlich ist der Katalog des Art. 19 Abs. 1 Satz 2 AMMVO außerordentlich breit. Er umfasst die Ziele der Verordnung, die Zusammenarbeitspflichten des Antragstellers und die Folgen von Verstößen, die Kriterien und das Verfahren zur Zuständigkeitsbestimmung einschließlich ihrer Rangfolge und Verfahrensdauer, die Regelungen zur Familienzusammenführung mit Hinweisen auf unterstützende Organisationen und den Vordruck

nach Art. 22 Abs. 1 AMMVO, das Recht auf persönliche Anhörung, Datenschutzinformationen sowie — für unbegleitete Minderjährige gesondert — die einschlägigen Garantien, die Rolle des Vertreters und das Beschwerderecht gegen diesen. Bei Einschlägigkeit des Solidaritätsmechanismus ist auch über das Übernahmeverfahren nach Art. 67 f. AMMVO zu informieren.

Nach Art. 20 Abs. 1 AMMVO hat die **Unterrichtung schriftlich** zu 529
erfolgen, und zwar in präziser, transparenter, verständlicher und leicht zugänglicher Form in einer dem Antragsteller verständlichen Sprache. Die Mitgliedstaaten sind zur Verwendung des **von EUAA in Zusammenarbeit mit den nationalen Behörden erstellten einheitlichen Informationsmaterials** verpflichtet, das neben den allgemeinen Informationen auch spezifische Materialien für unbegleitete Minderjährige, schutzbedürftige Antragsteller und Personen mit besonderen Aufnahme- und Verfahrensbedürfnissen umfasst und mitgliedstaatsspezifische Ergänzungen ermöglicht. Das Informationsmaterial für Antragsteller muss **auch online** auf einer offenen und leicht zugänglichen Plattform verfügbar gemacht werden. Ergänzend ist eine mündliche Erläuterung möglich, namentlich anlässlich der persönlichen Anhörung. Bei minderjährigen Antragstellern hat die Unterrichtung kindgerecht durch entsprechend geschultes Personal und in Anwesenheit des Vertreters zu erfolgen.

Durch Art. 21 AMMVO wird darüber hinaus Antragstellern im Zu- 530
ständigkeitsbestimmungsverfahren ein **Anspruch auf unentgeltliche Rechtsauskunft** gewährt. Dieser umfasst nach Art. 21 Abs. 6 AMMVO Orientierung und Erläuterung zu den Zuständigkeitskriterien und zum Verfahrensablauf, Hilfestellung bei der Informationsbeschaffung im Hinblick auf die Zuständigkeitskriterien sowie Unterstützung beim Ausfüllen des Vordrucks nach Art. 22 Abs. 1 AMMVO. Die Auskunft kann durch zugelassene Rechtsbeistände, sonstige Berater oder befugte nichtstaatliche Organisationen geleistet werden; in der Verwaltungsphase kann eine Person gleichzeitig für mehrere Antragsteller eingesetzt werden. Der Anspruch entfällt, wenn der Antragsteller bereits anderweitig rechtsanwaltlich vertreten ist (Art. 21 Abs. 7 AMMVO). Ein umfassender Vertretungsanspruch ist damit nicht begründet; in Deutschland ist das Beratungshilfe- und Prozesskostenhilferecht bei Erfüllung der jeweiligen Voraussetzungen einschlägig.

Die unionsrechtlichen Vorgaben zur Rechtsberatung werden durch das 531
GEAS-Anpassungsgesetz in das **Asylgesetz** überführt. Entsprechend dem neu eingefügten § 12b AsylG **gewährt das BAMF auf Ersuchen des Antragstellers unentgeltlich Rechtsauskunft** nach Art. 16 AsylVfVO und nach Art. 21 AMMVO; der Ausschlussgrund der anderweitigen anwaltlichen Vertretung ist in § 12b Abs. 2 AsylG entsprechend den unionsrechtlichen Vorgaben übernommen. Damit wird die unentgeltliche Rechtsauskunft im Dublin-Zuständigkeitsbestimmungsverfah-

ren institutionell beim **BAMF als der zuständigen Behörde** angesiedelt, was zugleich eine Abgrenzung zur **behördenunabhängigen Asylverfahrensberatung** nach § 12a AsylG markiert. Denn letztere ist ein **eigenständiges Instrument,** das seit 2023 auf dieser rechtlichen Grundlage von Trägern der Freien Wohlfahrtspflege an bundesweit rund 225 Standorten erbracht wird und konzeptionell auf eine von der Entscheidungsbehörde unabhängige Verfahrensunterstützung zielt. Welche Funktion die behördenunabhängige Beratung im Gesamtsystem tatsächlich erfüllt und ob ein etwaiger Wegfall die Erfüllung der unionsrechtlichen Informations- und Beratungspflichten beeinträchtigen würde, soll durch eine im gegenwärtigen Koalitionsvertrag vereinbarte Evaluierung geklärt werden.

532 Der neu eingefügte § 12c AsylG regelt die **Zugangsbeschränkung zu abgeschlossenen Bereichen, Hafteinrichtungen und Grenzübergangsstellen** für Personen und Organisationen, die zur Rechtsauskunft und Beratung befugt sind. Eine Beschränkung durch die zuständige Behörde ist danach zulässig, wenn sie zur Gewährleistung der öffentlichen Sicherheit und Ordnung oder der Funktionsfähigkeit der jeweiligen Einrichtung objektiv erforderlich ist und den Zugang nicht wesentlich erschwert oder unmöglich macht. Der Zugang für Rechtsvertreter ist von jeder Beschränkung ausgenommen. Die Regelung greift damit einen Vorbehalt auf, den Art. 18 Abs. 3 und Art. 30 Abs. 3 der AsylVfVO für diese Sondersituationen vorsehen, und schafft eine nationale Ermächtigungsgrundlage, die zugleich durch den Verhältnismäßigkeitsvorbehalt und den unbedingten Schutz des Mandatsverhältnisses begrenzt wird.

533 Die in Art. 19 f. AMMVO niedergelegten Pflichten sind erkennbar auf den **individuellen Schutz des Antragstellers** ausgerichtet. Angesichts des Anwendungsvorrangs des Unionsrechts und der Rechtsprechung des EuGH zur unmittelbaren Anwendbarkeit hinreichend bestimmter Verfahrensgarantien des GEAS **spricht vieles dafür,** dass es sich um **subjektiv-öffentliche Rechte** handelt, die vor nationalen Gerichten geltend gemacht werden können. Insbesondere gestaltet Art. 21 AMMVO den Beratungsanspruch ausdrücklich als Recht aus. Verletzungen der Informationspflicht können die **Rechtmäßigkeit einer nachfolgenden Überstellungsentscheidung** belasten, wenn sich die Pflichtverletzung auf die Möglichkeit des Betroffenen **kausal ausgewirkt** hat, seine Verfahrensrechte wirksam wahrzunehmen. Im deutschen Verwaltungsprozessrecht dürfte eine solche Rüge im Rahmen der Anfechtung der Überstellungsentscheidung nach § 34a AsylG iVm Art. 43 AMMVO zu erheben sein. Allerdings wäre diese Rüge nur erfolgreich, wenn sich ergibt, dass gerade dieser Verstoß mit hoher Wahrscheinlichkeit zu einer Fehlentscheidung geführt hatte, da beispielsweise eine Erklärung zum Einverständnis mit einer Familienzusammenführung nicht oder nicht rechtzeitig erfolgte. Wegen der hochgradig vereinheitlichten Verfahrensprozesse sind in diesem Bereich Rechtsverletzungen nur im Pannenfall zu erwarten. Eine

Haftung für die Qualität der Auskunft und Beratung ist im Gesetz nicht ausdrücklich vorgesehen; ein entsprechender Amtshaftungsanspruch würde neben dem konkreten Nachweis der Qualitätsverletzung auch den Kausalitätsnachweis für einen Schaden sowie den Nachweis von Vorsatz oder Fahrlässigkeit voraussetzen.

b) Persönliche Anhörung. Mit Art. 22 AMMVO sind die zuständigen Behörden des die Zuständigkeit prüfenden Mitgliedstaats zur Durchführung einer **persönlichen Anhörung** des Antragstellers verpflichtet. Die Vorschrift dient einem doppelten Zweck. Sie soll einerseits das Zuständigkeitsbestimmungsverfahren durch **gezielte Informationserhebung** erleichtern. Zugleich soll sie es dem Antragsteller ermöglichen, das Verständnis der ihm nach Art. 19 AMMVO erteilten Informationen zu überprüfen und zu vertiefen. Die Anhörung muss **zeitnah und in jedem Fall vor Stellung eines Aufnahmegesuchs** nach Art. 39 AMMVO stattfinden. **534**

Die zuständigen Behörden stellen vorab **Fragen, die auf die Bestimmung des zuständigen Mitgliedstaats gerichtet sind.** Gibt es Hinweise auf Familienangehörige oder Verwandte in einem Mitgliedstaat, erhält der Antragsteller einen von EUAA erstellten Vordruck, den er nach Möglichkeit bereits vor der Anhörung ausfüllt. Der Antragsteller hat ferner die Möglichkeit, der zuständigen Behörde hinreichende Gründe vorzulegen, damit diese die Anwendung der Ermessensklausel nach Art. 35 Abs. 1 AMMVO in Erwägung zieht; → Rn. 492. **535**

Die Anhörung wird **grundsätzlich in der vom Antragsteller bevorzugten Sprache** geführt. Falls erforderlich, ist ein Dolmetscher hinzuzuziehen, der eine angemessene Verständigung sicherstellt. Auf Wunsch des Antragstellers sollen die anhörende Person und der Dolmetscher nach Möglichkeit dem vom Antragsteller bevorzugten Geschlecht angehören, sofern dies tatsächlich möglich ist. Zusätzlich kann ein Kulturmittler beigezogen werden. **536**

Die Anhörung muss unter **Bedingungen angemessener Vertraulichkeit** stattfinden und von einer nach nationalem Recht qualifizierten Person durchgeführt werden; in Deutschland handelt es sich um **speziell geschulte Mitarbeitende des BAMF.** Antragsteller mit besonderen Verfahrensbedürfnissen, die dem Kontext nach vor allem Artikulationsschwierigkeiten jedweder denkbaren Art sein können, sind so zu unterstützen, dass sie alle für die Zuständigkeitsbestimmung relevanten Umstände tatsächlich vorbringen können. Die anhörenden Mitarbeiter müssen über allgemeine Kenntnisse der Faktoren verfügen, die die Anhörungsfähigkeit beeinträchtigen können. Hierzu zählen im Asylkontext Hinweise auf frühere Folter oder Menschenhandel. Bei **unbegleiteten Minderjährigen** und, soweit anwendbar, auch bei **begleiteten Minderjährigen** ist die Anhörung von einer Person mit einschlägigen Kenntnissen der Rechte und besonderen Bedürfnisse Minderjähriger in **537** kindgerechter Weise in Anwesenheit des Vertreters und eines etwaigen Rechtsbeistands zu führen. Die Anhörung kann auch per Videokonferenz durchgeführt werden, „wenn die Umstände dies hinreichend rechtfertigen"; diese Bedingung wird nur auf Willkür oder sonst grob sachwidrige Entscheidungen überprüfbar sein.

538 Nach Art. 22 Abs. 2 AMMVO ist ein **Verzicht auf die persönliche Anhörung** in drei Konstellationen zulässig, und zwar, wenn der Antragsteller flüchtig ist, wenn er ohne stichhaltige Begründung nicht erscheint oder wenn er nach Erhalt des Informationsmaterials die verfahrensrelevanten Informationen bereits auf anderem Wege übermittelt hat. Im zuletzt genannten Fall muss dem Antragsteller gleichwohl Gelegenheit gegeben werden, ergänzende Informationen innerhalb der Frist des Art. 39 Abs. 1 AMMVO vorzulegen. Der Begriff der Flucht ist in Art. 2 Abs. 17 AMMVO legaldefiniert; näher → Rn. 552.

539 Der Mitgliedstaat ist **verpflichtet, eine Tonaufzeichnung der Anhörung** anzufertigen und eine **schriftliche Zusammenfassung** der wesentlichen Angaben zu erstellen; der Antragsteller ist über Aufzeichnung und Zweck vorab zu informieren. Bei Zweifeln an den Angaben des Antragstellers ist die Tonaufzeichnung maßgebend. Der Antragsteller oder sein Rechtsbeistand muss so bald wie möglich nach der Anhörung, jedenfalls aber vor der Zuständigkeitsentscheidung, Zugang zur Zusammenfassung erhalten. Nach Abschluss der Anhörung ist dem Antragsteller Gelegenheit zu geben, sich zu Übersetzungsfehlern, missverständlichen Formulierungen oder sonstigen sachlichen Fehlern zu äußern.

8. Durchsetzung der Zuständigkeit

540 **a) Überstellungsverfahren.** Das Verfahren zur **Durchsetzung einer einmal festgestellten Zuständigkeit** gliedert sich in mehrere aufeinander aufbauende Schritte, die in ihrem Zusammenspiel die eigentliche operative Substanz des Dublin-Systems bilden. Das materielle Zuständigkeitsrecht der Art. 25 bis 35 AMMVO entfaltet nämlich seine Wirkung erst dann, wenn die nachfolgend beschriebenen Verfahren ordnungsgemäß durchgeführt werden und innerhalb der dafür vorgesehenen Fristen bleiben.

541 Ausgangspunkt ist die **Pflicht des Mitgliedstaats,** in dem der Antrag auf internationalen Schutz zuerst registriert wurde, **unverzüglich das Verfahren** zur Bestimmung des zuständigen Mitgliedstaats **einzuleiten** (Art. 38 Abs. 1 AMMVO). Diese Pflicht besteht **auch dann** fort, wenn der Antragsteller **flüchtig** ist (Art. 38 Abs. 2 AMMVO; zum Begriff „flüchtig" → Rn. 552). Mit Abschluss des Verfahrens hat der feststellende Mitgliedstaat die festgestellte Zuständigkeit unverzüglich in Eurodac einzutragen. Dies stellt eine Neuerung gegenüber dem bisherigen Recht

dar, die sicherstellt, dass die Zuständigkeitsentscheidung für alle anderen Mitgliedstaaten über das Informationssystem abrufbar ist.

Hält der feststellende Mitgliedstaat einen anderen Staat für zuständig, 542
richtet sich das **weitere Vorgehen** danach, ob es sich um eine **Aufnahme- oder eine Wiederaufnahmesituation** handelt.

Im Aufnahmeverfahren nach Art. 39 AMMVO stellt der ersuchende 543
Mitgliedstaat ein förmliches **Aufnahmegesuch,** das eine vollständige und ausführliche Begründung sowie die nach Anhang I der AMM-DVO maßgeblichen Beweismittel oder Indizien enthalten muss. Gesuche, die auf familienbezogenen Zuständigkeitsgründen oder dem Abhängigkeitstatbestand beruhen, sind vorrangig zu bearbeiten. Der ersuchte Mitgliedstaat muss das Gesuch **innerhalb eines Monats beantworten;** lehnt er nicht fristgerecht mit begründeter Antwort ab, gilt das Gesuch als angenommen mit der Folge, dass die Aufnahmepflicht entsteht (Art. 40 Abs. 8 AMMVO). Liegt ein **Eurodac- oder VIS-Treffer** vor, **verkürzen** sich sowohl die Frist für die Gesuchstellung auf einen Monat als auch die Antwortfrist auf zwei Wochen.

Im **Wiederaufnahmeverfahren nach Art. 41 AMMVO** übermittelt 544
der Aufenthaltsmitgliedstaat eine Wiederaufnahmemitteilung, die **keine förmliche Zustimmung des Zielstaats voraussetzt,** sondern dessen Bestätigung des Eingangs innerhalb von zwei Wochen. Eine **fehlende Reaktion innerhalb dieser Frist gilt als Bestätigung.** Das Wiederaufnahmeverfahren ist damit deutlich schlanker als das Aufnahmeverfahren — was sachgerecht ist, da es typischerweise auf einem Eurodac-Treffer beruht und der Sachverhalt insoweit bereits dokumentiert ist.

Nach Annahme des Aufnahmegesuchs oder Bestätigung der Wieder- 545
aufnahmemitteilung trifft der überstellende Mitgliedstaat **innerhalb von zwei Wochen eine Überstellungsentscheidung** und unterrichtet die betroffene Person unverzüglich schriftlich in verständlicher Sprache (Art. 42 AMMVO). Die Entscheidung muss eine Rechtsbehelfsbelehrung enthalten und ist mit Angaben zu Fristen und gegebenenfalls dem Ort der freiwilligen Meldung zu verbinden.

Im deutschen Recht ist die Überstellungsentscheidung als **Abschie-** 546
bungsanordnung nach § 34a AsylG n.F. ausgestaltet. Das BAMF erlässt diese Anordnung, sobald feststeht, dass die Überstellung durchgeführt werden kann. Einer vorherigen Abschiebungsandrohung und Fristsetzung bedarf es nicht. Neu gegenüber dem bisherigen Recht ist die ausdrückliche Pflicht des BAMF, im Rahmen dieser Entscheidung zu prüfen, ob zielstaatsbezogene Abschiebungsverbote nach § 60 Abs. 5 oder 7 AufenthG vorliegen — eine Klarstellung, die zuvor in der Rechtsprechung unterschiedlich bewertet wurde. Kann eine Abschiebungsanordnung nicht ergehen, erlässt das BAMF **subsidiär eine Abschiebungsandrohung.**

547 **b) Fristen für Aufnahme- und Wiederaufnahmegesuche.** Der **Ausgangspunkt** für den Fristenlauf ist die **Registrierung des Antrags auf internationalen Schutz** nach Art. 27 AsylVfVO. Diese Registrierung löst mehrere parallel laufende Fristen aus und bildet zugleich den für die Zuständigkeitsbestimmung maßgeblichen Sachverhaltszeitpunkt nach Art. 24 Abs. 2 AMMVO. Die Registrierung ist mit der Pflicht verbunden, bestimmte Daten in Eurodac einzuspeisen, was den nachfolgenden Informationsaustausch zwischen den Mitgliedstaaten erst ermöglicht.

548 Das **Fristensystem** der AMMVO folgt einer **klaren Struktur,** die gegenüber der Dublin-III-VO **gestrafft** worden ist. Für das Aufnahmegesuch gilt grundsätzlich eine Frist von zwei Monaten ab Registrierung, die sich bei einem Eurodac- oder VIS-Treffer auf einen Monat ab Eingang der Treffermeldung verkürzt. Für die Wiederaufnahmemitteilung gilt eine einheitliche Frist von zwei Wochen ab Eingang der Eurodac-Treffermeldung. Die **Versäumung der Gesuchsfrist** hat eine einschneidende Konsequenz: Der Mitgliedstaat, in dem der Antrag registriert wurde, wird selbst zuständig, ohne dass es eines weiteren Verfahrensschritts bedarf (Art. 39 Abs. 1 UAbs. 3 AMMVO). Anders als bei der Wiederaufnahmemitteilung, deren Versäumnis die Wiederaufnahmepflicht des zuständigen Staates unberührt lässt (Art. 41 Abs. 1 Satz 2 AMMVO), hat die Fristversäumnis beim Aufnahmegesuch also **unmittelbare zuständigkeitsbegründende Wirkung.**

549 Eine Sonderregelung gilt für **unbegleitete Minderjährige:** Hier kann der prüfende Mitgliedstaat jederzeit vor einer Erstentscheidung in der Sache ein Aufnahmegesuch stellen, wenn er dies dem Kindeswohl für dienlich hält — und zwar unabhängig vom Ablauf der regulären Fristen (Art. 39 Abs. 1 UAbs. 4 AMMVO). Diese Ausnahme vom Fristenregime korrespondiert mit dem Vorrang des Kindeswohls nach Art. 23 AMMVO.

550 **c) Überstellungsfristen.** Die **eigentliche Überstellung** muss nach Art. 46 Abs. 1 AMMVO **so bald wie praktisch möglich** und innerhalb von **sechs Monaten** ab Annahme des Aufnahmegesuchs, Bestätigung der Wiederaufnahmemitteilung oder rechtskräftiger Entscheidung über einen Rechtsbehelf mit aufschiebender Wirkung erfolgen. Diese Sechsmonatsfrist ist gegenüber der Dublin-III-VO unverändert geblieben und hat zugunsten der betroffenen Person drittschützenden Charakter.[234]

551 Die Frist kann sich **verlängern, und zwar auf bis zu zwölf Monate,** wenn die Überstellung wegen Inhaftierung der betroffenen Person nicht möglich ist, sowie auf bis zu **drei Jahre,** wenn die Person flüchtig ist, sich der Überstellung körperlich widersetzt, sich vorsätzlich überstellungsuntauglich macht oder die medizinischen Anforderungen nicht erfüllt. Steht die Person nach einer Phase der Unerreichbarkeit wieder zur Verfügung und beträgt die verbleibende Frist weniger als drei

[234] EuGH, Urt. v. 25.10.2017 – C-201/16 – Shiri.

Monate, erhält der überstellende Mitgliedstaat eine Mindestfrist von drei Monaten für die Durchführung.

Anders als die Dublin-III-VO[235] enthält die AMMVO eine **Definition der „Flucht"** in Art. 2 Abs. 17 AMMVO, und zwar als „eine Aktion, durch welche sich eine betroffene Person der Verfügung der zuständigen Behörden oder Justizbehörden entzieht", wobei insbesondere das Unterlassen einer „Mitteilung der Abwesenheit von einem bestimmten Unterbringungszentrum oder zugewiesenen Wohngebiet, wenn dies von einem Mitgliedstaat verlangt wird, oder die Unterlassung der persönlichen Meldung bei den zuständigen Behörden, wenn dies von diesen Behörden verlangt wird", als Beispielsfälle genannt sind. Zur Dublin-III-VO hatte der EuGH noch angenommen, dass eine Entziehungsabsicht bestehen müsse, damit eine „Flucht" vorliege,[236] die allerdings im Sinne eines pragmatischen Verwaltungshandelns unterstellt werden könne, wenn die betroffene Person entgegen einer ihr mitgeteilten Verpflichtung das Verlassen des ihr zugewiesenen Aufenthaltsorts nicht mitteilt.[237] Allerdings ließ der EuGH den Nachweis fehlender Entziehungsabsicht zu.[238] Hingegen stellt die Definition in Art. 2 Abs. 18 AMMVO **nicht auf einen subjektiven Tatbestand** ab, womit auch die Möglichkeit dieses Gegenbeweises entfallen dürfte. Ein sogenanntes **Kirchenasyl** stellt hingegen **keine „Flucht"** dar, „weil ein Antragsteller sich zwar gerade deshalb ins Kirchenasyl begibt, um die Überstellung zu vereiteln, die Behörden aber wissen, wo sich der Antragsteller aufhält und objektiv gesehen zugreifen könnten."[239] Die Möglichkeit einer Aussetzung der Vollziehbarkeit der Überstellungsentscheidung außerhalb eines Rechtsmittelverfahrens und damit eines Zurücksetzens der Überstellungsfrist ist in Art. 46 AMMVO nicht (mehr) vorgesehen.[240] Jedenfalls genügt entsprechend der bisherigen Rspr.[241] ein offenes „Kirchenasyl" oder eine reine Nichtmitwirkung nicht dafür, dass die zuständigen Behörden der Person nicht habhaft werden könnten und somit eine Flucht vorliegt.[242] 552

Für **in Haft genommene Personen** gilt nach Art. 45 AMMVO ein eigenes, **erheblich verkürztes Fristenregime.** Das Aufnahmegesuch oder die Wiederaufnahmemitteilung muss innerhalb von zwei Wochen ab Registrierung beziehungsweise ab Eingang der Eurodac-Treffermeldung gestellt werden; wird die Person erst nach Registrierung inhaftiert, beträgt diese Frist eine Woche ab Inhaftnahme. Der ersuchte Mitglied- 553

[235] Vgl. EuGH v. 19.3.2019 – C-163/17 – Jawo, NVwZ 2019, 712, Rn 54.
[236] EuGH v. 19.3.2019 – C-163/17 – Jawo, NVwZ 2019, 712, Rn 56.
[237] EuGH v. 19.3.2019 – C-163/17 – Jawo, NVwZ 2019, 712, Rn 62.
[238] EuGH v. 19.3.2019 – C-163/17 – Jawo, NVwZ 2019, 712, Rn 65.
[239] VGH Mannheim Urt. v. 29.7.2019 – 4 S 749/19, BeckRS 2019, 18065 Rn. 81.
[240] Zu einer entsprechenden früheren Praxis vgl. VGH Mannheim Urt. v. 29.7.2019 – 4 S 749/19, BeckRS 2019, 18065 Rn. 81 f. mwN.
[241] BVerwG Urt. v. 17.8.2021 – 1 C 26.20, BeckRS 2021, 33433.
[242] BVerwG Urt. v. 26.1.2021 – 1 C 42.20, BeckRS 2021, 6972.

staat muss innerhalb einer Woche antworten, anderenfalls gilt das Gesuch als angenommen. Die Überstellung selbst muss bei in Haft genommenen Personen innerhalb von fünf Wochen ab Annahme des Gesuchs oder nach Wegfall der aufschiebenden Wirkung eines Rechtsbehelfs erfolgen. Werden diese Fristen nicht eingehalten, ist die Person aus der Haft zu entlassen.

554 Eine zwangsweise **Unterbringung in einer psychiatrischen Anstalt** stellt **keine Haft** in diesem Sinne dar.[243]

555 **d) Rechtsfolgen von Fristversäumnissen.** Das Fristensystem der AMMVO ist durchgängig mit **dezidierten Rechtsfolgen** bewehrt, die dazu dienen, die unter der Dublin-III-VO weit verbreitete Praxis von Verfahrensverschleppungen wirksam zu begrenzen.

556 Die bedeutsamste Rechtsfolge ist der **Zuständigkeitsübergang** nach Art. 37 Abs. 1 AMMVO. Dieser tritt kraft Gesetzes ein, wenn der überstellende Mitgliedstaat die **Überstellungsfrist** nach Art. 46 AMMVO nicht einhält. Der ehemals zuständige Mitgliedstaat wird von seiner Aufnahme- oder Wiederaufnahmepflicht frei, und die Zuständigkeit geht endgültig auf den überstellenden Mitgliedstaat über. Dieser Zuständigkeitsübergang ist in Eurodac einzutragen. Gleiches gilt, wenn der Mitgliedstaat von der Ermessensklausel nach Art. 35 AMMVO Gebrauch macht, einem unbegleiteten Minderjährigen gegenüber von einer Überstellung absieht oder der betroffenen Person selbst einen Aufenthaltstitel erteilt.

557 Daneben erlöschen die Pflichten des zuständigen Mitgliedstaats in weiteren, in Art. 37 Abs. 2 bis 5 AMMVO geregelten Konstellationen. Nach einem **Grenzverfahren** enden die Verpflichtungen 15 Monate nach Rechtskraft der dort ergangenen Entscheidung. Die allgemeine **Wiederaufnahmepflicht erlischt,** wenn die betroffene Person das Hoheitsgebiet der Mitgliedstaaten für mindestens neun Monate verlassen hat, es sei denn, sie besitzt einen gültigen Aufenthaltstitel des zuständigen Staates. Schließlich endet die Wiederaufnahmepflicht nach einer vollzogenen freiwilligen Rückkehr oder Abschiebung. In allen diesen Fällen löst ein danach gestellter neuer Antrag ein vollständig neues Zuständigkeitsbestimmungsverfahren aus.

558 Für die Praxis besonders bedeutsam ist, dass **Verzögerungen,** die **allein auf Seiten des überstellenden Mitgliedstaats** liegen, **nicht zu einer Verlängerung** der Überstellungsfrist führen. Die AMM-DVO hat dies durch die Standardisierung der Überstellungsmodalitäten operativ abgesichert. Denn der Zielstaat hat zwar die Möglichkeit, alternative Überstellungsorte oder -termine vorzuschlagen, muss aber innerhalb von fünf Tagen reagieren; bleibt er untätig, kann der überstellende Staat an

---

243 EuGH Urt. v. 31.3.2022 – C-231/21, BeckRS 2022, 5886.

den vorher mitgeteilten Standardort überstellen, ohne weitere Konsultationen abwarten zu müssen.

e) Praktische Vollzugsprobleme. Das zentrale praktische Problem des Dublin-Systems war unter der Dublin-III-VO nie primär das materielle Zuständigkeitsrecht, sondern der **Vollzug der Überstellungsentscheidungen.** Die Schere zwischen festgestellten Zuständigkeiten und tatsächlich durchgeführten Überstellungen war erheblich. Die Gründe dafür lagen weniger in rechtlichen Hindernissen als in administrativer Obstruktion durch Zielstaaten, die durch unzumutbare oder schlicht praxisferne Anforderungen an Überstellungsmodalitäten die Fristen faktisch ablaufen ließen, sowie in dem hohen organisatorischen Aufwand jeder einzelnen Überstellung, mit den jeweiligen Fehlerquellen, die im überstellenden Staat auftreten können. **559**

Die AMMVO und die AMM-DVO adressieren dieses Problem im Wesentlichen auf zwei Wegen. Erstens durch die **Standardisierung der Überstellungsmodalitäten,** die den Gestaltungsspielraum der Zielstaaten bei der Festlegung von Ort, Zeit und Verkehrsmittel erheblich einschränkt und für den Fall der Untätigkeit des Zielstaats klare Auffangregeln vorsieht. Zweitens durch die bereits beschriebene unmittelbare Anbindung der Zuständigkeitsangaben an **Eurodac,** die eine **kontinuierliche technische Nachverfolgung des Verfahrensstatus** ermöglicht. **560**

Hinzu tritt das im reformierten GEAS systematisch angelegte **Leistungssteuerungselement.** Nach Art. 21 der AufnRL **enden materielle Leistungsansprüche** gegenüber dem Aufenthaltsstaat **mit Wirksamkeit einer Überstellungsentscheidung;** nur Leistungen zur Wahrung der Menschenwürde bleiben erhalten. Im deutschen Recht flankiert § 61 AsylG n. F. diesen Ansatz, indem die Beschäftigungserlaubnis bei laufendem Aufnahmeverfahren erst nach sechs Monaten, statt der sonst geltenden drei Monate, erteilt werden darf. Die Steuerungswirkung dieses Ansatzes beruht nicht auf physischem Zwang, sondern darauf, dass sich ein Verbleib im Aufenthaltsstaat nach Bestandskraft der Überstellungsentscheidung materiell nicht mehr lohnt. Ob dieses Instrument in der Praxis die erhoffte Wirkung entfaltet, wird sich erst nach Inkrafttreten der Reform zeigen. **561**

9. Besondere Konstellationen

a) Zuständigkeitsprüfung im Grenzverfahren. Das Asylgrenzverfahren, das in der AsylVfVO geregelt ist und oben umfassend dargestellt ist, hat spezifische Auswirkungen auf die Zuständigkeitsbestimmung nach der AMMVO. In aller Kürze gilt Folgendes. **562**

Das Grenzverfahren findet auf Personen Anwendung, die die **Einreisevoraussetzungen des Schengener Grenzkodex nicht erfüllen und an der Grenze einen Schutzantrag** stellen. In diesen Fällen ist der Staat, in **563** dem das Grenzverfahren durchgeführt wird, typischerweise der zuständige Staat. Eine andere Zuständigkeit nach der AMMVO kommt in diesem Kontext im Wesentlichen nur bei familienbezogenen Kriterien in Betracht, da das Vorliegen eines Visums oder Aufenthaltstitels eines anderen Mitgliedstaats nach Art. 43 Abs. 1 Satz 1 der AsylVfVO die Anwendung des Grenzverfahrens von vornherein ausschließt.

564 Die **Verknüpfung mit der AMMVO** liegt vor allem in der **Fristenordnung.** Denn das Zuständigkeitsbestimmungsverfahren muss innerhalb des engen zeitlichen Rahmens des Grenzverfahrens abgewickelt werden, was die ohnehin knappen Regelfristen der AMMVO weiter verdichtet. Zudem erlöschen nach Art. 37 Abs. 2 AMMVO die Verpflichtungen des im Grenzverfahren als zuständig bestimmten Mitgliedstaats 15 Monate nach Rechtskraft der dort ergangenen Entscheidung. Dies stellt eine besondere Befristung dar.

565 **b) Sekundärmigration während des laufenden Verfahrens.** Verlässt ein Antragsteller **während des laufenden Zuständigkeitsbestimmungsverfahrens den Mitgliedstaat, in dem sein Antrag registriert wurde, und hält er sich ohne** Aufenthaltstitel in einem anderen Mitgliedstaat auf oder stellt dort einen neuen Antrag, greift die **Wiederaufnahmepflicht** des die Zuständigkeit bestimmenden Mitgliedstaats nach Art. 38 Abs. 4 AMMVO. Der Aufenthaltsmitgliedstaat übermittelt eine Wiederaufnahmemitteilung nach Art. 41 AMMVO. Die Pflicht zur Wiederaufnahme erlischt nur, wenn der Antragsteller von einem anderen Mitgliedstaat einen Aufenthaltstitel erhalten hat.

566 Im deutschen Recht hat diese Form der **irregulären Sekundärmigration** besondere institutionelle Strukturen hervorgebracht. Nach § 44 Abs. 1a AsylG n. F. können die Länder eigene Aufnahmeeinrichtungen zur Durchführung von Verfahren bei Sekundärmigration einrichten. Diese **Sekundärmigrationszentren** sind für Ausländer bestimmt, die sich nach Art. 17 Abs. 4 AMMVO in einem anderen Mitgliedstaat aufzuhalten haben oder denen ein anderer Mitgliedstaat bereits internationalen Schutz gewährt hat. Wer in eine solche Einrichtung verteilt wird, ist nach § 47 Abs. 1b AsylG n. F. **verpflichtet,** dort für die Dauer des Verfahrens nach der AMMVO **zu wohnen,** längstens jedoch 24 Monate. Für **Familien mit Minderjährigen** ist eine gesonderte Regelung in § 47 Abs. 1c AsylG n. F. enthalten, wonach die Wohnpflicht bis zur Überstellungsentscheidung besteht und nach deren Erlass um weitere sechs Monate verlängert werden kann, insgesamt jedoch zwölf Monate nicht überschreiten darf.

567 Die **Bewegungsfreiheit** der in diesen Einrichtungen untergebrachten Personen kann nach § 68 AsylG n. F. **eingeschränkt** werden. Dabei gilt eine **widerlegliche Vermutung der Fluchtgefahr,** die nur durch Glaubhaftmachung persönlicher und sozialer Bindungen widerlegt werden kann, die einen Verbleib in der Bundesrepublik trotz des laufenden

Dublin-Verfahrens erwarten lassen. In Verbindung mit der beschriebenen Leistungssteuerung, also dem Beschäftigungsverbot für die ersten sechs Monate nach Gesuchstellung und dem Wegfall von Leistungen über das Mindestniveau hinaus, entsteht ein abgestuftes System von Anreizen und Pflichten, das auf eine möglichst schnelle Einhaltung der Überstellungsverpflichtung und zudem auf die Unattraktivität irregulärer Sekundärmigration selbst gerichtet ist.

c) Zweitanträge in einem anderen Mitgliedstaat. Mit der Streichung des § 71a AsylG a. F. ist die bisherige Sonderregelung für **Zweitanträge nach einem Verfahrensabschluss in einem anderen Mitgliedstaat** entfallen. An ihre Stelle tritt die unmittelbare Anwendung der AMMVO und der AsylVfVO. **568**

Stellt eine Person, die in einem anderen Mitgliedstaat bereits ein Asylverfahren ohne inhaltliche Schutzgewährung durchlaufen hat, in Deutschland einen Antrag, wird das Verfahren nach Art. 36 Abs. 1 lit. b AMMVO **als Wiederaufnahmefall behandelt.** Der **zuständige Mitgliedstaat,** also der Staat, der das erste Verfahren durchgeführt hat oder in dem der Antragsteller bereits Schutz erhalten hat, ist **zur Wiederaufnahme verpflichtet.** Das BAMF erlässt bei Vorliegen einer Überstellungsentscheidung eine Abschiebungsanordnung nach § 34a Abs. 1 AsylG n. F. Es gibt also **keinen Rechtsanspruch darauf, dass jedes Schutzbegehren in jedem Mitgliedstaat jeweils vollständig durchgeprüft wird.** **569**

Ein **echter Folgeantrag** im Sinne des § 71 AsylG n. F. liegt dagegen vor, wenn die Voraussetzungen des Art. 3 Nr. 19 der AsylVfVO erfüllt sind, also wenn **im selben Mitgliedstaat** nach bestandskräftigem Abschluss eines früheren Verfahrens ein neuer Antrag gestellt wird. Das Verfahren richtet sich dann nach Art. 55 und 56 der Asylverfahrensverordnung. Der deutsche Gesetzgeber hat klargestellt, dass § 46 AsylG n. F. auf Folgeanträge keine Anwendung findet. **570**

d) Dublin-Haft (kursorischer Überblick). Die **Inhaftnahme zum Zwecke der Überstellung** ist in Art. 44 und 45 AMMVO unionsrechtlich gerahmt und im deutschen Recht durch die Neufassung des § 2 Abs. 14 AufenthG sowie durch §§ 69 bis 70b AsylG n. F. in Ausführung eines **Regelungsauftrages des Unionsgesetzgebers** (Art. 2 Abs. 18 AMMVO) zur Definition der Merkmale einer widerleglichen Vermutung und von Indizien für eine **Fluchtgefahr** näher ausgestaltet worden. **Rechtsgrundlage** für die Haftanordnung sind unmittelbar die Bestimmungen der Art. 44 und 45 **AMMVO.** **571**

In Art. 44 AMMVO ist zunächst ein grundsätzliches Verbot der Inhaftnahme allein wegen des Vorliegens eines Dublin-Verfahrens vorgesehen. Haft ist allerdings dann, und nur dann, zulässig, wenn im Einzelfall **Fluchtgefahr** besteht oder der **Schutz der nationalen Sicherheit oder der öffentlichen Ordnung** dies erfordert, und nur wenn **weniger ein-** **572**

schneidende Maßnahmen nicht wirksam angewandt werden können. Diese Verhältnismäßigkeitsstruktur entspricht im Wesentlichen dem bisherigen Recht, enthält aber nun eine **präzisere unionsrechtliche Legaldefinition** der Fluchtgefahr in Art. 2 Abs. 18 AMMVO, wonach im Einzelfall vorliegende besondere Gründe und Umstände erforderlich sind, die auf objektiven, im nationalen Recht festgelegten Kriterien beruhen.

573 Als **Schnittstelle im Bundesrecht** erklärt § 2 Abs. 14 AufenthG n. F. die **Regelindizien** des § 62 Abs. 3 Satz 1 Nr. 4 und Abs. 3a AufenthG für die widerlegliche Vermutung einer Fluchtgefahr sowie die **objektiven Anhaltspunkte** des § 62 Abs. 3b Nr. 1 bis 5 AufenthG für entsprechend anwendbar, stellt aber ausdrücklich klar, dass Art. 44 Abs. 2 AMMVO im Übrigen maßgeblich bleibt. Diese Konstruktion, wonach der nationale Gesetzgeber die Kriterien für die Feststellung bestimmt, das Unionsrecht allerdings eine abstrakte Definition der Fluchtgefahr enthält, birgt das Potenzial für Vorlagefragen an den EuGH, ob einzelne nationale Regelindizien mit der unionsrechtlichen Definition der Fluchtgefahr vereinbar sind. Angesichts der für Freiheitsentziehungen geltenden strengen Anforderungen aus Art. 6 GRCh ist der Spielraum des nationalen Gesetzgebers zwar vorhanden, aber keineswegs unbegrenzt. Zugleich sind keine Anhaltspunkte für eine Sachwidrigkeit der bundesrechtlich festgelegten Kriterien ersichtlich.

574 Eine **behördliche Ingewahrsamnahme ohne richterliche Vorabbefassung** nach § 2 Abs. 14 S. 3 ff. AufenthG ist gegenüber dem Weg über § 427 Abs. 3 FamFG tatbestandlich enger gefasst, weil sie einen dringenden Verdacht sowie die **Unmöglichkeit einer vorherigen Einholung der richterlichen Entscheidung** voraussetzt. Dies sind Anforderungen, die bei einer geplanten, aber für die betroffene Person überraschenden Festnahme im Behördenbetrieb nicht ohne Weiteres vorliegen. Das Tatbestandsmerkmal des § 2 Abs. 14 S. 3 lit. c AufenthG, wonach der begründete Verdacht bestehen muss, dass sich der Ausländer „der Anordnung der Überstellungshaft" entziehen will, ist redaktionell nicht eindeutig gefasst. Denn da sich viele Betroffene einer gegen sie gerichteten Freiheitsentziehung zu entziehen suchen werden, was zumindest in prekären Umständen auch einer rationalen Handlungsweise entspricht, taugt dieses Merkmal als eigenständiges Tatbestandselement nicht. Es ist innerhalb dieses Rahmens nur sinnvoll lesbar, wenn man es als Umschreibung der Fluchtgefahr im Hinblick auf den Überstellungsvollzug selbst versteht. Es geht letztendlich also um den Verdacht, dass sich die Person der Überstellung und nicht lediglich der formalen Haftanordnung entziehen würde. In diesem Sinne wird es in der Praxis auch gehandhabt. Eine Klarstellung könnte hier nützlich sein.

575 Plant eine Behörde eine für die betroffene Person überraschende Festnahme, kann sie letztendlich nur den Weg über § 427 Abs. 3 FamFG durch Einholung einer **einstweiligen Anordnung** gehen, wenn die Zeit

zur Befassung eines Gerichts ausreicht; im Anschluss muss dann ein reguläres Haftantragsverfahren folgen.

10. Der Solidaritätsmechanismus

a) Grundkonzeption und politischer Hintergrund. Der **Solidaritätsmechanismus** ist das **strukturell bedeutsamste Novum** der AMMVO gegenüber der Dublin-III-VO. Er stellt die Reaktion dar auf ein seit Jahren bestehendes und in der Flüchtlingskrise des Jahres 2015 deutlich sichtbar gewordenes Strukturproblem. Denn die Zuständigkeitsregelungen des Dublin-Systems belasteten geografisch exponierte Mitgliedstaaten, also vor allem die Mittelmeeranrainer und die östlichen Außengrenzstaaten, systematisch stärker als Binnenstaaten, ohne dass ein verbindlicher Ausgleichmechanismus existierte. Die Dublin-III-VO kannte nur die Möglichkeit des freiwilligen Selbsteintritts und informelle politische Vereinbarungen, die sich in der Praxis als unzuverlässig erwiesen haben. Die AMMVO versucht, diesen Konstruktionsfehler durch ein obligatorisches, aber in seiner konkreten Ausformung flexibles Solidaritätssystem zu beheben. 576

Konzeptionell beruht der Mechanismus auf dem **Gedanken, dass eine Entlastung von Mitgliedstaaten unter Migrationsdruck nicht zwingend durch physische Umverteilung** von Schutzsuchenden erreicht werden muss. Die AMMVO erkennt an, dass die Aufnahme von Personen aus einem anderen Mitgliedstaat politisch und logistisch aufwändiger ist als andere Formen der Unterstützung, und erlaubt deshalb eine weitgehend gleichwertige Erfüllung der Solidaritätspflicht durch finanzielle Beiträge oder operative Maßnahmen. Dies ist einerseits ein Zugeständnis an politische Realitäten, weil mehrere Mitgliedstaaten öffentlich erklärt haben, keine Umverteilung akzeptieren zu wollen, andererseits aber eine sachlich begründbare Flexibilisierung, solange die Gesamtentlastungswirkung für die betroffenen Mitgliedstaaten gewährleistet bleibt. Dabei ist zu berücksichtigen, dass einige Staaten auch außerhalb der Mechanismen des EU-Asylsystems in teils bedeutsamem Umfang humanitäre Zuwanderung in Form von Resettlement-Programmen ermöglicht hatten. Solche Vorleistungen können bei der Bewertung des obligatorischen gerechten Anteils eine Rolle spielen. 577

b) Die migrationspolitische Steuerungsarchitektur als Rahmen. Das Solidaritätssystem ist in einen **umfassenderen Steuerungsrahmen** eingebettet, der in den Art. 3 bis 15 AMMVO geregelt ist und der **gegenüber der Dublin-III-VO vollständig neu** ist. Dieser Rahmen sieht eine jährlich wiederkehrende Planungs- und Bedarfsermittlungsroutine vor, die der eigentlichen Solidaritätsentscheidung vorausgeht. Es handelt sich um einen kombinierten Bottom-Up- und Top-Down-Ansatz. 578

579 Die **Bottom-Up-Komponente** wird nach Art. 7 AMMVO durch die Verpflichtung jedes Mitgliedstaates umgesetzt, auf nationaler Ebene eine **Strategie** zur Steuerung des Asyl- und Migrationsmanagements zu entwickeln und der Kommission mitzuteilen. Diese Strategien, die nicht nur Umverteilungsfragen betreffen, bilden die Grundlage für eine unionsweite Strategie nach Art. 8 AMMVO sowie einen **unionsweiten Bericht der Kommission,** der nach Art. 9 AMMVO jährlich erstattet wird sowie, spezifischer auf einen Lastenausgleich ausgerichtet, die Migrationssituation in allen Mitgliedstaaten sowie den Bedarf an Solidaritätsmaßnahmen bewertet. Auf der Grundlage dieses Berichts kann die **Kommission** nach Art. 11 AMMVO **durch Beschluss feststellen,** ob einzelne Mitgliedstaaten **Migrationsdruck** ausgesetzt sind oder sich in einer **ausgeprägten Migrationslage** befinden. Diese Feststellung ist die formelle Voraussetzung dafür, dass ein Mitgliedstaat als begünstigter Mitgliedstaat in den Genuss des Solidaritätspools kommen kann.

580 Im Anschluss an die Bedarfsermittlung erarbeitet die Kommission nach Art. 12 AMMVO konkretisierend einen **Vorschlag für den jährlichen Solidaritätspool,** in dem die erforderliche Zahl von Übernahmen und die Höhe der finanziellen Beiträge für das kommende Jahr angegeben werden. Dieser Vorschlag bildet die Grundlage für ein **Hochrangiges Forum** nach Art. 13 AMMVO, in dem die Mitgliedstaaten ihre **konkreten Solidaritätszusagen** abgeben. Das Forum ist ein politisches Koordinationsgremium, das die Verbindung zwischen dem technischen Bedarfsnachweis und der politischen Zusage herstellt. Die auf dem Forum erzielten Zusagen werden anschließend durch den Rat in einem **jährlichen Durchführungsrechtsakt** nach Art. 57 AMMVO rechtlich verbindlich gemacht.

581 Diese **Gesamtarchitektur** aus nationaler Strategie, Kommissionsbericht mit einer EU-weiten Strategie sowie einer Druckfeststellung und einem Kommissionsvorschlag, der Befassung des Hochrangigen Forums und des Ratsbeschlusses ist **aufwändig und mehrstufig,** ähnelt dabei aber anderen Koordinationsmechanismen, die man vor allem in Bundesstaaten vorfindet. Sie spiegelt den politischen Kompromisscharakter der Reform und das **stark föderative Verfassungsgefüge der Europäischen Union** wider: Die Mitgliedstaaten wollten keine automatische Umverteilung, die Kommission wollte keine rein freiwilligen Mechanismen, und das Ergebnis ist ein hybrides System, das Verbindlichkeit und Flexibilität miteinander verbindet. Das auffällige Fehlen einer Einbindung des Europäischen Parlaments in den Mechanismus könnte mit dem Argument gerechtfertigt werden, es handele sich um einen komplexen, aber **der Exekutive zuzurechnenden Vollzug legislativer Vorgaben.** Da die politische Koordinierung allerdings über die reine Quotenverteilung hinausgeht und politisch-programmatische Elemente enthält, wäre eine parlamentarische Befassung denkbar gewesen, weshalb das Argument nicht verfängt. Letztendlich spiegelt das System allerdings die

– unter anderem – deutsche Politiklogik wider, wonach die **programmatische Politikformulierung als Sache der Regierung** angesehen wird (vgl. die faktische Rolle der Bundesregierung und der Ministerpräsidentenkonferenz sowie der Fachministerkonferenzen in Deutschland). Die Kontrollrechte des Europäischen Parlaments gegenüber der Kommission bleiben völlig unberührt, ebenso wie seine Vetoposition im legislativen Prozess. **Feiner austariert als das deutsche System** ist die in der AMMVO vorgesehene Lösung insofern, als **nicht starre Quoten** wie in Deutschland der für die Verteilung der Asylzuwanderung maßgebliche Königsteiner Schlüssel angewendet werden, sondern jährlich revisible und möglichst passgenaue Festlegungen angestrebt werden.

Genau hierin liegt aber auch eine **systemimmanente Gefahrenquelle.** Ob das in der AMMVO angelegte System in der Praxis die erhoffte Entlastungswirkung entfaltet, hängt entscheidend davon ab, ob die Zusagen auf dem Hochrangigen Forum tatsächlich in hinreichender Höhe und Verlässlichkeit gegeben werden. Wenn ähnlich wie in Haushaltsverhandlungen in den jährlichen Festlegungen inkrementell, also auf den Vorjahresergebnissen aufbauend, entschieden wird und somit nur die Änderungen verhandelt würden, wäre das Funktionsrisiko beschränkt. Würden hingegen Grundlagen früherer Einigungen alljährlich generell in Frage gestellt werden, wäre das System fragiler. Die Tragfähigkeit wird sich somit in der gelebten und irgendwann eingeübten Praxis erweisen. Dabei ist zu berücksichtigen, dass durch Art. 66 AMMVO mit einem dem Königsteiner Schlüssel vergleichbaren grundlegenden Verteilungsschlüssel für Solidaritätsbeiträge ein eher statisches Element in den Prozess eingebracht wird, was einen inkrementellen Ansatz begünstigt. 582

c) Der Jährliche Solidaritätspool. Das **zentrale operative Instrument** des Solidaritätsmechanismus ist der in Art. 56 AMMVO geregelte **Jährliche Solidaritätspool.** Er besteht aus den Beiträgen, die die Mitgliedstaaten in der Sitzung des Hochrangigen Forums zugesagt und der Rat durch Durchführungsrechtsakt verbindlich gemacht hat. Der Pool steht ausschließlich Mitgliedstaaten zur Verfügung, die Migrationsdruck ausgesetzt sind und diesen Zugang förmlich beantragt haben. 583

d) Formen der Solidarität. Art. 56 Abs. 2 AMMVO sieht **drei Formen von Solidaritätsmaßnahmen** vor, die als gleichwertig gelten. 584

Die erste Form ist die **Übernahme von Personen** nach Art. 67 und 68 AMMVO. Übernahmen können sowohl Personen betreffen, die noch keinen abgeschlossenen Schutzstatus haben und deren Antragsverfahren noch nicht abgeschlossen ist, als auch, sofern der beitragende und der begünstigte Mitgliedstaat dies bilateral vereinbaren, Personen, denen der internationale Schutz weniger als drei Jahre vor dem maßgeblichen Ratsbeschluss zuerkannt wurde. Im zuletzt genannten Fall ist die Zustimmung der betroffenen Person erforderlich, was einen wesentlichen 585

Unterschied zur Dublin-Überstellung darstellt. Denn während die Überstellung nach den Zuständigkeitsregeln des Teil III der AMMVO unabhängig vom Willen der betroffenen Person erfolgt, **setzt die Übernahme eines anerkannten Schutzberechtigten dessen schriftliche Einwilligung** voraus.

586 Die zweite Form sind **finanzielle Beiträge** nach Art. 64 AMMVO. Die beitragenden Mitgliedstaaten überweisen Beträge in den Unionshaushalt, wo sie als **externe zweckgebundene Einnahmen** verwaltet werden. Die begünstigten Mitgliedstaaten ermitteln **förderfähige Maßnahmen** in den Bereichen Migration, Aufnahme, Asyl, Rückkehr, Grenzmanagement und operative Unterstützung. Die Solidaritätsmittel können auch für Maßnahmen in oder mit Bezug zu Drittstaaten verwendet werden, sofern sie unmittelbare Auswirkungen auf die Migrationsströme an den Außengrenzen haben oder die Asyl- und Migrationssysteme des betreffenden Drittstaats verbessern. Dies schließt Programme zur unterstützten freiwilligen Rückkehr und Reintegration mit ein, womit der Solidaritätsmechanismus eine Brücke zu den außenpolitischen Dimensionen des Migrationsmanagements schlägt.

587 Die dritte Form sind **alternative Solidaritätsmaßnahmen** nach Art. 65 AMMVO in den Bereichen Migration, Aufnahme, Asyl, Rückkehr und Grenzmanagement. Dazu zählen eine operative Unterstützung, der Kapazitätsaufbau, Dienstleistungen, eine Personalunterstützung sowie die Bereitstellung von Einrichtungen und technischer Ausrüstung. Entsprechende alternative Solidaritätsmaßnahmen werden auf spezifisches Ersuchen des begünstigten Mitgliedstaats erbracht; ihr konkreter finanzieller Wert wird von dem beitragenden und dem begünstigten Mitgliedstaat gemeinsam und realistisch festgelegt. Die Beiträge müssen die Maßnahmen der Unionsorgane ergänzen, ohne Überschneidungen zu erzeugen.

588 Der **Referenzschlüssel** für die Berechnung des von jedem Mitgliedstaat zu erbringenden Anteils an den Solidaritätsbeiträgen ist in Art. 66 AMMVO geregelt. Er beruht auf zwei gleichgewichteten Kriterien: der **Bevölkerungszahl und dem gesamten Bruttoinlandsprodukt** des jeweiligen Mitgliedstaats, **jeweils mit 50 Prozent gewichtet.** Dieser Schlüssel entspricht dann doch wiederum in struktureller Hinsicht dem Königsteiner Schlüssel, der im deutschen innerstaatlichen Recht für die Verteilung von Asylsuchenden auf die Länder verwendet wird.

589 **e) Jahresplanung, Kürzungsmechanismen und Bedarfsfeststellung.** Der **jährliche Zyklus des Solidaritätsmechanismus** beginnt mit dem Kommissionsbericht und dem Vorschlag für den Pool, gefolgt vom Hochrangigen Forum und dem Ratsbeschluss. Die praktische Umsetzung der Beiträge erfolgt im Rahmen des Forums auf technischer Ebene unter Koordination des EU-Solidaritätskoordinators, der nach Art. 60 AMMVO für eine ausgewogene Verteilung der verfügbaren Solidaritätsbeiträge unter den begünstigten Mitgliedstaaten sorgt. Die Mitgliedstaaten bestätigen im Januar jedes Jahres die Höhe der im Vorjahr tatsächlich durchgeführten Maßnahmen.

Ein Mitgliedstaat, der **selbst unter Migrationsdruck** steht, kann nach 590
Art. 61 AMMVO eine teilweise oder vollständige **Kürzung seiner zugesagten Beiträge** beantragen. Ein entsprechender Antrag erfordert eine **hinreichend fundierte Begründung,** die Kommission bewertet ihn innerhalb von vier Wochen, und der **Rat entscheidet durch Durchführungsrechtsakt.** Für Mitgliedstaaten, die sich in einer **ausgeprägten Migrationslage** befinden, gilt ein inhaltsgleicher Kürzungsmechanismus nach Art. 62 AMMVO. Diese Möglichkeit, sich von Solidaritätsverpflichtungen freizustellen, wenn man selbst Unterstützung benötigt, ist systemlogisch, schwächt aber in Krisenlagen den Pool genau dann, wenn er am meisten gebraucht wird. Dass diese strukturelle Schwäche, die der Gesetzgeber in Kauf genommen hat, das Gesamtsystem gefährdet, ist allerdings wegen des Vorhandenseins zahlreicher leistungsfähiger Mitgliedstaaten in unterschiedlichen geographischen Lagen zu bezweifeln.

f) Verrechnungen der Verantwortlichkeiten. In Art. 63 AMMVO 591
ist ein besonderer Mechanismus vorgesehen, der als **„Verrechnung der Verantwortlichkeiten"** bezeichnet ist und in der Sache eine Alternative zur physischen Übernahme darstellt. Ein begünstigter Mitgliedstaat kann beitragende Mitgliedstaaten ersuchen, anstelle von Übernahmen die Zuständigkeit für die **Prüfung von Anträgen auf internationalen Schutz zu übernehmen,** für die der begünstigte Mitgliedstaat nach den Kriterien des Teil III zuständig wäre. Der beitragende Mitgliedstaat **übernimmt dann diese Zuständigkeit vollständig,** d. h. einschließlich der späteren Prüfung von Folgeanträgen, und trägt die entsprechenden Verfahrenslasten. Dieser Mechanismus setzt voraus, dass die **Übernahmezusagen** im Solidaritätspool **mindestens 50 Prozent** der von der Kommission für erforderlich gehaltenen Gesamtzahl erreicht haben. Er ist zudem nur auf Personen anwendbar, deren Zuständigkeit sich aus den aufenthaltsrechtlichen oder einreisebezogenen Kriterien der Art. 29 bis 33 AMMVO und nicht aus familiären Kriterien ergibt; unbegleitete Minderjährige und bereits anerkannte Schutzberechtigte sind ebenfalls ausgenommen. Praktisch bedeutet dieser Mechanismus, dass der beitragende Mitgliedstaat für die betreffenden Antragsteller ein **vollständiges Asylverfahren** durchführt, ohne dass diese Personen vorher im begünstigten Mitgliedstaat ein Verfahren durchlaufen haben. Für die betroffenen Personen selbst hat dies die wichtige Konsequenz, dass sie kein Recht haben, sich gegen die Zuweisung an den Übernahmemitgliedstaat zu wehren.

g) Das Übernahmeverfahren im Einzelnen. Das Verfahren vor und 592
nach der Übernahme ist in Art. 67 und 68 AMMVO detailliert geregelt. Vor jeder Übernahme muss der begünstigte Mitgliedstaat sicherstellen,

dass **keine stichhaltigen Gründe** dafür vorliegen, dass die betreffende Person eine **Bedrohung für die innere Sicherheit** darstellt. Liegen solche Gründe vor, wird das Übernahmeverfahren nicht eingeleitet oder unverzüglich beendet; die betreffende Person ist von jeder künftigen Übernahme dauerhaft ausgeschlossen. Dies ist ein gegenüber dem bisherigen Recht neues Element, das die Sicherheitsprüfung als Eingangsvoraussetzung für jede Solidaritätsmaßnahme fest verankert. Es soll ein „Weiterreichen" von gefährdenden Personen von Mitgliedstaat zu Mitgliedstaat verhindern.

593 Der begünstigte Mitgliedstaat **ermittelt die zu übernehmenden Personen** und berücksichtigt dabei vorhandene **wichtige Bindungen an bestimmte Mitgliedstaaten,** etwa familiärer oder kultureller Art. Die betroffenen Personen erhalten **Gelegenheit, solche Bindungen geltend zu machen** und zu belegen. Ein Recht, einen bestimmten Übernahmemitgliedstaat zu wählen, besteht jedoch ausdrücklich nicht, was mit der Grundkonzeption des Dublin-Systems übereinstimmt, wonach **kein Anspruch auf Schutz in einem bestimmten Staat** besteht. Denn sowohl die Dublin-Überstellung als auch die Solidaritätsübernahme beruhen auf dem Grundsatz, dass die Bestimmung des Aufnahmestaates hoheitlich und nach Systemkriterien erfolgt, nicht nach den Präferenzen der Betroffenen. Die entsprechende Analogie zum innerstaatlichen deutschen Recht liegt nahe. Denn auch innerhalb der Bundesrepublik haben Asylsuchende grundsätzlich kein Recht, sich einen Wohnort zu wählen; die Verteilung nach dem Königsteiner Schlüssel folgt denselben Grundprinzipien wie der unionsrechtliche Solidaritätsmechanismus, nämlich den Prinzipien objektiver Lastenverteilung nach Leistungsfähigkeit ohne subjektives Wahlrecht der Betroffenen. Familiäre Bindungen stellen hier die einzige Ausnahme dar; diese werden allerdings ohne das Einvernehmen der betroffenen Personen nicht berücksichtigt.

594 Der begünstigte Mitgliedstaat **übermittelt** dem Übernahmemitgliedstaat **alle sachdienlichen Informationen** über die betreffende Person. Der übernehmende Staat prüft seinerseits, ob **Sicherheitsbedenken** bestehen, und kann zu diesem Zweck eine persönliche Anhörung durchführen. Die Antwortfrist beträgt grundsätzlich eine Woche, kann aber in komplexen Fällen oder bei gleichzeitiger Prüfung einer Vielzahl von Fällen auf zwei Wochen verlängert werden. Reagiert der Übernahmemitgliedstaat nicht fristgerecht, gilt die Übernahme als bestätigt.

595 Der **begünstigte Mitgliedstaat** trifft innerhalb einer Woche nach der Bestätigung eine **Überstellungsentscheidung.** Die betroffene Person ist spätestens zwei Tage vor der Überstellung, bei anerkannten Schutzberechtigten eine Woche zuvor, schriftlich zu unterrichten. Die eigentliche Überstellung muss innerhalb von vier Wochen nach der Bestätigung oder nach einer rechtskräftigen Entscheidung über einen Rechtsbehelf mit aufschiebender Wirkung durchgeführt werden.

Das **weitere Verfahren** nach der Übernahme regelt Art. 68 AMMVO. **596**
Hat der Übernahmemitgliedstaat einen Antragsteller übernommen, für den noch kein zuständiger Mitgliedstaat bestimmt wurde, führt er das Zuständigkeitsbestimmungsverfahren durch, allerdings unter Ausschluss bestimmter Zuständigkeitskriterien, namentlich derjenigen, die an frühere Aufenthaltstitel, Bildungsnachweise oder irreguläre Einreise anknüpfen. Diese Einschränkung soll verhindern, dass die Übernahme durch das anschließende Zuständigkeitsbestimmungsverfahren sofort wieder rückgängig gemacht wird. Wurde ein Antragsteller übernommen, für den der begünstigte Mitgliedstaat bereits als zuständig bestimmt worden war, geht die Zuständigkeit vollständig auf den Übernahmemitgliedstaat über. Für anerkannte Schutzberechtigte gilt, dass der **Übernahmemitgliedstaat den Schutzstatus automatisch anerkennt,** den der begünstigte Mitgliedstaat zuerkannt hat. Dies stellt eine erhebliche Vereinfachung gegenüber der bisherigen Rechtslage dar, wonach die Anerkennung eines in einem anderen Mitgliedstaat zuerkannten Schutzstatus nicht automatisch erfolgte. Zugleich wird aber auch nach der Reform kein EU-weit wirksamer, einheitlicher Schutzstatus geschaffen.

Im deutschen Recht wird das Übernahmeverfahren institutionell durch **597**
zwei Änderungen des Aufenthaltsgesetzes flankiert, die das GEAS-Anpassungsgesetz vornimmt. Zum einen wird dem **BAMF** durch die **neue Nummer 8a in § 75 AufenthG n. F.** die Durchführung von Übernahmeverfahren nach Art. 67, 68 und 69 AMMVO ausdrücklich als Aufgabe zugewiesen, einschließlich der Verteilung der übernommenen Personen auf die Länder. Die Verteilung auf die Länder richtet sich nach den allgemeinen Verteilungsregelungen, die auch für reguläre Asylantragsteller gelten. Diese Aufgabenzuweisung stellt klar, dass das BAMF nicht nur für die Zuständigkeitsbestimmung nach Teil III der AMMVO, sondern auch für den operativen Vollzug des Solidaritätsmechanismus zuständig ist.

Zum anderen regelt § 73 AufenthG n. F. die **sicherheitsrechtliche** **598**
Komponente des Übernahmeverfahrens. Die nach Art. 67 Abs. 2 und 8 AMMVO vorgeschriebene Sicherheitsüberprüfung wird im deutschen Recht durch ein **mehrstufiges Behördenbeteiligungsverfahren** umgesetzt, das dem sog. KZB-Verfahren im Visumverfahren ähnlich ist. Nach § 73 Abs. 1a AufenthG n. F. können Daten über Personen, die im Rahmen eines Übernahmeverfahrens nach Art. 67 Abs. 7 AMMVO von einem anderen Mitgliedstaat übermittelt wurden, über das Bundesverwaltungsamt an den Bundesnachrichtendienst, das Bundesamt für Verfassungsschutz, den Militärischen Abschirmdienst, das Bundeskriminalamt, die Bundespolizei und das Zollkriminalamt weitergegeben werden, um zu prüfen, ob Anhaltspunkte für eine Bedrohung der inneren Sicherheit nach Art. 67 Abs. 8 AMMVO vorliegen. Die beteiligten Sicherheitsbehörden teilen das Ergebnis ihrer Prüfung unverzüglich dem Bundesverwaltungsamt mit, das die Information den für das Asylverfahren und

für aufenthaltsrechtliche Entscheidungen zuständigen Behörden zur Verfügung stellt.

599 Für Übernahmen von Personen, die sich noch außerhalb Deutschlands befinden, ermöglicht § 73 Abs. 5 AufenthG n. F. dem **Bundesamt für Verfassungsschutz** die Durchführung einer **persönlichen Anhörung,** wenn das BAMF diese Personen in die Übernahmeprüfung einbezogen hat. Der Bezug auf § 22a AsylG n. F. in dieser Vorschrift erfasst nun ausdrücklich zwei Personengruppen: einerseits Antragsteller, die zur Durchführung eines Asylverfahrens übernommen werden, und andererseits Personen, denen im begünstigten Mitgliedstaat bereits internationaler Schutz zuerkannt wurde. Für die letztgenannte Gruppe enthält § 22a Satz 2 AsylG n. F. die bereits oben (→ Rn. 596) angesprochene bedeutsame materiellrechtliche Neuerung, wonach das BAMF dafür zuständig ist, den im begünstigten Mitgliedstaat zuerkannten internationalen Schutz nach der Übernahme unmittelbar zuzuerkennen, ohne ein neues Sachprüfungsverfahren durchzuführen. Diese Regelung entspricht also Art. 68 Abs. 4 AMMVO, der die automatische Anerkennung des Schutzstatus durch den Übernahmemitgliedstaat unionsrechtlich vorschreibt, und setzt sie für das deutsche Recht einfachgesetzlich um.

600 Übernommene Personen beider Gruppen sind nach § 22a Satz 3 AsylG n. F. **verpflichtet,** sich bei oder unverzüglich nach der Einreise **bei der Stelle zu melden,** die das Bundesministerium des Innern oder eine von ihm bestimmte Behörde bezeichnet.

601 **h) Praktische Umsetzung und offene Fragen.** Der Solidaritätsmechanismus ist in seiner Gesamtkonstruktion ein sorgfältig austarierter politischer Kompromiss. Mehrere strukturelle Fragen bleiben offen.

602 Die erste Frage betrifft die **Verlässlichkeit der Zusagen.** Das System beruht auf der Erwartung, dass die Mitgliedstaaten auf dem Hochrangigen Forum in ausreichender Höhe Beiträge zusagen und diese Zusagen dann auch einhalten. Die frühere Erfahrung mit freiwilligen Verteilungsmechanismen in der EU war ernüchternd. Denn sowohl die Relocation-Programme von 2015 und 2016 als auch spätere Pilotprojekte zeigten erhebliche Lücken zwischen Zusagen und tatsächlicher Durchführung. Die AMMVO versucht diesem Problem durch **Verbindlichkeit des Ratsbeschlusses und durch die Auffangregelung der Verrechnungen der Verantwortlichkeiten** zu begegnen. Die recht breite Zustimmung der Mitgliedstaaten zum Gesamtpaket birgt die Hoffnung, dass eine „kritische Masse" an Mitgliedstaaten das neu ausgehandelte Verfahren als fair ansieht und in Anbetracht der Alternative, nämlich innerhalb der EU kein funktionierendes Regelungsregime zu „leben", das neue Recht nicht nur formal, sondern auch entsprechend der gesetzgeberischen Absichten umsetzt.

603 Die zweite Frage betrifft die **Äquivalenz der Solidaritätsformen.** Die Gleichwertigkeit von Übernahmen, finanziellen Beiträgen und alternati-

ven Maßnahmen ist politisch deklariert, aber in der Substanz diskutabel. Für einen unter akutem Migrationsdruck stehenden Mitgliedstaat hat die Aufnahmekapazität eines anderen Mitgliedstaats unmittelbare Entlastungswirkung, während ein finanzieller Beitrag, dessen Verwendung langfristig geplant werden muss, möglicherweise keine sofortige operative Entspannung bewirkt. Allerdings können **finanzielle Beiträge langfristig strukturwirksamer** sein als kurzfristige Übernahmen, wenn sie in dauerhafte Infrastruktur- und Kapazitätsprojekte fließen, so dass zusätzliche Mittel dem betroffenen Staat dabei helfen können, Ursachen und nicht nur Symptome der Schieflage zu kurieren.

Die dritte Frage betrifft den **subjektiven Rechtsschutz der Betroffenen.** Da die Übernahmeentscheidung hoheitlich erfolgt und die betroffene Person kein Wahlrecht hat, stellt sich die Frage, ob und in welchem Umfang die Überstellungsentscheidung nach Art. 67 Abs. 10 AMMVO nicht nur in formaler Hinsicht (vgl. Art. 19 Abs. 4 GG), was unzweifelhaft der Fall ist, sondern auch mit materiell-rechtlicher Aussicht auf Erfolg anfechtbar ist. In Art. 67 Abs. 13 AMMVO wird auf Art. 43 AMMVO verwiesen, was bedeutet, dass **die für Dublin-Überstellungen geltenden Rechtsschutzgarantien auch auf Solidaritätsüberstellungen anwendbar sind.** Ein Rechtsbehelf ist damit grundsätzlich auch nach dem EU-Recht selbst möglich. Materiell ist er auf die Fragen begrenzt, ob die Überstellung zu einer Art. 4 GRCh-widrigen Behandlung führen würde, ob nach der Überstellungsentscheidung entscheidungserhebliche Umstände eingetreten sind, und bei der Aufnahme von Antragstellern, ob gegen die familienbezogenen Zuständigkeitskriterien verstoßen wurde. Sorgfältig arbeitende mitgliedstaatliche Behörden werden in diesen Bereichen auch in Massenverfahren keine gravierenden Fehler machen. Ein Recht auf Überstellung in einen bestimmten bevorzugten Mitgliedstaat besteht nicht; die Wahl des Aufnahmestaats bleibt systemimmanent eine hoheitliche Entscheidung ohne subjektive Gegenposition. Ob dennoch, wie bisher, in einer Mehrzahl der Verfahren Rechtsmittel eingelegt werden, unter Umständen schlicht mit der Absicht der Herbeiführung von Verzögerungen, bleibt abzuwarten. Dabei soll hier nicht die Einlegung von Rechtsmitteln an sich als Instrument in Frage gestellt werden. Insbesondere die Frage, ob bei der Auswahl des Zielmitgliedstaates ein Rest an Auswahlermessen durch den überstellenden Staat erfolgen muss, und welche Kriterien dabei anzulegen sind, werden die Gerichte möglicherweise in Sonderkonstellationen beantworten müssen, die der Gesetzgeber nicht sichtbar abgedeckt hat. Es bleibt aber abzuwarten, ob viele als rein taktisch anzusehende Rechtsmittelverfahren veranlasst werden. 604

VI. Das Grenzrückführungsverfahren (Grenzrückführungsverordnung)

1. Zielsetzungen und Anwendungsbereich

605 Die vorgängerlose Verordnung (EU) 2024/1349 des Europäischen Parlaments und des Rates vom 14. Mai 2024 zur Festlegung des Rückführungsverfahrens an der Grenze verfolgt nach Erwägungsgrund Nr. 2 das Ziel, „die derzeit in den Mitgliedstaaten geltenden Verfahrensvorschriften zu straffen, zu vereinfachen und zu harmonisieren, indem ein Rückkehrverfahren an der Grenze eingeführt wird."

606 Das Verfahren gilt für Drittstaatsangehörige und Staatenlose, deren Antrag im Rahmen des Asylverfahrens an der Grenze abgelehnt wurde. In Bezug auf die Behandlung von Personen, die unter diese Verordnung fallen, sind die Mitgliedstaaten weiterhin an ihre Verpflichtungen aus den völkerrechtlichen Instrumenten gebunden, denen sie beigetreten sind.

607 Die Zielsetzungen werden folgendermaßen beschrieben: „Zahlreiche Anträge auf internationalen Schutz werden an der Außengrenze oder in Transitzonen von Mitgliedstaaten gestellt, einschließlich von Personen, die beim unbefugten Überschreiten der Außengrenze eines Mitgliedstaats aufgegriffen wurden. Zur Feststellung der Identität und zur Durchführung von Sicherheits- und Gesundheitskontrollen an den Außengrenzen sowie zur Bestimmung des Verfahrens, dem die betreffenden Drittstaatsangehörigen und Staatenlosen zugeführt werden sollen, bedarf es eines Überprüfungsverfahrens. Je nach Ausgang des Screening-Verfahrens sollten die betreffenden Drittstaatsangehörigen und Staatenlosen einem geeigneten Asyl- oder Rückkehrverfahren zugeführt werden, oder es sollte ihnen die Einreise verweigert werden. Es sollte daher eine Phase vor der Einreise mit einem Überprüfungsverfahren und dementsprechend einem Asyl- oder einem Rückkehrverfahren an der Grenze eingeführt werden. Alle Phasen der für sämtliche irregulären Einreisen geltenden Verfahren sollten nahtlos ineinander übergehen und wirksam miteinander verknüpft sein."

608 Gegenstand und Anwendungsbereich werden durch Art. 1 folgendermaßen konkretisiert: „Die Verordnung gilt für Drittstaatsangehörige und Staatenlose, deren Antrag im Rahmen des Asylverfahrens an der Grenze gemäß der Artikel 43 bis 54 AsylVfVO abgelehnt wurde."

609 Durch die Verordnung werden zudem befristete spezifische Vorschriften für das Rückkehrverfahren an der Grenze in Krisensituationen im Sinne von Artikel 1 Absatz 4 der Verordnung (EU) 2024/1359 festgelegt.

610 Kapitel III (Art. 6 und 7) sieht den Erlass von befristeten Maßnahmen vor. Diese müssen den Anforderungen der Erforderlichkeit und der Verhältnismäßigkeit genügen, auf die Verwirklichung ihrer erklärten Ziele ausgerichtet sein und den Schutz der Rechte der Antragsteller

gewährleisten, sowie mit den Verpflichtungen der Mitgliedstaaten nach der Charta und dem Völkerrecht im Einklang stehen.

Das Verfahren kommt in Deutschland an den Außengrenzen, vor allem den internationalen Flughäfen, im Zusammenhang mit dem dort durchgeführten Grenzverfahren zur Anwendung. **611**

2. Das Grenzrückkehrverfahren

Das Rückkehrverfahren an der Grenze als solches wird durch Art. 4 näher ausgestaltet. Nach Absatz 1 besteht die erste Rechtsfolge darin, dass Drittstaatsangehörigen und Staatenlosen, deren Antrag im Rahmen des Asylverfahrens an der Grenze abgelehnt wurde, die Einreise in das Hoheitsgebiet des betreffenden Mitgliedstaats nicht gestattet wird. Diese Vorgabe wird durch § 18a II AsylG umgesetzt. **612**

Aus Art. 4 II folgt die weitere Direktive, dass die Mitgliedstaaten den betroffenen Personen vorschreiben müssen, dass sie sich für einen Zeitraum von bis zu 12 Wochen an Standorten an der Außengrenze oder in der Nähe der Außengrenze oder in Transitzonen aufhalten müssen. Diese Vorgabe wird durch § 18a VIa AsylG umgesetzt. Die Zwölfwochenfrist beginnt ab dem Tag, an dem die betreffende Person kein Recht auf Verbleib mehr hat und ihr der Verbleib nicht länger gestattet ist. **613**

Während seiner Unterbringung zur Durchführung des Rückkehrgrenzverfahrens darf der Ausländer nach § 18a VIb AsylG an einer Abreise aus dem Bundesgebiet nicht gehindert werden. Damit wird auch begründet, dass keine Freiheitsentziehung vorliegt. Es ist deshalb durch die zuständige Behörde zu gewährleisten, dass er auf Verlangen zu der Grenzübergangsstelle, an der er die Grenze passiert hat, oder, soweit ihm dort kein Verkehrsmittel zur Abreise zur Verfügung steht, an eine andere Grenzübergangsstelle, an der ihm ein Verkehrsmittel zur Abreise zur Verfügung steht, verbracht wird. Dabei muss der Grenzbehörde die Kontrolle seines Aufenthalts möglich bleiben. **614**

Obwohl von einem Grenzverfahren gesprochen wird, muss das Verfahren nicht zwingend in Grenznähe durchgeführt werden. Fehlt es an den grenznahen Einrichtungen an Kapazitäten, so kann auf andere Standorte im Hoheitsgebiet zurückgegriffen werden.[244] Das Erfordernis des Aufenthalts an einem bestimmten Standort gilt nicht als Genehmigung für die Einreise in das Hoheitsgebiet eines Mitgliedstaats oder den dortigen Verbleib (sog. Nichteinreisefiktion).[245] **615**

---

[244] Siehe dazu auch EuGH, BeckRS 2026, 6336.

[245] Kritisch zur Nichteinreisefiktion Schmalz, VerfBlog, 2018/7/04, https://verfassungsblog.de/die-fiktion-der-nichteinreise-ist-ein-instrument-der-entrechtung/, DOI: 10.17176/20180704-163846-.

616 Die Bedingungen an und in den Grenzeinrichtungen müssen den Vorgaben zu den materiellen Leistungen und der Gesundheitsversorgung gemäß den Artikeln 19 und 20 AufnRL gleichwertig sein.

617 Soweit eine Rückkehrentscheidung nicht innerhalb von 12 Wochen vollstreckt werden kann, führen die Mitgliedstaaten die Rückkehrverfahren im Einklang mit der Rückführungsverordnung weiter.

618 Absatz 5 schreibt unbeschadet der Möglichkeit einer freiwilligen Rückkehr vor, dass eine Frist für die freiwillige Ausreise eingeräumt wird. Davon kann abgesehen werden, wenn Fluchtgefahr besteht oder der Antrag im Rahmen des Asylverfahrens an der Grenze als offensichtlich unbegründet abgelehnt wurde oder die betreffende Person eine Gefahr für die öffentliche Ordnung, die öffentliche Sicherheit oder die nationale Sicherheit der Mitgliedstaaten darstellt.

619 Eine Ausreisefrist wird allerdings nur auf Antrag gewährt. Sie darf höchstens 15 Tage betragen und kein Recht auf Einreise in das Hoheitsgebiet des Mitgliedstaats verleihen, das der Nichteinreisefiktion entgegenstehen würde.

620 Für die Dauer des Aufenthalts in der Einrichtung müssen die betroffenen Personen alle in ihrem Besitz befindlichen gültigen Reisedokumente an die zuständige Behörde aushändigen, die zur Verhinderung von Flucht erforderlich ist.

621 Für das Grenzrückführverfahren wird die Haft in Art. 5 besonders geregelt, wobei die Regelungen den üblichen Grundsätzen zur Asylhaft folgen. So darf eine Inhaftnahme nach Absatz 1 nur als letztes Mittel angeordnet werden, wenn sich dies aufgrund einer Einzelfallprüfung als notwendig erweist und andere weniger einschneidende Maßnahmen nicht wirksam angewandt werden können (ultima-ratio-Grundsatz).

622 Personen, die nicht mehr zum Verbleib berechtigt sind und denen der weitere Verbleib nicht gestattet wurde, können weiter in Haft gehalten werden, um ihre Einreise zu verhindern, ihre Rückkehr vorzubereiten oder das Abschiebungsverfahren durchzuführen.

623 Eine Inhaftnahme kann nach Art. 5 III zudem erfolgen, wenn Fluchtgefahr im Sinne der Richtlinie 2008/115/EG besteht, wenn die Vorbereitung der Rückkehr oder das Abschiebungsverfahren umgangen oder behindert werden soll oder wenn die Personen eine Gefahr für die öffentliche Sicherheit und Ordnung oder für die nationale Sicherheit darstellen.

624 Anknüpfend an die ultima-ratio-Funktion wird in Absatz 4 vorgegeben, dass die Haft für den kürzestmöglichen Zeitraum und nur so lange aufrechterhalten werden darf, wie eine hinreichende Aussicht auf Abschiebung besteht und während hierfür Vorkehrungen im Gange sind, die mit der gebotenen Sorgfalt durchgeführt werden.

625 Die Haftdauer darf den 12 Wochen Zeitraum nicht überschreiten und wird auf die Höchstdauer der Inhaftnahme gem. Art. 15 V, VI der Richtlinie 2008/115/EG angerechnet, wenn unmittelbar eine nachfolgen-

de Inhaftnahme angeordnet wird. Die Regelungen entsprechen damit weitgehend den Standards im normalen Rückführungsverfahren und unterscheiden sich dadurch, dass unter bestimmten Voraussetzungen das gesamte Verfahren in Haft durchgeführt werden kann.

3. Maßnahmen in Krisensituationen

Die Verordnung enthält im dritten Kapitel auch besondere Regelungen zu Maßnahmen in Krisensituationen. Zu diesem Zweck wird in Art. 6 I auf die Begriffsbestimmung zur Krisensituation in Art. 1 IV der Krisen-VO Bezug genommen. Dort wird zwischen zwei Konstellationen unterschieden, die als „Krisensituation" zu verstehen sind: **626**

„a) eine außergewöhnliche Situation von Massenankünften von Drittstaatsangehörigen oder Staatenlosen in einem Mitgliedstaat auf dem Land-, Luft- oder Seeweg, einschließlich Personen, die nach Such- und Rettungseinsätzen ausgeschifft wurden, die unter anderem im Hinblick auf die Bevölkerungszahl, das BIP und die geografischen Besonderheiten des Mitgliedstaats, einschließlich der Größe seines Hoheitsgebiets, ein solches Ausmaß hat und von solcher Art ist, dass das gut vorbereitete Asylsystem, Aufnahmesystem, einschließlich Kinderschutzdienste, oder Rückkehrsystem des Mitgliedstaats nicht mehr funktioniert, einschließlich infolge einer Situation auf lokaler oder regionaler Ebene, sodass es zu schwerwiegenden Folgen für das Funktionieren des Gemeinsamen Europäischen Asylsystems kommen könnte, oder
b) eine Instrumentalisierungssituation, in der ein Drittstaat oder ein feindseliger nichtstaatlicher Akteur Reisen von Drittstaatsangehörigen oder Staatenlosen an die Außengrenzen oder in einen Mitgliedstaat fördert oder erleichtert, mit dem Ziel, die Union oder einen Mitgliedstaat zu destabilisieren, wenn solche Handlungen wesentliche Funktionen eines Mitgliedstaats, einschließlich der Aufrechterhaltung der öffentlichen Ordnung oder des Schutzes seiner nationalen Sicherheit, gefährden könnten."

Die Mitgliedstaaten müssen das Vorliegen einer solchen Lage durch die EU-Kommission bestätigen lassen. Die Einzelheiten dazu sind in Art. 7 geregelt. Stellt ein Mitgliedstaat einen solchen Antrag, so gelten soweit einschlägig die Artikel 2 bis 6 und Artikel 17 Absätze 3 und 4 der KrisenVO. Wurde bereits ein Verfahren nach der KrisenVO eingeleitet, so können die Mitgliedstaaten auch im Rahmen dieses Verfahrens die Anwendung der Ausnahmeregelungen beantragen. **627**

Liegt nach diesen Vorgaben eine Krisensituation vor, so können abweichend von den normalen Befugnissen nach Art. 6 I die folgenden weitergehenden Maßnahmen ergriffen werden: **628**

a) der Höchstzeitraum des Verfahrens und der Beschränkung der Bewegungsfreiheit kann um einen zusätzlichen Zeitraum von höchstens sechs Wochen verlängert werden;
b) die Haftdauer kann um den gleichen Zeitraum verlängert werden und ist auf die Höchstdauer der Inhaftnahme gemäß Art. 15 V,VI der Richtlinie 2008/115/EG anzurechnen.

629 Nach Art. 6 III wird Organisationen und Personen, die nach nationalem Recht befugt sind, Rechtsauskunfts- und Beratungsleistungen zu erbringen, ein effektiver Zugang zu Antragstellern in Hafteinrichtungen und an Grenzübergangsstellen gewährt. Diese dürfen beschränkt werden, wenn dies nach Maßgabe des nationalen Rechts für die Sicherheit, die öffentliche Ordnung oder die Verwaltung der Hafteinrichtung objektiv erforderlich ist und sofern der Zugang dadurch nicht erheblich behindert oder unmöglich gemacht wird.

C. Prozessrecht

I. Das neue Prozessrecht

1. Die Einordnung der Regelungen zum Rechtsschutz in den GEAS-Rechtsakten

In den meisten Rechtsakten der GEAS-Reform finden sich im Anschluss an die materiell-rechtlichen und verfahrensrechtlichen Regelungen auch Vorgaben zum Rechtsschutz, die einerseits in Bezug auf die Aussage, dass es einen wirksamen Rechtsschutz geben muss, an die bisherigen Regelungen in den Vorgängerrechtsakten anknüpfen, andererseits aber auch dadurch charakterisiert sind, dass Antragsfristen weiter verkürzt, Vorgaben für die Regeldauer der gerichtlichen Verfahren ergänzt und – als neue Steuerungsvariante – Beschränkungen der gerichtlichen Kontrolldichte und -weite normiert werden.[1] **630**

Die neuen Regelungen zum Rechtsschutz finden sich in den einzelnen Rechtsakten an folgenden Stellen: **631**

AMMVO:	Art. 43 – Regelungen zum Rechtsschutz in Dublin-Verfahren
AsylVfVO –	Art. 67 bis 69 – Regelungen zum Rechtsschutz im Anerkennungsverfahren
AufnRL –	Art. 29 – Regelungen zum Rechtsschutz im Zusammenhang mit der Aufnahme und den Leistungen

Keine besonderen Regelungen in der EurodacVO, der KrisenVO und der ResettlementVO. Zu klären ist, wie sich das Schweigen der ScreenVO zum Thema Rechtsschutz auswirkt. **632**

Zu klären ist, wie sich in den ersten beiden Bereichen der Übergang von der umzusetzenden Richtlinie in die direkt anzuwendende Verordnung auswirkt. Diesbezüglich ist zu berücksichtigen, dass direkte Anwendung einen anwendungstauglichen Regelungsinhalt und eine thematisch ausreichende Gesetzgebungskompetenz der Europäischen Union voraussetzt. Der Europäischen Union fehlt aber eine Zuständigkeit für ein originäres Prozessrecht der Mitgliedstaaten. In Art. 19 I UAbs. 2 EUV wird ein mitgliedstaatlicher Rechtsschutzauftrag formuliert der zugleich deutlich macht, dass die Mitgliedstaaten für den Erlass des Prozessrechts ihrer Gerichte zuständig bleiben.[2] Es können aber Vorgaben für die **633**

---

[1] Überblick bei *Junghans,* ZAR 2025, 65 ff.; Berlit, ZAR 2026, 235 ff.

[2] *Wegener,* in: Calliess/Ruffert, EUV/AEUV Kommentar, 6. Aufl. 2022, EUV Art. 19 Rn. 64 ff.; *Burgi,* Verwaltungsprozess und Europarecht, 1996, S. 30 ff.

effektive Ausgestaltung der Rechtsmittel formuliert werden.[3] Sie kann lediglich als Annex zu einer bestimmten Materie inhaltlich Vorgaben für in die Gesetzgebungszuständigkeit der Mitgliedstaaten fallende Prozessrecht regeln. Das bedeutet im Ergebnis, dass die Regelungen zum Rechtsschutz durch die Mitgliedstaaten bei der Anwendung des eigenen Prozessrechts, im vorliegenden Zusammenhang der Verwaltungsgerichtsordnung, zu beachten sind. Im Einzelfall, etwa bei den Fristen, ist auch ohne Verstoß gegen das Normwiederholungsverbot von einer Umsetzungspflicht auszugehen, um Rechtsklarheit und Rechtssicherheit zu gewährleisten.

634 Weiter ist zu beachten, dass bei der Berücksichtigung der rechtsschutzbezogenen Vorgaben der GEAS-Rechtsakte zugleich die Maßgaben aus Art. 47 EU GrCh sowohl für die Auslegung der Regelungen der GEAS-Rechtsakte als auch bei der Auslegung der in deren Licht auszulegenden Regelungen der VwGO zu berücksichtigen ist. Im Vergleich zu Art. 19 IV GG ist dies in der Sache nicht mit Abweichungen verbunden, da beide Vorschriften sich im Regelungsgehalt nicht unterscheiden.[4]

635 Tendenziell wirken sich die Vorgaben der GEAS-Rechtsakte zum Rechtsschutz auf das mitgliedstaatliche Prozessrecht im Zweifel niveausichernd oder niveausteigernd aus, da viele Mitgliedstaaten im Ausländer- und Asylrecht traditionell eher restriktive Regelungen getroffen haben. Obwohl im Rahmen der GEAS-Reform Restriktionen im Vordergrund stehen, ist aber weiterhin zu konstatieren, dass die Absicherung eines effektiven Rechtsschutzes den Charakter der Regelungen weiterhin prägt.

636 Im Zusammenhang mit den neuen Regelungen in Art. 43 AMMVO, durch die der Prüfungsmaßstab der Verwaltungsgerichte im Rahmen der Begründetheit beschränkt wird, stellt sich neben der Vereinbarkeit mit Art. 47 GrCh auch die Frage, welche rechtlichen Folgen es hat, wenn ein Gericht den begrenzten Kontrollauftrag überschreitet und dabei zur Rechtswidrigkeit einer staatlichen Maßnahme gelangt. Abstrakt gewendet: Was passiert bei der Gewährung von zu viel Rechtsschutz durch ein deutsches Gericht? Da ein Verstoß gegen Unionsrecht vorliegt, ist im Ergebnis von einem Rechtsverstoß auszugehen. Ob dieser aber durch die betroffene Behörde im Rahmen eines Rechtsmittels gerügt werden kann, hängt davon ab, wie man den Sinn und Zweck interpretiert. Geht man davon aus, dass die Restriktion auch das materielle Recht (das subjektive öffentliche Recht) betrifft, so müsste

---

[3] Zur Rechtsprechung des EuGH zu den Anforderungen an den mitgliedstaatlichen Rechtsschutz *Wegener,* in: Calliess/Ruffert, EUV/AEUV Kommentar, 6. Aufl. 2022, EUV Art. 19 Rn. 71 ff.

[4] *Nehl,* in: Pechstein/Nowak/Häde, Frankfurter Kommentar EUV/GRC/AEUV, 2. Aufl. 2023, GRC Art. 47 Rn. 4 ff.

dies bereits im Urteilstenor beachtet werden (der Kläger war dann nicht in eigenen Rechten verletzt). Anderenfalls wäre lediglich eine Verfahrenserleichterung betroffen.

Durch die neuen Vorgaben wird zugleich das Sonderprozessrecht im **637** Bereich des Asylrechts[5] erweitert, das immer wieder in Bezug auf seine Sinnhaftigkeit in Frage gestellt wird.[6] Dahinter stehen wichtige rechtsempirische Fragestellungen, die nur unzureichend beantwortet sind. So ist nicht geklärt, ob kurze Antragsfristen zu weniger Klagen führen oder die Zahl dadurch nicht im Gegenteil erhöht wird, weil angesichts der kurzen Zeit für eine genaue Prüfung im Zweifel mehr Rechtsbehelfe eingelegt werden. Klar dürfte dagegen sein, dass durch die Restriktionen bei Berufung und Revision die Uneinheitlichkeit der Rechtsprechung gefördert wird. Das wiederum hat zur Folge, dass im Zweifel wiederum mehr Klagen erhoben werden, da vor allem geringe Erfolgsaussichten nicht aus einer einheitlichen Rechtsprechung abgeleitet werden können. Im Rahmen der Asyllotterie dominiert vielmehr die Hoffnung auf eine günstige Entscheidung. Für den Gesetzgeber scheint aber nicht die Beantwortung dieser Fragen im Vordergrund zu stehen, sondern dic Aussendung von abschreckenden Signalen, wobei Fristverkürzungen und Rechtsmittelbeschränkungen nicht in ihrer Ambivalenz wahrgenommen werden.

2. Regelungen in der AMMVO

Die neue AMMVO basiert auf der Dublin-III-Verordnung, die inhalt- **638** lich nur leicht modifiziert fortgeführt wird[7], und führt daneben neue Vorgaben für die Jahresplanung und den neuen Solidaritätsmechanismus ein.[8] Im Bereich der Dublin-Verfahren spielte in den letzten Jahren in Bezug auf den Rechtsschutz vor allem die Frage nach der Schutzfunktion der Fristen eine zentrale Rolle.[9] Zentral war die Aussage in der Rechtsprechung des EuGH, dass die im Rahmen von Überstellungen zu beachtenden Fristen auch einen drittschützenden Charakter haben mit der Folge, dass sich auch die betroffenen Drittstaatsangehörigen darauf berufen und eine Überstellung nach Fristablauf verhindern können.[10] Ob dies durch die Neuregelung in Art. 43 AMMVO nun korrigiert wurde

---

[5] Überblick bei *Schulz-Bredemeier,* in: Huber/Mantel, Aufenthaltsgesetz/Asylgesetz, 4. Aufl. 2025, AsylG Vor § 74 Rn. 2.

[6] *Marx,* InfAuslR 2023, 45 ff. Überblick zu Reformvorschlägen bei *Dietz,* NVwZ 2018, 1 ff.

[7] Dazu im Überblick *Schloss/Schneider,* ZAR 2025, 3 ff.

[8] Dazu *Junghans,* in: Kluth/Breidenbach/Junghans/Kolb, Das neue Migrationsrecht, 2024, Rn. 575 ff.

[9] Dazu im Überblick *Hruschka,* ZAR 2018, 231 ff.

[10] EuGH, BeckRS 2017, 118290 – Mengesteab; EuGH, BeckRS 2017, 128907 – Shiri.

und welche weiteren Wirkungen aus dieser Vorschrift abzuleiten sind, ist noch nicht abschließend geklärt.[11]

639 Grund für diese Unsicherheit ist einerseits die besondere Regelungstechnik in Art. 43 I AMMVO, durch die der Prüfungsmaßstab begrenzt wird, und andererseits die Frage, ob eine solche Beschränkung mit Art. 47 GrCh vereinbar ist bzw. dieser eine weite Interpretation und eine Fortgeltung der Rechtsprechung des EuGH zum drittschützenden Charakter der Fristen gebietet, weil dieser seine Auslegung grundrechtlich begründet hat.[12]

640 Der neue Art. 43 I AMMVO verwendet folgende Regelungstechnik:

„Der Antragsteller oder eine andere Person im Sinne von Artikel 36 Absatz 1 Buchstaben b und c hat das Recht auf einen wirksamen Rechtsbehelf gegen eine Überstellungsentscheidung in Form einer auf Sach- und Rechtsfragen gerichteten Überprüfung durch ein Gericht. Der Umfang dieses Rechtsbehelfs beschränkt sich auf eine Bewertung,

a) *ob die Überstellung für die betreffende Person zu einer tatsächlichen Gefahr einer unmenschlichen oder erniedrigenden Behandlung im Sinne von Artikel 4 der Charta führen würde;*
b) *ob nach der Überstellungsentscheidung Umstände vorliegen, die für die ordnungsgemäße Anwendung dieser Verordnung entscheidend sind;*
c) *ob im Falle von Personen, die nach Artikel 36 Absatz 1 Buchstabe a aufgenommen wurden, gegen die Artikel 25 bis 28 und 34 verstoßen wurde."*

641 Während durch Satz 1 zunächst ein effektiver Rechtsbehelf mit einer auf Sach- und Rechtsfragen umfassenden gerichtlichen Kontrolle etabliert wird, folgt in Satz 2 eine Beschränkung des Umfangs dieses Rechtsbehelfs. Das bedeutet eine sachliche Reduktion des Anspruchs auf gerichtliche Kontrolle, die im Rahmen des § 113 I 1 VwGO im Wege der unionsrechtskonformen Auslegung zu beachten bzw. umzusetzen ist. Der gerichtliche Überprüfungs- und Aufhebungsanspruch wird auf die Verletzung der in den Buchstraben a) bis c) erfassten Gesichtspunkte begrenzt. Dabei steht thematisch der unter Buchstabe a) in Bezug genommene Art. 4 der Charta (der Art. 3 EMRK entspricht) im Vordergrund.

642 Gegen die Einbeziehung der im Rahmen der Überstellung zu beachtenden Fristen spricht vor diesem Hintergrund, dass diese auch nicht als „Umstand" im Sinne von Buchstabe b) zu qualifizieren sind und dass es sich auch nicht um einen Umstand handeln kann, der nach der Überstellungsentscheidung vorliegt.

---

[11] *Junghans,* in: Kluth/Breidenbach/Junghans/Kolb, Das neue Migrationsrecht, 2024, Rn. 654 ff.

[12] Darauf weist *Pelzer,* NVwZ 2018, 45 (46) hin.

Zu einem anderen Ergebnis im Sinne der Berücksichtigung von Fristverstößen im Rahmen der gerichtlichen Prüfung einer Überstellungsentscheidung kann deshalb nur deren sonstige Grundrechtserheblichkeit sprechen. Allerdings ist dabei zu berücksichtigen, dass die EuGH Rechtsprechung vor dem Hintergrund einer sekundärrechtlichen Rechtslage erfolgte, bei der jedenfalls offen war, welchem Zweck die Fristregelung zu dienen bestimmt sind. Durch die Neuregelung ist die Ausgangslage anders, weil der Europäische Gesetzgeber nun explizit die Reichweite des gerichtlichen Rechtsschutzes begrenzt hat, was mit Art. 47 der Charta ebenso grundsätzlich vereinbar ist wie mit Art. 19 IV GG, die beide keine absoluten Garantien enthalten.[13] Es liegen in Gestalt der Erhöhung der Wirksamkeit des Verfahrens auch hinreichend gewichtige Gründe für die Beschränkung der Kontrollreichweite vor und die Verwaltungsgerichte können im Einzelfall besondere Umstände[14] weiterhin berücksichtigen, weil der Zugang zum Rechtsschutz als solcher eröffnet ist. **643**

Durch Art. 43 II AMMVO wird den Mitgliedstaaten vorgegeben, dass für einen Rechtsbehelf gegen die Überstellungsentscheidung einc Frist von mindestens einer Woche, aber von nicht mehr als drei Wochen nach Zustellung einer Überstellungsentscheidung vorsehen können. Der deutsche Gesetzgeber hat insoweit differenziert zwischen der Überstellungsentscheidung als Abschiebungsanordnung nach § 34a AsylG, bei der nach § 74 I 2 AsylG eine Frist von einer Woche gilt, und einer Erteilung als Abschiebungsandrohung nach § 34 AsylG mit einer Frist von zwei Wochen nach § 74 I AsylG. Nach § 74 II 1 VwGO ist die Klage einen Monat nach Zustellung zu begründen und mit der Präklusionswirkung nach § 87b III VwGO verbunden. **644**

Spezielle Vorgaben für den vorläufigen Rechtschutz finden sich in Art. 43 III AMMVO. Diese sind im deutschen Recht in Bezug auf die Sätze 1 bis 3 nicht mit rechtlichem Anpassungsbedarf verbunden. Lediglich Satz 4 enthält eine Fristvorgabe, die das deutsche Recht so nicht kennt. Danach ist jede Entscheidung darüber, ob der Vollzug der Überstellungsentscheidung ausgesetzt werden soll, innerhalb eines Monats ab dem Tag zu treffen, an dem das zuständige Gericht den Antrag erhalten hat. **645**

Nach Unterabsatz 4 bemüht sich das Gericht in den Fällen, in denen eine aufschiebende Wirkung zuerkannt wird, innerhalb von einem Monat nach der Zuerkennung der aufschiebenden Wirkung über den Rechtsbehelf oder die Überprüfung in der Sache zu entscheiden. Darin liegt eine erhebliche Beschleunigung des Verfahrens. **646**

Durch Art. 43 V AMMVO wird eine komplexe Regelung zur Prozessunterstützung normiert, die für den deutschen Gesetzgeber aber im Ergebnis keinen besonderen Umsetzungsbedarf auslöst, weil die gelten- **647**

[13] *Schmidt-Aßmann,* in: Schoch/Schneider, VwGO Kommentar, 48. EL Juli 2025, VwGO Einleitung Rn. 105.

[14] Siehe auch BVerwG NVwZ 2016, 715 ff.

den Regelungen zur Prozesskostenhilfe gem. § 166 VwGO i. V. m. §§ 114 ff. ZPO den dort statuierten Vorgaben genügen.

648 Mit Art. 43 AMMVO wird ein neuer Weg der Rechtsschutzbegrenzung beschritten, der von der deutschen Verwaltungsgerichtsbarkeit ein Umdenken verlangt und in der Sache vor allem darauf hinausläuft, die drittschützende Wirkung der Fristen im Überstellungsverfahren aufzuheben. Da die Berücksichtigung dieser Vorgaben unter gleichzeitiger Beachtung von Art. 47 GrCh zu erfolgen hat, müssen die Gerichte allerdings immer auch die Besonderheiten des Einzelfalls berücksichtigen, dürfen sich aber auch nicht leichtfertig und die restriktiven Vorgaben der neuen Regelung hinwegsetzen. Die zur alten Rechtslage ergangene Rechtsprechung des EuGH entfaltet keine Bindungswirkung mehr, da durch die Einführung des Art. 47 I AMMVO ein neuer Rechtsrahmen geschaffen wurde. Es dürfte aber nicht lange dauern, bis die Frage dem EuGH erneut zur Entscheidung vorgelegt wird.

3. Regelungen in der Asylverfahrensverordnung

649 Die umfangreichsten (neuen) Regelungen zum Rechtsschutz finden sich in den Art. 67 bis 69 AsylVfVO. Das ist auch naheliegend, weil dieser Rechtsakt die Entscheidungsfindung zentral steuert und auch die meisten Verfahrensgarantien enthält, die verletzt werden können.[15]

650 Art. 67 I AsylVfVO beginnt mit der grundlegenden Statuierung des Rechts auf einen wirksamen Rechtsbehelf und bestimmen seinen Gegenstand. Bezugspunkt sind dabei die Grundsätze und Garantie nach Kapitel II der Verordnung (Art. 8 bis 25 AsylVfVO).

651 Es handelt sich um einen wirksamen Rechtsbehelf in fünf Fällen von Entscheidungen nach der Verordnung:

a) Entscheidungen, mit denen ein Antrag als unzulässig abgelehnt wird;
b) Entscheidungen, mit denen ein Antrag sowohl in Bezug auf die Flüchtlingseigenschaft als auch den Status subsidiären Schutzes als unbegründet oder offensichtlich unbegründet abgelehnt wird;
c) Entscheidungen, mit denen ein Antrag als stillschweigend zurückgenommen abgelehnt wird;
d) Entscheidungen zum Entzug des internationalen Schutzes;
e) Rückkehrentscheidungen gemäß Artikel 37 der Verordnung.

652 In allen drei Fällen handelt es sich um Verwaltungsakte, wobei in den ersten drei Fällen gegen die Ablehnung eines geltend gemachter Anspruch geklagt, im vierten Fall gegen den Entzug eines gewährten Rechts geklagt und im fünften Fall eine belastende Maßnahmen angefochten wird. Damit entsprechen die Vorgaben der regulären Rechtslage nach dem deutschen Verwaltungsprozessrecht.

---

[15] Überblick bei *Hoppe*, ZAR 2025, 59 ff.

Die Aufzählung ist nicht als abschließende Aufzählung, sondern als Mindestvorgabe zu verstehen, so dass auch gegenüber anderen Entscheidungen im Asylverfahren Rechtsschutz nach den allgemeinen Regelungen der VwGO möglich ist. 653

Abweichend von Unterabsatz 1 Buchstabe d (Entzug des internationalen Schutzes) können die Mitgliedstaaten in ihrem nationalen Recht bestimmen, dass in den in Artikel 66 Absatz 6 genannten Fällen kein Rechtsbehelf eingelegt werden kann. Von dieser Möglichkeit hat der deutsche Gesetzgeber keinen Gebrauch gemacht. 654

Eine verfahrensbezogene Direktive folgt aus Art. 67 I UAbs. 3 AsylVfVO. Danach ist eine Rückkehrentscheidung, die als Teil einer damit zusammenhängenden Entscheidung nach Unterabsatz 1 Buchstabe a, b, c oder d erlassen wurde, mit der damit zusammenhängenden Entscheidung bei demselben Gericht, innerhalb desselben Gerichtsverfahrens und innerhalb derselben Fristen anzufechten. Das entspricht ohnehin der gerichtlichen Praxis und bedarf keiner Anpassung des Prozessrechts. 655

Die bei den Klagen zu beachtenden Fristen sind in Art. 67 VII und VIII AsylVfVO normiert. Nach Absatz 7 müssen die Mitgliedstaaten in Fällen der Klagen von Personen, denen der internationale Schutz entzogen wurde, und Personen, deren Anspruch auf subsidiären Schutz anerkannt wurde und eine Aufstockung anstreben, folgende Fristen für das Einlegen von Rechtsbehelfen gegen die in Absatz 1 genannten Entscheidungen in ihrem nationalen Recht festlegen: 656

a) mindestens fünf Tage und höchstens zehn Tage im Fall einer Entscheidung, mit der ein Antrag als unzulässig, stillschweigend zurückgenommen, unbegründet oder offensichtlich unbegründet abgelehnt wird, wenn zum Zeitpunkt der Entscheidung einer der in Artikel 42 Absatz 1 oder Absatz 3 genannten Umstände zutrifft;
b) mindestens zwei Wochen und höchstens ein Monat in allen anderen Fällen.

Der deutsche Gesetzgeber hat sich in § 78 IX AsylG für eine Monatsfrist entschieden. 657

Die Fristen beginnen nach Art. 67 VIII AsylVfVO ab dem Tag, an dem die Entscheidung der Asylbehörde oder, sofern dies im nationalen Recht bestimmt ist, eines zuständigen Gerichts, dem Antragsteller, der Person, der der internationale Schutz entzogen wurde, der Person, deren Anspruch auf subsidiären Schutz anerkannt wurde, oder seinem oder ihrem Vertreter oder Rechtsberater, der seine Rechtsvertretung ausübt, mitgeteilt wird. 658

Durch Art. 67 II AsylVfVO werden die teilweise in Bezug auf ihre Zulässigkeit umstrittenen sog. Aufstocker-Klagen ausdrücklich legitimiert: „Unbeschadet des Absatzes 1 haben Personen, deren Anspruch auf subsidiären Schutz anerkannt wurde, das Recht, gegen eine Entscheidung, ihren Antrag in Bezug auf die Flüchtlingseigenschaft als unbegründet zu betrachten, einen wirksamen Rechtsbehelf einzulegen." 659

660 Der von den Verwaltungsgerichten zu beachtende Prüfungsmaßstab wird in Art. 67 III AsylVfVO verbindlich vorgegeben. Danach hat „eine umfassende Ex-nunc-Prüfung zumindest vor einem erstinstanzlichen Gericht" stattzufinden, „die sich sowohl auf Tatsachen als auch auf Rechtsfragen erstreckt und bei der gegebenenfalls auch das Bedürfnis nach internationalem Schutz gemäß der Verordnung (EU) 2024/1347 beurteilt wird." Letzteres ist so zu verstehen, dass sich eine Prüfung nicht auf die Zulässigkeitsfrage beschränken muss.

661 Daraus folgt eine Änderung in § 77 VIII 1 AsylG, der nunmehr folgendes vorsieht: „Das Gericht kann in den Fällen, in denen das Bundesamt den Antrag als unzulässig abgelehnt hat, auch über die Begründetheit entscheiden." Die Umsetzung erweist sich bei genauerer Betrachtung als anspruchsvoll, da ein Verwaltungsgericht nicht für die Nachholung von behördlichen Entscheidungen ausgebildet und ausgestattet ist. Die Entscheider in den Behörden unterliegen insoweit hohen fachlichen Anforderungen, die ein Richter am Verwaltungsgericht nicht im Rahmen seiner Ausbildung vermittelt bekommt. Es wird deshalb abzuwarten sein, ob und wie die Gerichte diese Möglichkeit nutzen werden. Zu erwarten ist, dass nur in Fällen einer Spruchreife (§ 113 V 1 VwGO) eine solche Entscheidung getroffen wird.

662 Die Absätze 4 bis 6 enthalten Vorgaben für die Sprachmittlung. Nach Absatz 4 kann für eine Verhandlung dem Antragsteller ein Dolmetscher zur Seite gestellt werden, wenn andernfalls keine angemessene Verständigung gewährleistet werden kann. Nach Absatz 5 kann das Gericht weiterhin die Übersetzung der einschlägigen Schriftstücke anordnen, die noch nicht gemäß Artikel 34 Absatz 4 übersetzt worden sind. Alternativ können Übersetzungen dieser Schriftstücke von anderen Stellen zur Verfügung gestellt und im Einklang mit dem nationalen Recht aus öffentlichen Mitteln bezahlt werden.

663 Ausführliche Vorgaben zum vorläufigen Rechtsschutz folgen in Art. 68 AsylVfVO. Nach Absatz 1 werden die Wirkungen einer Rückkehrentscheidung automatisch ausgesetzt, solange ein Antragsteller oder eine Person, der der internationale Schutz aberkannt wurde, nach diesem Artikel ein Recht auf Verbleib hat oder ihm oder ihr der Verbleib gestattet ist. Dazu werden folgende Fallgruppen normiert:

- Antragsteller und Personen, denen der internationale Schutz entzogen wurde, haben nach Absatz 2 das Recht auf Verbleib im Hoheitsgebiet des Mitgliedstaats bis zum Ablauf der Frist, innerhalb deren sie ihr Recht auf einen wirksamen Rechtsbehelf vor einem erstinstanzlichen Gericht ausüben können und, wenn ein solches Recht fristgemäß ausgeübt wurde, bis zur Entscheidung über den Rechtsbehelf.

664 Anders verhält es sich in folgenden Fällen:

- Antragsteller und die Person, der der internationale Schutz entzogen wurde, haben kein Recht auf Verbleib nach Absatz 2, wenn die zuständige Behörde eine der folgenden Entscheidungen getroffen hat:

a) eine Entscheidung, mit der ein Antrag als unbegründet oder offensichtlich unbegründet abgelehnt wird, wenn zum Zeitpunkt der Entscheidung
   i) der Antragsteller einer beschleunigten Prüfung gemäß Artikel 42 Absatz 1 oder 3 unterliegt;
   ii) der Antragsteller dem Verfahren an der Grenze unterliegt, es sei denn, der Antragsteller ist ein unbegleiteter Minderjähriger;
b) eine Entscheidung, mit der ein Antrag gemäß Artikel 38 Absatz 1 Buchstabe a, d oder e oder Artikel 38 Absatz 2 als unzulässig abgelehnt wird, es sei denn, der Antragsteller ist ein unbegleiteter Minderjähriger, der dem Verfahren an der Grenze unterliegt;
c) eine Entscheidung, mit der ein Antrag als stillschweigend zurückgenommen abgelehnt wird;
d) eine Entscheidung, mit der ein Folgeantrag als unbegründet oder offensichtlich unbegründet abgelehnt wird; oder
e) eine Entscheidung, mit der der internationale Schutz gemäß Artikel 14 Absatz 1 Buchstabe b, d oder e oder Artikel 19 Absatz 1 Buchstabe b der Verordnung (EU) 2024/1347 entzogen wird

Der Bundesgesetzgeber hat die Vorgaben aus Absatz 3 im neu gefassten § 36 AsylG folgendermaßen umgesetzt und damit das Sonderprozessrecht um eine weitere Facette bereichert: **665**

„(1) Das Bundesamt übermittelt in den Fällen des Artikels 68 Absatz 3 der Verordnung (EU) 2024/1348 mit der Zustellung der Entscheidung den Beteiligten eine Kopie des Inhalts der Asylakte.
(2) [1]Anträge nach § 80 Absatz 5 der Verwaltungsgerichtsordnung gegen die Abschiebungsandrohung sind innerhalb einer Woche nach Bekanntgabe zu stellen; dem Antrag soll der Bescheid des Bundesamtes beigefügt werden. [2]Der Ausländer ist hierauf hinzuweisen. [3]§ 58 der Verwaltungsgerichtsordnung ist mit der Maßgabe, dass die Frist nach § 58 Absatz 2 der Verwaltungsgerichtsordnung drei Monate beträgt, entsprechend anzuwenden. [4]Die Entscheidung soll im schriftlichen Verfahren ergehen; eine mündliche Verhandlung, in der zugleich über die Klage verhandelt wird, ist unzulässig. [5]Die Entscheidung soll innerhalb von einer Woche nach Ablauf der Frist des Satzes 1 ergehen. [6]Die Kammer des Verwaltungsgerichts kann die Frist nach Satz 5 um jeweils eine weitere Woche verlängern. [7]Die zweite Verlängerung und weitere Verlängerungen sind nur bei Vorliegen schwerwiegender Gründe zulässig, insbesondere wenn eine außergewöhnliche Belastung des Gerichts eine frühere Entscheidung nicht möglich macht. [8]Das Gericht teilt dem Bundesamt das Datum der Bekanntgabe der Entscheidung mit. [9]Die Entscheidung ist ergangen, wenn die vollständig unterschriebene Entscheidungsformel der Geschäftsstelle der Kammer vorliegt. [10]Anträge auf Gewährung vorläufigen Rechtsschutzes gegen die Anordnung und Befristung des Einreise- und Aufenthaltsverbots durch das Bundesamt

nach § 11 Absatz 2 des Aufenthaltsgesetzes und die Anordnung und Befristung nach § 11 Absatz 7 des Aufenthaltsgesetzes sind ebenso innerhalb einer Woche nach Bekanntgabe zu stellen. [11]Die Vollziehbarkeit der Abschiebungsandrohung bleibt hiervon unberührt.
(3) [1]Die Aussetzung der Abschiebung darf nur angeordnet werden, wenn ernstliche Zweifel an der Rechtmäßigkeit des angegriffenen Verwaltungsaktes bestehen. [2]Tatsachen und Beweismittel, die von den Beteiligten nicht angegeben worden sind, bleiben unberücksichtigt, es sei denn, sie sind gerichtsbekannt oder offenkundig. [3]Ein Vorbringen, das nach § 25 Absatz 2 im Verwaltungsverfahren unberücksichtigt geblieben ist, sowie Tatsachen und Umstände im Sinne des § 25 Absatz 1, die der Ausländer im Verwaltungsverfahren nicht angegeben hat, kann das Gericht unberücksichtigt lassen, wenn andernfalls die Entscheidung verzögert würde."

666 Absatz 4 eröffnet die Möglichkeit, einen Antrag nach § 80 V 1 Var. 1 VwGO zu stellen. Damit sind zunächst keine Änderungen im deutschen Recht verbunden. Allerdings kommt hinzu, dass nach Art. 68 V lit. d) AsylVfVO der Antragsteller oder die Person, der der internationale Schutz entzogen wurde, nicht aus dem Hoheitsgebiet des zuständigen Mitgliedstaats bis zur Entscheidung des Gerichts, ob der Antragsteller oder die Person, der der internationale Schutz entzogen wurde, abgeschoben darf. Für die aufschiebende Wirkung reicht in diesem Fall demnach bereits der Antrag und es bedarf auch keines Hängebeschlusses. Die Vorgaben müssen durch die Behörde aufgrund des Anwendungsvorrangs der Verordnung direkt beachtet werden.

667 Intensiver vorgegeben werden jetzt die Zeiträume, innerhalb derer die Gerichte entscheiden sollen, wobei Art. 69 AsylVfVO den Mitgliedstaaten Spielräume belässt. Der deutsche Gesetzgeber hat dieser Vorgabe in § 77 VI 1 AsylG Rechnung getragen, wonach das Verwaltungsgericht in den Fällen des Art. 67 I AsylVfVO innerhalb von sechs Monaten nach Klageerhebung entscheiden soll. Nach Satz 2 der Vorschrift gilt Art. 35 V AsylVfVO entsprechend, wonach die Sechsmonatsfrist unter den dort genannten Voraussetzungen um höchstens sechs weitere Monate verlängert werden kann. Nicht geregelt ist, in welcher Form das Gericht eine Entscheidung hierüber treffen soll und ob sie den Beteiligten bekanntzumachen ist.

668 Ausdrückliche Vorgaben zu Rechtsmitteln sind in der AsylVfVO nicht vorgesehen, so dass § 78 AsylG unberührt bleibt. Es sind aber unabhängig davon Änderungen geplant[16] der Vorschrift mit der Möglichkeit einer Berufungszulassung durch das Verwaltungsgericht, wenn die Voraussetzungen des § 78 Abs. 3 Nr. 1 oder Nr. 2 AsylG vorliegen. Zudem ist in

---

[16] Entwurf eines Gesetzes zur Änderung des Asylgesetzes zur Verfahrensbeschleunigung durch die erweiterte Möglichkeit der Zulassung von Rechtsmitteln und der Übertragung von Verfahren auf den Einzelrichter, BT-Drs. 21/1380.

§ 80 AsylG-E erstmals die Möglichkeit vorgesehen, dass das Verwaltungsgericht die Beschwerde in Verfahren des vorläufigen Rechtsschutzes zulassen kann, wenn die Rechtssache eine grundsätzliche Bedeutung aufweist.

Sehen die Mitgliedstaaten ein Rechtsmittelverfahren vor, schreibt Art. 68 Abs. 7 AsylVfVO lediglich vor, dass weiterhin die Möglichkeit bestehen muss, in einem Verfahren auf Gewährung einstweiligen Rechtsschutzes ein Recht auf Verbleib geltend zu machen. Demjenigen, der ein Rechtsmittel (oder ein weiteres Rechtsmittel) in Anspruch nimmt, kann das Gericht auf Antrag oder von Amts wegen, wenn der Grundsatz der Nichtzurückweisung geltend gemacht wurde, den Verbleib gestatten. **669**

Diese Vorgabe wird in § 78 IX AsylG umgesetzt. Danach ist ein entsprechender „Antrag nach Art. 68 VII AsylVfVO" innerhalb eines Monats (nach Zustellung der rechtsmittelfähigen Entscheidung) bei dem Gericht zu stellen, bei dem das Rechtsmittel einzulegen ist – dementsprechend in den Fällen des § 78 III AsylG bei dem Verwaltungsgericht und in den Fällen des § 132 I VwGO bei dem Oberverwaltungsgericht, welche die Sache jeweils unverzüglich an das Rechtsmittelgericht weiterzuleiten haben, das überdies binnen zwei Wochen nach Eingang entscheiden soll. Die Regelung in § 78 IX 4 AsylG geht über Art. 67 VII AsylVfVO hinaus, indem er anordnet, dass eine Abschiebung innerhalb der Antragsfrist und im Falle der fristwahrenden Antragstellung bis zur Entscheidung hierüber keine Abschiebung zulässig ist, womit er die Regelung an Art. 68 V lit. d) AsylVfVO angleicht. **670**

Da durch § 78 IX AsylG der „Antrag auf das Recht auf Verbleib nach Art. 67 VII AsylVfVO" nicht näher konkretisiert, bleibt es bei der Anwendung des § 80 V, VII oder § 80b VwGO. Dabei ist jedoch in europarechtskonformer Auslegung[17] zu berücksichtigen, dass auch eine Entscheidung nach § 80 V 1 Var. 1 VwGO von Amts wegen ergehen muss, wenn sich der Rechtsmittelführer in der Hauptsache auf den Grundsatz der Nichtzurückweisung[18] beruft und eine Interessenabwägung zugunsten seines Suspensivinteresses ausfällt. Das gilt ebenso für die Konstellationen gemäß § 80b III VwGO. **671**

4. Regelungen in der Aufenthaltsrichtlinie

Im Zusammenhang mit der Aufnahme stehen Ansprüche auf die Gewährung von Leistungen sowie deren Kürzungen im Vordergrund von Rechtsschutzbegehren. Hierbei ist die Zahl der Gerichtsverfahren sehr überschaubar und die meisten Streitigkeiten betreffen das Asylbe- **672**

[17] Siehe hierzu bereits oben III. 2.

[18] Ein Berufen auf Art. 3 EMRK und Art. 4 GRC dürfte freilich die Regel sein. Siehe hierzu auch: EGMR, U. v. 21. Januar 2011 – Rs. 30696/09 –.

werberleistungsgesetz und die dortigen Regelungen zur Kürzung von Leistungen.[19] Die speziellen prozessrechtlichen Regelungen der §§ 74 ff. AsylG spielen dabei keine Rolle.

673 Auch durch die Vorgaben in Art. 29 AsylVfVO ergibt sich kein zusätzlicher Regelungsbedarf, da das deutsche Verwaltungsprozessrecht den dort normierten Vorgaben genügt. Das gilt insbesondere für die allgemeine Vorgabe in Art. 29 I AsylVfVO, der einen Rechtsbehelf gegen Entscheidungen im Zusammenhang mit der Gewährung, dem Entzug oder der Einschränkung von Vorteilen, gegen Entscheidungen, mit denen die Erteilung einer Genehmigung gemäß Artikel 8 Absatz 5 Unterabsatz 1 verweigert wird (Verweigerung der Erlaubnis zum Verlassen des zugewiesenen Aufenthaltsbereichs), oder gegen Entscheidungen gemäß Artikel 9, die Antragsteller individuell betreffen (Entscheidungen zur Beschränkung der Bewegungsfreiheit bei Fluchtgefahr).

674 In den Absätzen 2 bis 6 regelt die Richtlinie sehr detailliert die Anforderungen an den Zugang zu einer unentgeltlichen Rechtsberatung sowie die Voraussetzungen eines Entzugs dieses Rechts und eine Kostenerstattung.

675 Die Regelung in § 12a AsylG bezieht sich nur auf die Durchführung des Anerkennungsverfahrens und ist auf diesen Bereich nicht anwendbar. Es ist deshalb auf die Regelungen zur Prozesskostenhilfe nach § 166 VwGO i. V. m. §§ 114 – 127 ZPO zu verweisen, die den Vorgaben des Art. 29 II bis VI AsylVfVO genügen.

5. Regelungen in der Screeningverordnung

676 Die ScreenVO enthält keine expliziten Regelungen zum Rechtsschutz, sondern beschränkt sich auf Vorgaben zum Monitoring (Art. 10 ScreenVO). Es ist allerdings umstritten, ob aus der fehlenden Regelung in Zusammenhang mit der Beschränkung der gerichtlichen Kontrolle nach Art. 43 AMMVO folgt, dass gegen die abschließende Entscheidung im Screeningverfahren, durch die der Antragsteller einer bestimmten Verfahrensart zugewiesen wird, ein eigenständiger Rechtsschutz ausgeschlossen und diese Entscheidung als reine Verfahrenshandlung qualifiziert wird.[20]

677 Da das Unionsrecht keine ausdrückliche Vorgabe zum Rechtsschutz normiert, kommt nach Art. 19 I UAbs. 2 EUV das nationale Prozessrecht zur Anwendung und es könnte ein Fall des § 44a VwGO vorliegen, wonach einzelne Verfahrenshandlungen nur zusammen mit dem endgültigen Bescheid angefochten werden können. Intendiert ist also eine Unterbindung gerichtlicher Auseinandersetzungen über Verfahrensfehler

---

[19] Dazu näher *Spitzlei,* in: BeckOK AuslR, 47. Ed. 1.1.2026, AsylbLG § 1a Rn. 7 ff.
[20] Siehe dazu *Priebe,* ZAR 2025, 112 (124).

außerhalb der Kontrolle der eigentlichen Sachentscheidung zugunsten der Verfahrensökonomie.[21] Rechtlich zulässig ist dies allerdings nur insofern, als Betroffenen daraus kein rechtlicher Nachteil erwächst, der sich im späteren Verfahren nicht vollständig beheben ließe.[22] Einen entsprechenden Maßstab wird voraussichtlich auch der EuGH anwenden, sobald er darüber zu entscheiden hat, ob nicht doch eine (gerichtliche) Überprüfung des Screening-Ergebnisses wegen der weitreichenden Auswirkungen erforderlich ist. Aus der Rechtsprechung des EMRK lässt sich ableiten, dass jedenfalls eine Zurückweisung ohne Einzelfallprüfung einen Verstoß gegen das Gebot zur Gewährung von effektivem Rechtsschutz darstellt.[23]

6. Rechtsschutz in Haftsachen und bei Beschränkungen der Bewegungsfreiheit

Im Bereich der Haftsachen ergeben sich durch die GEAS-Reform keine Rechtsänderungen im deutschen Recht. **678**

Sowohl im Grenzverfahren als auch bei den Überstellungsverfahren im Rahmen der AMMVO hat der deutsche Gesetzgeber im GEAS-Anpassungsgesetz in §§ 68, 68a AsylG die Möglichkeiten der Beschränkung der Bewegungsfreiheit deutlich erweitert. In Bezug auf den Rechtsschutz geht es dabei weniger um die Frage einer Beschränkung, sondern vielmehr um die schwierige Abgrenzung von Beschränkungen der Bewegungsfreiheit (ohne Richtervorbehalt nach Art. 104 II 1 GG) einerseits und Fällen des Freiheitsentzugs, die dem Richtervorbehalt unterliegen. **679**

Wie auch im Rahmen der Sachverständigenanhörung zum GEAS-Anpassungsgesetz deutlich wurde[24], ist die Bezugnahme des Gesetzgebers auf die Rechtsprechung des Bundesverfassungsgerichts zum Flughafenverfahren nach § 18a AsylG, das durch das Grenzverfahren ersetzt wird, problematisch. Dort hatte das Bundesverfassungsgericht argumentiert, dass den betroffenen Personen jederzeit die Möglichkeit der Ausreise in den Heimatstaat bzw. den Ausgangspunkt der Einreise offensteht und deshalb keine Freiheitsentziehung vorliege.[25] Dafür spricht auch, dass in solchen Fällen die Transportunternehmen nach §§ 65, 66 AufenthG zur Rückbeförderung verpflichtet sind, so dass die Umsetzung gewährleistet ist. In den jetzt geregelten Fällen geht es jedoch um deutlich längere Zeiträume, so dass die auch vom Bundesverfassungs- **680**

[21] *Hoppe,* in: Eyermann, VwGO, 17. Aufl. 2026, § 44a Rn. 6 ff.
[22] BVerfG, NJW 1991, 415 (416).
[23] EGMR, Urt.v.15.10.2024, Rs. 13337/19 § 120 – H. T.
[24] U. a. Stellungnahme des Sachverständigen *Wittmann,* Ausschussdrucksache 21(4) 086 G, S. 18 ff.
[25] BVerfG, NVWZ 1996, 678 (681).

gericht vorgenommene Prüfung der Intensität als Unterscheidungsmerkmal[26] anders zu beurteilen sein dürfte. Es bleibt insoweit abzuwarten, wie das Bundesverfassungsgericht und der EGMR hier entscheiden werden. Das gilt umso mehr, als auch die in § 68 II AsylG normierte Vermutung der Fluchtgefahr die Schwelle für die Beschränkung der Bewegungsfreiheit deutlich absenkt.

[26] BVerfG, NVwZ 2026, 159, Rn. 21, 33.

Sachverzeichnis

Ziffern = Randnummern